本書を利用する上での留意事項

法令の基準

　本テキストは原則として、2022年4月1日時点の法令に基づいて編集しています。法令が変更され、テキストの内容に修正が必要な場合には、当協会のウェブサイト（プライベートバンカー資格＞プ　　　　　　　　　＞テキスト）にその内容を掲載します。

例題

　プライマリーPBの試験は択　　　　　　　　　　　　　理解の確認と定着を図るため、例題では、内容に応じて○×式や、穴埋め形式、理由を問う形式などを採用しています。

「プライベートバンキング基礎知識体系」

　「プライベートバンキング基礎知識体系」については、当協会ウェブサイト（プライベートバンカー資格＞資格を知る＞新スタディガイド＞プライベートバンキング基礎知識体系）をご覧ください。

PB資格試験

　当協会が提供するプライマリーPB資格の取得には、本書の各分冊を出題範囲とする3つ（3単位）の試験（四肢択一式のコンピューターによる試験＜CBT＞）に合格することが必要です。ただし、いずれかの試験に合格（単位を取得）すれば、名刺等にその特定の分野を修了した旨の表記をすることができます。

　プライマリーPB資格や試験の詳細については、当協会ウェブサイト（プライベートバンカー資格＞資格を知る＞新スタディガイド）をご覧ください。

セミナー等

　当協会で開催しているPBセミナー、PB補完セミナーなどのセミナーの多くは動画化され、PB資格を有しない方でもご覧いただけます（原則有料）。PB資格保有者の継続学習教材であるため、本書が対象とするプライマリーPB資格試験の範囲を超えるものですが、本書で取り扱われている事項と実務との結

びつきを知る機会ともなります。特に、既にプライベートバンキング業務に携わっている方には、参考となることでしょう。

　詳しくは当協会ウェブサイト（プライベートバンカー資格＞セミナーとスクール）をご覧ください。

総合提案書の作り方

　なお、上級資格として提供しているシニアPB資格の試験では、顧客に対する体系的な提案書である総合提案書の作成を課しています。

　プライマリーPB資格試験のテキストである本書ではほとんど触れていませんので、関心のある方は、『顧客のための総合提案書の作り方～事業・資産承継と運用に関する投資政策書入門～』（編集：公益社団法人日本証券アナリスト協会、発行所：ときわ総合サービス株式会社）をご覧ください。同書は、シニアPB資格を目指す方だけでなく、広く実務でのスキルアップを目指す方にも参考にしていただけるものです。

目　次（第2分冊）

第2編

資産の運用
（第3章）

第3章　不動産の運用

第1節　不動産投資の特徴

学習ポイント

●不動産投資（現物不動産への投資）の特徴を理解する。J-REITへの投資の特徴、現物不動産投資との違いを理解する。

●賃貸マンション、商業用施設、オフィス、物流施設、ホテル等の用途別に投資物件の特性を理解する。

●空室発生・市況変動・制度変更・自然災害等、不動産投資のリスクを知る。

【1】　現物不動産への投資

1　全般的な特徴

不動産投資は、不動産から得られる収益の獲得を主目的とした投資である。不動産から得られる収益は大きく次の二つに分けられる。

・不動産をテナントに賃貸して得られる賃貸収益（**インカムゲイン**）

・不動産の売却により実現する値上がり分の利益（**キャピタルゲイン**）

このうちキャピタルゲインについては、不動産の価値が常に右肩上がりとは限らないことは周知の通りであり、投資の段階から明確にキャピタルゲインを狙うには、不動産の価値を向上させる技術・多様な物件情報の入手・出口の買主候補となる投資家等とのネットワークなど、相応のノウハウが必須となる。もちろん、「結果的に高く売れた」というケースは十分に考えられるものであり、市況変動等により資産価値が上昇した場合の「売却」を一つの選択肢として考慮しておくことは重要だが、個人投資家にとっての不動産投資は、基本的には保有する期間におけるインカムゲインを重視する投資であることが多いと言える。

また、後述するように、個人が不動産投資を行う場合、税務上のメリットを享受できる場合があり、これも不動産投資のインセンティブとなっている。ただし、部分的な税務上のメリットを追求するあまり、不動産投資自体の収益性

を軽視してしまっては本末転倒であり、トータルでみると損をしてしまったという結果にもなりかねない。付随的なメリットも踏まえつつ、不動産収益の観点からも適切な投資とすることが必要である。

　不動産投資には、他の金融資産とは一風異なる特徴があり、投資にあたってはそれらの特徴を理解しておくことが重要である。

(1)　「事業」としての性格を持つ

　現物不動産への投資は、単なる投資商品への投資ではなく、事業としての性格を持つ。投資さえすればその後は自動的に収益があがるというわけではない。他の事業に比べれば参入障壁が低く一般の個人投資家も数多く参入していることから、運営に必要な業務については分業が確立しており、運用実務は専門の会社に任せてしまう方法もとりうるが、重要な判断は事業主である投資家本人が下す必要がある。商品企画（立地・用途・建物仕様など）から、管理運営（テナント探索、コストコントロール、修繕・改修計画の立案実行など）、出口戦略（保有継続・売却の判断、売却時期）まで、収益の源泉となる世の中のテナント需要や不動産の売買市況と向き合いながら、戦略的に運用していくことが収益の向上につながる。

(2)　幅広い専門知識が必要

　不動産への投資・運用にあたっては多岐にわたる専門知識が求められる。しかしながら、自らがそれらの知識を網羅するというよりも、専門的な知見を持ち信頼のおける専門家にアプローチすることが重要である。以下にあげるのは一例であるが、不動産の取得、建物の建設、運営管理、売却などの各場面において各専門家との連携が必要となる。

弁護士：売買契約、賃貸借契約などのチェック、テナント退去交渉など

税理士：不動産事業全般にわたる税務の取扱い、確定申告など

不動産鑑定士：不動産の鑑定価格・鑑定賃料の算出

土地家屋調査士：土地建物の測量、境界確定、合筆・分筆、表示登記など

宅地建物取引士：不動産の取得・売却の仲介、重要事項説明

司法書士：不動産取得時などの登記実務

設計会社・建築会社：建物建設や改修の企画・実行

調査会社（建物・環境）：土地建物の遵法性・状態チェック、修繕計画立案

管理会社：日常の建物管理、運用計画の立案など

賃貸仲介会社：テナント募集

　以下では図表2-3-1に示すような不動産投資の特徴について順に述べていく。

図表2-3-1　不動産投資の特徴（現物不動産への投資）

大項目	小項目	キーワード
初期投資	投資対象	特定の不動産への投資／個別性が高い
	投資金額	投資額が大きい／不動産担保での借入が可能
運用管理	収支	キャッシュフローは安定的か／一時的支出あり
	管理	収益の維持向上／コスト管理
資産価値	資産価値	資産価値は変動／インフレヘッジ
	流動性	売買に相応の期間が必要／売買コスト
リスク	リスク	空室・賃料下落／金利変動／災害／制度変更
税務上の特徴	収益	不動産所得／減価償却／損益通算
	譲渡益	譲渡所得（長期譲渡・短期譲渡）
	相続	相続税評価減の効果

2　初期投資

(1)　投資対象

　不動産は、2つとして同じものがない個別性の高い資産であり、立地・用途・規模・建物スペック・テナントの属性・権利関係などによって、その特徴はまさに千差万別である。現物不動産への投資は特定の不動産への投資となることから、例えば、一般的に収益性が高いとされるエリア・用途の物件であっても、投資対象となる不動産を個別に見たときにどうなのか、個別の特徴をよく理解したうえでの投資判断が必要である。

(2)　投資金額

　投資対象が仮に戸建住宅やワンルームマンションの1室であっても投資規模は最低数百万円～数千万円程度となり、賃貸アパートやマンション1棟であれば小ぶりであっても数千万円～数億円の規模となる。このように現物不動産投資の投資額は大きな金額となるため、通常は自己資金に加えて金融機関からの借入を行って初期投資に充てる。金融機関は、投資対象となる不動産を担保に入れることで融資を実行することができる。なお、借入割合を増やすことにより、投下した自己資金に対する利回りを高めることができるが（レバレッジ効果：詳細は本章第5節【1】1を参照）、それと同時に借入金の返済という固定的な支出が増えることにもなり事業リスクが高まる、という点には十分な留

意が必要である。

3　運用管理

⑴　「キャッシュフローの安定性」について

　不動産投資においては、優良なテナントの確保ができていれば、賃貸借契約に基づいた安定した収入が見込まれることから、一般的に「キャッシュフローの安定性」がその特徴として挙げられる。しかしながら、一定以上の規模でリスク分散を効かせたポートフォリオのレベルとは違って、個別の不動産のレベルでは、例えば、テナント側の事情により大きな空室が出てしまい後継テナントの探索に時間がかかってしまう、などの個別事象の影響を大きく受けてしまう。つまり不動産投資のキャッシュフローは必ずしも安定的とは言えない場合もあり、空室の発生・賃料の下落・借入金利の上昇といったリスクシナリオも想定しておくことが必要である。

　また、テナント入居が安定していたとしても、大規模修繕などで一時的に大きな支出が発生する時期もあり、保有する全期間にわたって収支が安定的なわけではなく、時期による増減があるという特徴も押さえたうえで、長期的な資金計画を想定しておく必要がある。

⑵　管理の重要性

　賃貸不動産の収益の源泉はテナントからの賃料収入であり、これを維持向上させていくためには、賃貸市況を常に把握しながら優良なテナントを適切な賃料で入れていくこと（既存テナントとの賃料交渉も含まれる）とともに、テナントを獲得できるだけの建物設備の競争力をいかに保つか、が重要となる。築年数の経過とともに、建物・設備の老朽化、陳腐化は避けられないものではあるが、計画的な修繕、投資により、建物の機能、テナントにとっての魅力を維持更新していくことが収益の維持向上につながる。

　また、コストの面からも管理は重要で、建物の**ライフサイクルコスト**（建物の建設から運営管理、解体までにかかる総費用）をみると、用途によっても異なるが、運営管理にかかる**ランニングコスト**が、**イニシャルコスト**である建設費の3～5倍にもなると言われている。賃貸不動産を取得した後の運営管理の巧拙がキャッシュフローにも大きく影響を及ぼすことになるため、適切な管理を行うことで支出を抑制することが求められる。

図表2-3-2　建築物のライフサイクルコストのイメージ

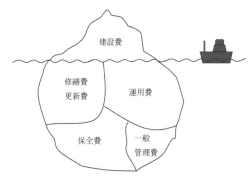

建築物のライフサイクルコストにおいて建設費は氷山の一角に過ぎず、建設後の運営管理（日常の維持管理、大規模修繕、運営費用等）にかかるランニングコストが多くの割合を占める。

（出所）　一般財団法人建築保全センター「建築物のライフサイクルコスト」を参考に筆者作成

4　資産価値

　不動産の資産価値は一定ではない。建物の経年による価値の逓減に加えて、賃貸市況・売買市況の動向により変動する。変動の度合いはエリアや用途によって異なり、物件の特性によっては大きく変動するため留意が必要である。

　また、現物不動産投資は実物資産への投資であり、インフレ局面に強い傾向がある。貨幣価値の下落に対して実物である不動産の資産価値は基本的には上昇すると考えられる。また、貨幣価値下落により債務の残高の価値は目減りする。

(1)　価格のボラティリティ

　収益不動産の価格の見方として重視されるのは収益価格という考え方である。単純化すると、対象とする不動産から得られる年間の収入から支出を差し引いた「収益」を、「利回り」で割り戻したものが収益価格である。つまり「収益÷利回り＝不動産価格（収益価格）」となる。

　多くの人が、その不動産の収益や資産価値が安定している、または成長余地が大きいと考えるような不動産には投資需要が集まるため、利回りは低くなり価格は高くなる。逆に、収益や資産価値の安定性が低い、または成長余地は小さいなどと見られる不動産には投資需要が集まらないため、利回りは高くなり価格は安くなる。

　ある収益不動産から得られる年間収益を2,000万円として、利回りが5％、4％の場合の価格はそれぞれ次のように計算される。

　　利回り5％の場合：2,000万円÷5％＝4億円

　　利回り4％の場合：2,000万円÷4％＝5億円

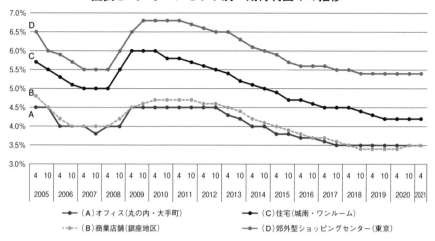

図表2-3-3　アセット別　期待利回りの推移

（出所）　日本不動産研究所「不動産投資家調査」より筆者作成

　近年の収益不動産の利回りの推移を図表2-3-3に示した。収益不動産の利回りは、マクロ的観点からみれば、不動産の賃貸需要（景気動向に連動することが多い）、金融機関の融資スタンス・金利などの金融環境、投資家動向（リスク資産への投資が好まれる環境か、他の金融資産と比べた不動産の人気）などにより変動する。

　繁華性の高いエリアの商業ビルや、賃料単価の高いオフィスビルなどの場合、好況時には、利回りの低下だけでなく、賃料収入も強気に見られる傾向にあることから、価格変動が更に大きくなる場合もある。

　このように、収益不動産の価格は、公示地価や路線価などの公的水準の動きと比べてダイナミックに変動する傾向にある。

(2) 流動性（換金性）の課題

　現物不動産は、1件あたりの金額が大きく他の投資商品等に比べると購入者層は限定的である。加えて購入者が購入検討にあたり精査すべき項目も多岐にわたるため、不動産の売却には一般的に少なくとも3ヶ月程度が必要となる。売却をしようとする不動産が個別性の高い不動産である場合や、売却にあたっての物件廻りの整備が必要な場合（測量・隣地との境界確定や、建物の遵法性を確保するための修繕や手続きが必要となるケースなど）には、売却実現までの期間は更に長くなる。売却希望価格の設定によっては売却自体が容易でなく、数ヶ月から年単位で買主を探索している例もしばしば見られる。このように不

動産の**流動性（換金性）**は決して高くないことから、売却に要する期間や、売却時点における市況変動の可能性を念頭に置いた資金計画、ポートフォリオを構築するとともに、売却を想定する場合には、早い段階から計画的に準備を進めることが重要である。

　不動産の売買自体に相応のコストがかかることも軽視できない要素である。売却時には、売買契約書にかかる印紙税、仲介手数料、抵当権抹消費用、場合によって測量費用などがかかる。購入時にはこれらに加えて、不動産取得税、登録免許税、登記費用が必要となる。これらのコストは目安として売買価格の4〜6％程度となる。また、不動産売却による利益が出る場合、譲渡所得に対して所得税・住民税が課税される（法人であれば法人税）。初期投資および出口戦略（売却）を検討するうえでは、こうした売買にかかるコストも勘案する必要がある。

5　リスク

⑴　空室発生・賃料下落・賃料滞納

　空室発生は不動産投資のリスクの中でも最も起こりやすく、また影響の大きいリスクと言える。例えば、賃貸オフィスの過半の床を賃借していたメインテナントが退去してしまった場合、新たなテナントが入居するまでは賃料を得られない一方で、管理費、公租公課、借入返済等の支出は発生し続けるため、収支がマイナスとなってしまう可能性もある。景気悪化などに伴う賃料下落のリスクも常に想定される。基本的には賃貸借契約により賃料が定められているが、契約更新のタイミングでの賃下げや、個別事情によっては契約期間中であっても解約や、賃料の減額・減免を求められる場合もある。

　また、借主の経済的事情などによって賃料の入金が滞ることもある。最悪の場合、賃料の不払いを理由に退去を求めざるをえず、退去交渉の労力と費用を負担せざるを得ないケースがある。

⑵　金利変動

　不動産投資では借入による資金調達を行っていることが多いため、金利が上昇すると利息の返済負担が増加し、キャッシュフローが悪化することになる。借入比率・借入条件の設定時には、金利が上昇した場合の想定も行っておくことが必要である。

⑶　法律・税制の変更

　法律・条例や税制の変更が、不動産事業の収支や資産価値に影響を及ぼす場

合がある。

　建物の建築や運営管理は、様々な法律や条例に基づいて行われている。こうした法律や条例の改正により、同じ土地であっても、建てられる建物の用途や規模が新たに制限または緩和される場合があり、資産価値にも影響が及ぶ。

　電気設備などに用いられるPCB（ポリ塩化ビフェニル）や、かつて多くの建材に含まれていたアスベストなどの有害物質への対応、**土壌汚染**への対応なども次第に強化されており、維持管理や売買にあたって要する費用負担が増加することもある。

　また、不動産の保有・売買には様々な税金が課されており、時限立法による軽減措置などがとられているものも多い。これらの軽減措置や税率などの税制変更は不動産事業の収支に直結することとなる。例えば、近年では建物・設備に関する減価償却の方法に関する改正があり、不動産事業の損益計算・資金計画にも大きな影響を与えた。税制改正は例年、各省庁による議論を経て与党による税制改正大綱が公表され、年明けの国会で可決成立する。新聞報道やインターネット上でも整理された情報が発信されるので、大きな改正などの概略は知っておきたい。

(4)　災害リスク

　自然災害や火災などの**災害リスク**も、特に日本においては、不動産投資において勘案しなければならないリスクの一つである。起こって欲しくないことではあるが、大規模な地震による建物の損壊、集中豪雨や河川の氾濫などによる浸水、火災による建物の滅失などの可能性は想定しておく必要がある。損害保険への加入などの対策をとるほか、新たな不動産投資対象の選定にあたっては、これら災害への対応も考慮して、リスクの高い物件を避けるのも一つの考え方である。

　地震に対しては、建築基準法や耐震改修促進法などの法制度の面でも、建物の耐震性能を確保し大規模地震発生時の建物の損害をなるべく少なくするための改正が行われてきた。1981年6月改正以降の**新耐震基準**（建築基準法）に基づいて建てられた建物は、それ以前の旧耐震基準の建物に比べて大規模地震における損害が少ないことが報告されている。また、近年では、制震・免震などの技術的対策も進化し、大規模な建物を中心に、地震による建物への直接的な損害および建物の揺れによる被害を更に抑える対策も取られるようになっている。不動産を取得するにあたっては、建物の築年や耐震性能を確認するとともに、土地の地盤の強さや液状化リスクについても情報を収集し、考慮に入れる

ことも対策の一つとなる。

　水害（下水道の溢水・洪水・高潮等による浸水被害）については、自治体によるハザードマップの発行も進んでおり、想定しうる最大規模の降雨を前提とした、河川の氾濫や下水道の溢水による浸水深や浸水継続時間が示されている。また、土砂災害については、いわゆる土砂災害防止法によって、土砂災害を警戒すべき区域が指定されている。

　自然災害のリスクは近年高まる傾向にあり、投資対象となる不動産の過去の被災履歴を確認するほか、ハザードマップなどの情報も参考にしたい。

　自治体のウェブサイトなどにも掲載されている「ハザードマップ」（洪水・高潮・土砂災害などの災害時における想定被害状況を表示した地図）などの情報も参考にしたい。

6　税務上の特徴

(1)　不動産所得

　不動産の賃貸により得た所得は不動産所得に分類され、給与所得など他の所得と通算されたうえで所得税・住民税が課税される（総合課税）。不動産所得は、総収入金額（賃貸収入・更新料など）から必要経費を差し引いて算出される。必要経費の主なものは、管理費、修繕費、公租公課（固定資産税・都市計画税）、損害保険料、減価償却費などである。このうち、減価償却費は、実際のキャッシュアウトは発生しないが、税務上の損金となり所得を圧縮する効果があることから、不動産投資のメリットとされることも多い。ただし次に述べる譲渡時には、償却が進んだ分は「取得費」から差し引かれることとなり課税額が大きくなるという側面もある。

(2)　譲渡益への課税

　不動産売却による利益が出る場合、譲渡所得に対する所得税・住民税が課税される。譲渡所得は「譲渡価額−（取得費＋譲渡費用）−特別控除額」で算出される。不動産を売却した年の1月1日時点で所有期間が5年を超えている場合は長期譲渡所得、5年以下の場合は短期譲渡所得となり、短期での売却にはより高い税率がかかる仕組みとなっている。不動産所得とは異なり、他の所得との合算は原則としてできない分離課税となっている。

(3)　相続税評価

　相続税評価上、土地は路線価、建物は固定資産税評価額に基づき評価されるが、その評価額は、実際の取得価格より低い場合が殆どである。加えて、不動

産を他者に貸し出した場合には評価減となる仕組みとなっていることから、不動産の相続税評価額は、現金や他の金融資産を保有する場合に比べて大幅に抑えられることがある。また不動産取得に際しての借入が残っている場合にはこれを相続財産の価額から差し引くことになる（債務控除）。これらの相続税評価上の効果は、個人による不動産投資のインセンティブの一つとなっている。

【2】　J-REITへの投資

　J-REITは、現物不動産への投資と同じく不動産賃貸収入が収益の源泉であるが、現物不動産投資とは異なる特性を持つ金融商品である。

1　J-REITの仕組み

　REIT（リート）は、Real Estate Investment Trust（不動産投資信託）の略称で、元々アメリカで1990年代に急速に拡大した仕組みであり、その日本（Japan）版ということでJ-REITと呼ばれている（仕組みはアメリカのREITと異なる点もある）。投資家から集めた資金で不動産を取得し、その賃貸収入や売却益を投資家に分配する金融商品であり、証券取引所に上場されている。2001年9月に2銘柄の上場でスタートを切ったJ-REITは、2022年3月末時点では61銘柄、時価総額で16.6兆円という規模にまで拡大している。

　オフィス・物流施設・商業施設・住宅・ホテルなどの用途のうち、1つの用途を主体とする特化型の銘柄もあれば、複数の用途に投資する複合型・総合型の銘柄もある。銘柄ごとの投資対象や投資方針（市場認識、ポートフォリオ構築の方針、財務指標の目安など）はそれぞれのJ-REITが開示しており、ウェブサイトなどから容易に参照することができる。

　J-REIT全体で見た投資対象の用途別構成（取得価格ベース、小数点以下を四捨五入）は、オフィス：約40％、物流施設：約19％、商業施設：約16％、住宅：約14％、ホテル：約8％、その他の資産約3％という構成となっている（出所：不動産証券化協会、2022年8月末）。オフィスや住宅はJ-REITの初期段階からの伝統的な投資対象と言える。物流施設やホテルは近年急激にその比率を伸ばしたアセットタイプである。

　J-REITは、法律に基づき「不動産投資法人」と呼ばれる会社のような形態をとっており、次のような特徴がある。

(1)　賃貸事業に特化

　投資法人は不動産を運用することだけを目的として作られた器であり、基本

的にそれ以外の業務を行うことはできず、役員のみで従業員はおらず、運営を
すべて外部に委託する。委託先の中で重要な役割を果たすのが資産運用会社で
あり、投資対象とする不動産の選定や日々の管理、資金調達等、実質的に投資
法人が必要とするほとんどの業務を行う。

⑵　配当可能利益の90％超の分配などにより、ほとんど法人税が掛からない

　J-REITは、利益の90％超を分配するなどの一定の要件を満たせば分配金を
税務上の損金として扱えるため、利益のほとんどを投資家に分配することが可
能になるので、高い分配金が期待される。

図表2-3-4　J-REITの仕組み

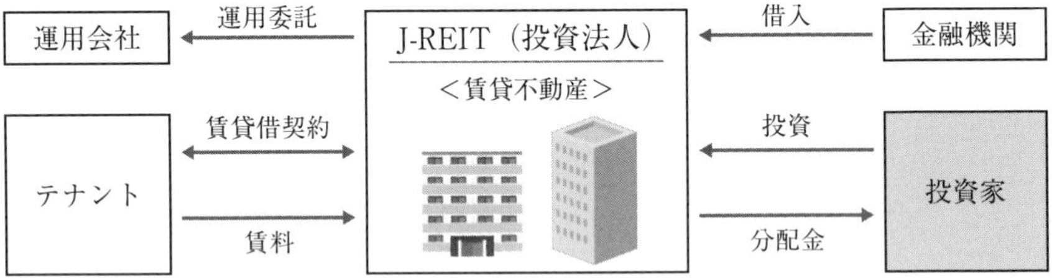

2　J-REIT投資の特徴

　J-REIT投資の特徴を踏まえると、例えば、以下のようなニーズがある個人
投資家には、現物不動産への投資よりも、J-REIT投資が向いている可能性が
ある。

・自己資金の範囲内で比較的少額からの投資を行いたい
　（反面、借入を活用したレバレッジ効果の享受や資産拡大はできない）
・現物投資ほどの高いリスクや、管理運用の手間をかけず安定収益を得たい
　（反面、個別性の高い物件探索や独自の工夫での収益向上の機会はない）
・早期の資金化が必要な場面が想定される

図表2-3-5　現物不動産投資とJ-REIT投資の特徴比較

	現物不動産	J-REIT
投資対象	特定の不動産への投資。	不動産ポートフォリオへの投資。
投資額	1件あたりの投資額大。	10万円程度の少ない金額からの投資が可能。
利回り	J-REITより高い利回りを追求できる可能性がある。レバレッジ効果の享受も可能。	分配金利回りは概ね3～5％程度（2022年10月時点）。
流動性	売却には相応の期間が必要。	上場市場において基本的には常時売買が可能。
管理運用	管理業者への委託をする場合も、運用方針は自ら決定。	専門家である運用会社が実施。
資産価値	市況、個別要因により変動。価格は個別に算定する必要。	投資口価格で売買。株式市場、金利等の影響を受ける。
リスク	個別事象の影響を大きく受ける分、リスクは高い。	分散投資効果によりリスクを低減できる。
収益への課税	不動産所得として総合課税。	分配金は配当所得として課税。
譲渡益への課税	譲渡所得に対して課税。	譲渡所得に対して課税。
相続税評価	時価と比較して評価減の効果あり。	投資口の時価評価。

　J-REIT投資の特徴を、現物不動産投資と比較して図表2-3-5に整理した。主な特徴は次のようなものである。

⑴　リスク分散を図ることができる

　現物不動産は1件あたりの金額が大きいため、資金面の制約から、投資できる物件の数は限られてくる場合がほとんどである。その限られた数の保有不動産のうち1件において、メインテナント退去による大きな空室の発生、特定用途における賃料下落、災害による損壊などが発生した場合には、それらの事象の影響を大きく受けてしまうことになる。

　対してJ-REITへの投資の場合、J-REITが保有する物件のうち1つの物件においてたまたま大きな空室が出たとしても、ポートフォリオ全体としてみれば影響は小さい。J-REIT投資は不動産ポートフォリオへの投資であるため、個別の物件において起こりうるアクシデントの影響を小さく抑えることができる。結果として、偶発的な個別事象に左右されず、不動産投資の本来的な特徴であるキャッシュフローの安定性を享受しやすい。

　同様の理由で、用途や地域の分散を図ることも可能であり、特定の用途の賃

13

料下落、特定の地域での災害などによるリスクも低減することができる。

⑵　流動性が高い

　前述したように現物不動産は売買に相応の期間を要するが、J-REITの投資口は証券取引所において基本的には常に売買を行うことができる。また、現物不動産は価格が不透明な面（相場が見えにくい上に個別性が高く、売主買主の個別事情などにも左右される）があるのに対して、J-REITの場合は投資口価格が目に見える形で示されており明確である。

⑶　管理運用

　J-REITの場合、個別物件の運用からポートフォリオの入替え等まで、専門家である運用会社が実施するため、銘柄を選定し投資をしてしまえば、現物不動産のように自らが不動産の管理運用についての判断を下すことはない。

⑷　利回り（収益性）

　J-REITの分配金利回りの水準は銘柄により異なるが、2022年10月時点において概ね3〜5％程度である（一部特殊な状況におかれているREITを除く）。現物不動産の利回りよりもやや低い水準となる傾向がある。上述した、リスクの低さや流動性の高さなどを反映したものとも考えられる。

　また、現物不動産への投資の場合は、投資対象の不動産を担保に入れることにより不動産取得資金の一部として借入をすることができる場合が多く、借入金によるレバレッジ効果（詳細は本章第5節「ファイナンス」を参照）により、自己資金に対する利回りをより高めることも可能である。J-REIT投資の場合もJ-REIT自体が物件を取得する際に借入金を利用しているが、安全性を重視した運用が前提となるため、物件総額の40〜50％程度であることが多い。

　なお、現物不動産の場合、J-REITの投資対象にならないような物件に投資することで高い利回りを追求する戦略もとりうる。築古の旧耐震建物、木造、小規模物件等が挙げられるが、利回りが高い分リスクも高いこと（テナントがつかない、出口で売却できないなど）には当然に留意が必要である。

【3】　用途別の特徴

1　住宅

⑴　賃料の安定性

　人が住み暮らすという根源的な需要に基づく賃貸事業であることから、広範なエリアに立地が可能であり、投資対象となる物件数も用途別でみて最も多い。テナントの代替性も高く（入居者が退去しても、次の入居者が見つかりやすい）、

立地・需要に応じた商品設計がなされていれば比較的底堅い需要が期待でき、需要見通しの立てやすい用途と言える。その需要の厚みから、他用途と比べて市況悪化時にも賃料変動は小さく、収益の安定性に優れた用途と言える。反面、好況時においても、オフィスや商業施設のような大幅な賃料上昇は期待しにくい。ただし、外国人や高額所得者向けの高級タイプの賃貸住宅のテナント需要、賃料は、比較的景気動向の影響を受けやすいなど、住戸のタイプによって賃料単価や需要の動きが異なる点には留意する。

(2) 流動性

　1件あたりの物件価格は他用途に比べて比較的小さい。例えば、ワンルームタイプ1室2,000万円×30戸（ある程度の戸数を確保することで空室発生の影響が抑えられ、賃貸住宅としては安定的な運営ができる規模と言える）で6億円程度の価格帯というイメージとなる。オフィスで同様の価格帯の投資をする場合、オフィスとしてはどうしても小規模な物件にならざるを得ない。上述した需要の厚みと安定性も相俟って、特に10億円前後までの中小規模の賃貸住宅は、個人投資家や中小規模の不動産会社など、幅広い需要者層が投資をしやすく人気が高い。個人投資家においては、純粋な投資利回りに加えて、特に都市部の物件については相続税評価減の効果も見込むことによる低利回りでの取得事例も多く見られる。こうした投資家への売却を見込んだ賃貸住宅開発も多く行われている。これらの結果として、売買市場において、賃貸住宅はオフィスと並び最も利回りの低いアセットタイプとなっている。売却しようとした場合には、他用途の物件に比べて売却先が見つけやすく、流動性は比較的高いと言える。

(3) 留意点

　比較的安定しているとはいえ、築年数の経過により賃料は逓減する傾向にある。入居者が求めるスペックの変化に応じた設備入替などの追加投資も、テナント競争力維持のためには必要となる。流動性についても、例えば、取得から10年後の時点で売却する場合、当然ながら築年を10年重ねていることから、その時点の新築物件に対して基本的には劣後することになる。

　また、住宅のあり方は、大局的な観点からみると、人口推移、家族構成、ライフスタイルなどの社会的変化の影響を受けて中長期のスパンで変化する。例えば、コロナ禍においては、在宅ワークの広がりとともに立地（都心から郊外）等について需要のシフトが一部で見られている。この流れが一時的なものに留まるのか、長期的なトレンドとなるのか、注視すべきポイントの一つと言える。

図表 2 - 3 - 6　用途別の特徴・物件イメージ（住宅）

テナント	・個人契約が多い（企業の借上等での法人契約もあり）。 ・テナント数は他用途に比べて多い。
賃料の安定性	・市況の影響は他用途に比べ小さく比較的安定。 ・築年経過に伴い、賃料は逓減していく傾向。
流動性	・物件価格は比較的小さく需要者層が幅広い。 ・他用途に比べて流動性が高い。
住戸タイプ	・ワンルーム、ファミリー、高級タイプなど、住戸タイプにより賃料 　単価・テナント需要・売買需要に違いあり。
留意点	・賃貸需要に応じた商品設計が重要。 ・個人契約が主でテナント数も多く管理は比較的煩雑。

●物件イメージ^{（※）}
所在：東京都○○区　築年：5年　タイプ・戸数：ワンルームタイプ30戸
年間収入：30百万円　年間支出：6百万円（経費率20％）
NOI（収入－支出）：24百万円　NOI利回り：4.0％
物件価格：6億円（NOI÷NOI利回り）
（※）　NOI、NOI利回りの詳細は本章第4節【1】2⑴参照

2　オフィス

⑴　賃料の安定性

　テナントである企業・法人から支払われる賃料が賃貸オフィスの収益の源泉
であり、その賃料負担力は景気動向に左右されることから、テナント需要、賃
料の振れ幅は、住宅に比べて大きい。近年でも、いわゆるリーマンショックの
発生時に、一部の大規模ビルではショック前の半額以下まで賃料が落ち込むと
いった事象も起きている。勿論、入居するテナントの業種・属性や、当該オフィ
スの賃料水準によって賃料の動きは異なるものであり、上述のケースも、リー
マン前の好況時に相当に高い賃料水準でオフィスを借りていた外資系金融機関
などのテナントの撤退が具体的要因となっている。投資対象とする賃貸オフィ
スが、好況時や不況時においてどのような稼働状況・賃料水準で推移してきた
か、過去のトラックレコードを参考に長期的な賃料見込みに基づいて投資する
ことが重要と考えられる。

⑵　立地の重要性

　テナント企業にとって、自社オフィスが立地するエリアの企業集積の度合い
やブランド、最寄り駅の路線や集客力は、顧客企業に対する営業活動や社員の
通勤の利便性、場合によっては企業イメージまでも左右する。企業にとってオ
フィスの立地は人材確保や事業収益にも直結する重要な要素であるから、賃貸

オフィスの競争力を決定する要素として、**立地の重要性**は非常に高い。

(3)　基準階面積

　同じエリアのオフィスであっても、**基準階面積**[1]の大きいオフィスほど賃料単価は高くなる傾向にある。基準階面積の大きい方が、広い床を必要とする規模の大きな企業（＝賃料負担力の大きいテナント）を誘致できる可能性が高いこと、大型である方が高い建物スペックを備えやすいことなどが要因と考えられる。部署間の往来の容易さや社内コミュニケーション活性化の観点から、基本的にはフロア面積の広い方が好まれる傾向にあるという側面もある。

　勿論、一概に大きい方がよく小さい方が悪いということではない。例えば、利便性の割に手頃な賃料単価でオフィスが借りられるようなエリアに、規模は小さいが優良なテナントが集積するようなケースもある。そのようなエリアの中小型ビルは、賃料単価はそれほど高くなくても、オフィスとしては比較的小さいロットで安定した収益を産み出す優良物件という見方もできる。

　いずれにしても、基準階面積の大きさにより、テナント需要、賃料単価、賃料動向などに差異があることを認識した上で物件を見ていく必要がある。

図表 2 - 3 - 7　用途別の特徴・物件イメージ（オフィス）

テナント	・大半が法人。移転契機は業容拡大縮小、集約など。 ・2 年契約が一般的（解約予告は 6 ヶ月前など）。
賃料の安定性	・賃料は景気動向に左右されやすく変動は比較的大きい。 ・好況時には大きく収益向上が見込める場合もあり。
流動性	・物件価格は比較的高く、住宅ほどの需要者層の広がりはないが、底堅い需要あり、一定の流動性あり。
基準階面積による分類（例）	・大規模（200坪以上）／大型（100〜200坪）／中型（50〜100坪）／小型（50坪未満）。規模により賃料単価に差。
テナント需要に影響する要素	・立地、築年、建物構造、事務室レイアウト、建物設備、内外装のグレード、管理状態、共用部施設等。

●物件イメージ[※]
所在：東京都○○区（都心 5 区）　築年、階数：15年、地上 7 階建
規模：占有面積500坪（基準階面積80坪）
年間収入：160百万円　年間支出：48百万円（経費率30％）
NOI（収入−支出）：112百万円　NOI利回り：4.0％
物件価格：28億円（NOI÷NOI利回り）
（※）　NOI、NOI利回りの詳細は本章第 4 節【1】2(1)参照

---

[1]　多層階の建物において、代表的な平面レイアウトを持つフロアの賃貸面積。エントランスや機械室などに面積を取られない、中層階の賃貸面積となることが多い。

⑷　流動性

　上述の基準階面積の話に加えて、企業が集積するようなエリアは容積率も高いため、優良な投資対象と評価される物件は、物件イメージに示したように一定以上の建物規模となり、物件価格は他用途に比べても高くなる。そのため需要者層は住宅に比べて限定的だが、賃料変動があるとはいえ一定の底堅い需要が見込める資産として人気は高く、相応の流動性はあると言える。

3　商業施設

⑴　高い個別性

　商業施設と一口に言っても、物販・飲食・サービス・娯楽系など、店舗の業種一つをとっても様々な種類があり、それぞれの業種の中でもターゲットとする顧客層が違えば、商業施設に求められるスペックや要素も異なってくる。都心型、郊外型大型施設、ロードサイド店舗など、施設タイプによっても、テナント業種・賃貸借契約の形態・売買市場における流動性などの特徴は大きく異なる。また、ほぼ同じ立地であっても、店舗の間口の広さや店舗の位置する階層によって、あるいは通りを1本挟んだだけでも、集客力に大きな違いが生じ、その結果、賃料にも大きな差が生じる場合がある。住宅やオフィスに比べて個別性が非常に高く、他の用途に比べても、物件ごとの特徴をより細かく見ていく必要がある。

⑵　賃料の安定性

　商業施設の賃料は、基本的にはテナントである店舗の収益から支払われることになる。業種にもよるが、店舗の収益自体が、景気動向、競合店舗の出店動向、消費者の求める流行などの影響を受けるため、一般に賃料水準の変動も大きい。店舗を運営する事業者の能力によるところも大きく、賃料の安定性をみるうえで、テナントの業種属性に加えて、テナント個別のブランド力や信用力も重要な要素となる。

　賃貸借契約において定める賃料形態には、固定賃料、売上高に連動する**歩合賃料**、固定賃料と歩合賃料を併用する方式などがあるが、固定賃料であっても、店舗の売上が振るわない場合には、賃料減額やテナント退去の可能性も考えられる点には留意が必要である。賃料減額や中途解約を要請しにくい契約条件となっているかも重要なチェックポイントとなる。

　契約期間も施設タイプ等によって異なる。都市型の商業施設では2年程度の短い期間としているケースも多く、テナントの入れ替わりも多い。郊外型やロー

ドサイド型の店舗には、10年～20年というような長期の契約も多く見られる。

(3) 流動性

　商業施設は、住宅やオフィスに比べて個別性が高いうえに、テナント誘致・入替えなどに独特のノウハウが必要となる。そのため、需要者層は限定的で他用途に比べて流動性は低い傾向にある。テナントが抜けた際の後継テナントの見つけやすさ（店舗需要の厚み、建物の汎用性など）が確保されている物件であるほうが流動性も高まる。

図表2-3-8　用途別の特徴（商業施設）

テナント	・テナント信用力、店舗売上、賃貸借契約内容等が重要。 ・郊外型は長期契約が多く、都心型は入替りが多い場合も。
賃料の安定性	・店舗収益に左右されるため一般に変動は大きい。 ・固定賃料、売上高連動の歩合賃料など賃料形態は多様。
流動性	・個別性が高く需要者層は限定されるため、他用途に比べて流動性は低い傾向。
施設タイプ	・都市型、郊外型大型施設、ロードサイド店舗等。 ・施設タイプにより、特徴は大きく異なる。
留意点	・テナント誘致、入替えなどに独特のノウハウが必要。 ・競合店舗出店など外部要因の影響を受ける側面もある。

4　その他の用途

　ホテルや物流施設などは**オペレーショナルアセット**と呼ばれる。管理運営に高い専門性・ノウハウが必要で、物件の収益力が運営者の能力に大きく左右される特徴を持っており、不動産投資のノウハウ蓄積の少ない個人投資家にとっては難易度の高い投資と考えられる。

(1) ホテル

　2010年代にインバウンド需要の急激な伸びなど宿泊需要の増加を背景に、投資需要、価格とも右肩上がりとなったが、コロナ禍の影響により、インバウンド需要は激減し、国内ビジネス客・旅行客も減少する非常に厳しい状況にある。これは極端な状況ではあるが、収益変動の大きいアセットタイプであることは認識する必要がある。ホテルのタイプとしては、ビジネスでの出張客などをターゲットに宿泊に特化した「ビジネスホテル」、会議場、婚礼施設、飲食施設などを併設する「シティホテル」、リゾート地などに立地し観光客を対象とする「リゾートホテル」などが挙げられ、それぞれ特徴が異なる。収益はオペレーターの運営やブランド力に依る部分が大きい。ホテル事業の側面（ホテルの経営・

運営）を切り離し、不動産投資として割り切る場合には、ホテル運営者（オペレーター）との賃貸借契約とするのが一般的である。それでも賃料の源泉であるホテル収益はオペレーターの能力による部分が大きく、契約の相手先選定は他用途にも増して重要である。

(2)　物流施設

近年、最新スペックを兼ね備えた大型物流施設が機関投資家や不動産ファンドの投資対象となっている。投資対象として存在感が増してきたのは近年のことだが、基本的には建てればテナントが埋まるという状態が続いており、開発への新規参入も依然相次いでいる状況である。eコマースの普及により、高度な物流機能を備えた施設に対する需要が増加し続けていること、既存の倉庫・物流施設に築古のものが多く企業の物流効率化ニーズと相俟って更新需要が高止まりしていることなどが背景にある。ただし、このような最新型の施設は投資対象となる物件の数がそもそも限られており一個人としての投資にはハードルが高い。個人の投資対象としては中小型の倉庫物件が中心になると考えられるが、テナントが入居し続ける蓋然性、テナントが退去した場合に後継テナントを付けられるか（物流需要の見込まれる立地かどうか、建物の汎用性があるかどうか）、土地そのものの価値なども考慮しての投資判断が求められる。

図表2-3-9　用途別特徴のまとめ

	住宅	オフィス	商業施設
賃料の安定性	○	△〜○	△
収益上昇の可能性	△	△〜○	△〜○
流動性	○	○	△
管理負担	△〜○	○	△

・総体としてみた傾向を単純化して示したものであり、内容は本文を参照されたい。
・当然ながらテナント状況・賃貸借契約の形態等の個別状況によって特性は異なる。

例題 2 - 3 - 1

正しいものに○、誤っているものに×を付けその理由を説明しなさい。

① 不動産投資の特徴の一つはキャッシュフローの安定性であり、投資さえ行えば、後は安定したキャッシュフローが期待できる。

② 不動産から得られる収益の維持向上には、取得後の管理（賃貸市況を踏まえたテナント管理、競争力を保つ建物管理等）が重要である。

③ 不動産の資産価値は必ずしも安定的ではなく、投資した不動産の売却価値が大きく変動する可能性もある。

④ 現物不動産投資の課題の一つとして流動性（換金性）が挙げられ、売却に相応の期間とコストがかかる点に留意が必要である。

⑤ 不動産投資には、空室発生・賃料下落のリスクがあるが、テナントとの賃貸借契約の契約期間中においては、一定の賃料が必ず保証されている。

⑥ 不動産投資には災害リスクを伴うが、保険への加入によりリスクを完全に回避することが可能である。

⑦ J-REITへの投資は、現物不動産への投資と比較して、個別の不動産に起こる事象の影響をより大きく受けてしまう特徴がある。

⑧ 住宅用途の不動産への投資の特徴として、他用途に比べて、好況時の収益上昇が大きいという点が挙げられる。

⑨ オフィス用途の不動産への投資の特徴として、一般的に、他用途に比べて賃料水準が安定しているという点が挙げられる。

⑩ 一部の商業施設、ホテル、大型の物流施設は、管理運営に高い専門性が必要であり、不動産投資のノウハウ蓄積の少ない投資家にとっては比較的難易度の高い投資と言える。

解答・解説

① ×　現物不動産への投資は単なる投資商品への投資ではなく事業としての性格を持ち、投資後の運営管理の巧拙が収益に影響する。

② ○　問題文の通り。

③ ○　問題文の通り。

④ ○　問題文の通り。

⑤ ×　不動産投資には、空室発生・賃料下落のリスクがあり、賃貸借契約の期間中であっても、解約や、賃料の減額・減免を求められる可能性もある。

⑥ ×　保険への加入は有効な対策の一つであるが、災害リスクを完全に回避できるわけではない。不動産投資対象の選定にあたっては、建物の耐震性能や災害に対応する設備等を確認するほか、被災履歴やハザードマップ等を参考に、リスクの高い物件を避けるのも一つの考え方である。

⑦ ×　J-REIT投資は不動産ポートフォリオへの投資であるため、個別の物件において起こりうるアクシデントの影響を小さく抑えることができる。偶発的な個別事象に左右されず、不動産投資の本来的な特徴であるキャッシュフローの安定性を享受しやすい。

⑧ ×　賃貸住宅は、底堅い需要の厚みがあり、他用途と比べて市況悪化時にも賃料変動は小さく収益の安定性に優れた用途と言える。反面、好況時においても、オフィスや商業施設のような大幅な賃料上昇は期待しにくい。

⑨ ×　賃貸オフィスの相場賃料は景気動向に左右される傾向があり、時に大きく変動する。テナント需要、賃料の振れ幅は賃貸住宅に比べて大きいと言える。

⑩ ○　問題文の通り。

第2節　土地の有効活用

学習ポイント

●土地の有効活用において、インカムゲインと相続税額削減効果などを総合的に検討する重要性を理解する。

●建物を建築し賃貸する場合の収支計画のチェックポイントを理解し、建築計画の妥当性を慎重に判断する重要性を理解する。

●有効活用検討のプロセス（周辺事例、同クラスの物件事例をもとに、入居率見通しを作成し、収支計画を立てる等）を理解する。

●サブリース（転貸）方式の留意点（家賃保証契約の正確な理解など）を知る。

【1】　有効活用検討の流れ

　元々住まいとしていたが自分では使わなくなった、あるいは代々保有しているなどの経緯で、遊休化した土地を個人が保有しているケースがある。しかし、ただ土地を持っているだけでは収益は生まれない。それどころか、不動産の保有に対しては固定資産税等の税金や管理費用がかかるため、利用価値を生まないままキャッシュフローはマイナスとなってしまう。自分で使わないのであれば、他人に貸して収益をあげるなど、何らかの有効活用を考えることとなる。

　土地の有効活用を検討する流れは次のようなものである。

・土地の特徴を把握し活用可能性を検証する

・投資目的に応じた土地活用方法、投資規模を想定する

・テナント需要の調査に基づき事業計画を立案する

・事業パートナーを選定し、詳細な事業計画を策定する

・資金調達・投資を実行する

1　土地の特徴の把握

　土地の活用を考えるにあたっては、まずその土地の概要を把握しておく必要がある。同じような立地・規模の土地であっても、地形や公法規制によって建てられる建物に違いが生じるなどということもよくある。登記簿や役所での調査などから、図表2-3-10にあげるような土地に関する基本的事項が整理できる。

図表 2 - 3 -10　土地の概要 （例）

所在	東京都○○区○○町10番1 （地番）
交通条件	○○線「○○駅」より徒歩3分
土地面積	300.00㎡ （90.75坪）
用途地域	準工業地域
建蔽率	80％
容積率	400％
その他の公法規制	高度地区
接道	南側：10.0m、東側：6.5m

(1)　所在

　土地には住居表示とは別に、土地の登記簿上で一筆ごとにつけられている番号がありこれを「地番」と呼ぶ。不動産の所有権は登記によって**対抗力**を持つ（権利を主張できる）ため、権利の確認にあたっては、法務局等で取得できる登記簿に記載されている所在・地番によって把握する必要がある。なお、登記簿には所有権以外にも抵当権その他の権利関係の登記もなされており併せて確認することができる。

(2)　交通条件

　特に住宅やオフィスでは、最寄り駅の路線、最寄り駅からの距離は、利用者の利便性、ひいては賃料に直結する重要な要素となる。

(3)　土地面積

　登記面積と実際の面積が異なる場合もあり注意が必要である。「縄伸び」（実際の面積が登記簿面積より大きい）、「縄縮み」（逆に実際の面積が小さい）という呼称があるほどであり、測量の誤差の範囲に収まらないケースもある。建築や売買にあたっては、通常、測量を実施する。過去の測量図が存在する場合であっても、作成時期などによって信頼性に差があるため、改めて測量を実施するケースも多い。また、隣地との**境界確認**の有無も確認する。境界確認がとれていない場合、改めて隣地と確認したところ想定していた境界線が実際と異なり面積が減ってしまう、といった可能性もあるからである。隣地との境界を確定させたうえで測量されている場合の測量図は「実測図」や「**確定測量図**」、境界確定を行っていない状態での測量図は「**現況測量図**」などと呼ばれることが多い。

　なお、不動産概要書などにおいて面積の表記にあたり、㎡表記と坪表記が併

記されることが多いが、「坪」は尺貫法に由来する単位で、1坪＝約3.3㎡（1㎡＝約0.3025坪）である。価格や費用の単価も坪単位の数字が使われることが多い。

⑷　用途地域

2022年末時点で13種類の**用途地域**が定められており、用途地域ごとに建てられる建物用途に制限が定められている。この用途地域があることで用途の棲み分けが図られており、例えば、閑静な住宅地に店舗や工場などは立地することができない仕組みとなっている。郊外では指定されていないケースもあるが、市街地であれば殆どの場合、用途地域が指定されている。

例えば、第一種低層住居専用地域は、最も制限が厳しく、低層の住宅か一定の公共施設などしか建てられない。準工業地域は、町工場などの小規模な工場と住宅が混在するエリアのイメージで比較的幅広い用途が認められている。商業地域は繁華性の高いエリアで、一部危険な工場などを除いて多くの用途が建築可能となる。用途地域の確認は土地の活用用途を考える第一歩となる。

⑸　建蔽率（％）：（建築面積÷敷地面積）×100

敷地面積に対する、建築面積の割合であり、敷地のうち建物を建ててよい面積の上限を規定する数値である。角地などの敷地条件や、地域地区、建物の耐火構造などにより加算される場合もある。

⑹　容積率（％）：（建物床面積（容積対象床面積）÷敷地面積）×100

敷地面積に対する、建築可能な建物床面積の割合であり、この数値によって建てられる建物規模が決まってくることになる。例えば、100坪の土地で容積率400％であれば400坪までの建物が建てられるということになる。注意点としては、ここでいう建物床面積は「容積対象床面積」として算出されるもので、「延床面積」や「専有面積」などとは異なる。整理しておくと以下のようになる。

延床面積：建物の各階の床面積の合計。建築基準法で定められている基準で算出される延床面積は法定延床面積とも呼ばれる。

容積対象床面積：容積率算出上の床面積で、延床面積より小さくなる。例えば、共同住宅の廊下、階段、エレベーターなどは、延床面積に含まれるが、容積率の計算上の面積からは除外される。

専有面積：テナント（入居者）が住居や事務所として利用できる部分の面積で、テナントに貸し出す際の賃料算出のベースとなる（1棟貸などで延床面積をベースに算出する場合もある）。

(7)　その他の公法規制

　建物が周囲に落とす日影を一定以下にすることや、街並みを整える趣旨から、高さ制限や高度地区、日影規制、斜線制限（北側斜線、隣地斜線、道路斜線）などの制度がある。建物を建てる側からすれば、建物形態を制限されることとなる。

(8)　接道条件

　建物の建築には、原則として、4m以上の道路（建築基準法上の道路）に2m以上接していることが必要である。道路が4mに満たない場合には、道路中心線から2mのラインまで**セットバック**をして建物を建てることができる。

　また、道路幅員が12m未満の場合、法定容積率にかかわらず以下の数値が利用可能な容積の上限となる（条例等により緩和されている場合もある）。

　（住居系用途地域）　　　　：前面道路幅員×0.4

　（住居系以外の用途地域）：前面道路幅員×0.6

　例えば、法定容積率が300％であっても、住宅系地域で前面道路幅員が5mであれば消化可能な容積率は200％が上限となる。

　また、自治体の条例によっては、接道条件によって一定規模以上の建物が建たないケースもある。また、接面している道路が狭いと、建物の新築または建替時に大型の工事車両の通行が難しいことから、工事費の上昇要因となる可能性もある。このように、接道条件は容積率などにも影響し、土地の資産価値を左右する場合もあるため留意が必要である。

2　投資目的に応じた活用手法の選択

　土地の活用手法は大きく分けて、①土地賃貸、②建物賃貸の2種類がある。また広い意味では③売却も活用の一つと言える。目的に応じた活用手法の選択が重要である。各手法についての詳細な説明は割愛するが、大まかな特徴は以下のようなものである。採用する手法によって、収益性・リスク・流動性に差があり、投資目的に応じた活用方法を選ぶことが重要である。

(1)　土地賃貸

　大きな投資を行う必要がなく事業リスクは低いが、一般的に建物賃貸事業よりも収益額は低位にとどまる。

①　平面駐車場等としての賃貸

　駐車場需要のある土地であれば、最も取組みやすい活用手法と言える。長くても数ヶ月程度の短期間で解約できる契約とすることができるため、建物投資

や売却などの大きなアクションをとる時機がくるまでの暫定利用としても有効である。

②　事業用の土地賃貸（普通借地）

土地上に建物を建てて利用する主体に土地を賃貸する。土地上で行われる事業のリスクは借地人にあるが、トラブルなく安定した収入を得るためには優良な借地人の選定がポイントとなる。建物建築を目的とした借地は、借地借家法の対象となり、契約期間が満了しても借地人の継続賃貸意向があれば、基本的には賃貸を継続しなければならず、自分の好きなようには使えないという点に注意が必要である。

③　事業用の土地賃貸（定期借地）

普通借地と異なり、契約期間の満了に伴って借地人が土地を返還しなければならない契約形態である。食品スーパー、家電量販店、衣料品店などの物販店舗や飲食店舗などの商業テナントへ30年程度の期間で賃貸するような例が代表的である。

(2)　建物賃貸

所有地上に自ら建物を建てて賃貸することで、土地賃貸よりも収益性を高めることができる。一方で大きな投資額が必要となり、テナントがつかない場合などの事業リスクは高まる。

(3)　売却

所有土地を売却して資金化するのも広い意味では活用方法の一つといえる。

図表 2 - 3 - 11　有効活用検討の流れ

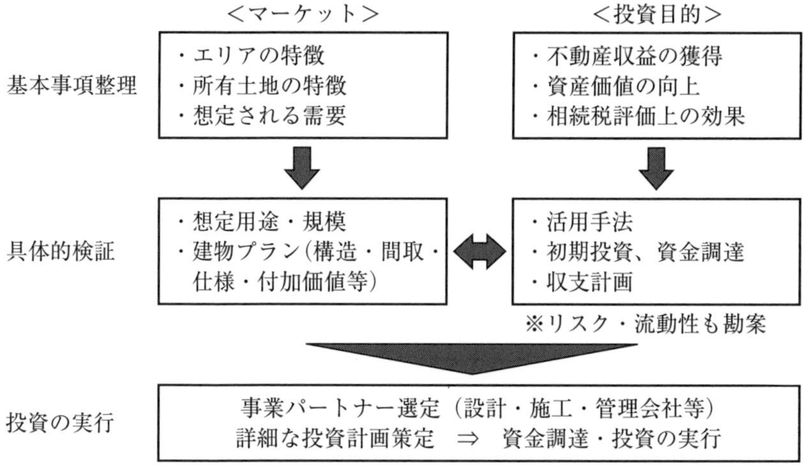

場合によっては売却資金で別の収益不動産を取得することも考えられる。また、土地を一部売却して建物投資に充てるような手法も考えられる。売却益に対する課税と売却コストを考慮する必要がある。

3　テナント需要の想定

　不動産投資における収入はテナントからの賃料であるから、**テナント需要の想定**は不可欠のプロセスとなる。賃貸住宅は比較的賃料水準の変動が小さく需要見通しが立てやすい用途とされるが、例えば、郊外で鉄道駅からも遠いエリアにもかかわらず多くの住宅開発が進み賃貸住宅供給が過剰となっている、あるいは、都心立地で高級仕様としたものの思ったように賃料がとれないなどのケースも考えられる。業務系・商業系の用途となると、需要・賃料の大幅な変動の可能性も念頭においたより慎重な検証が求められる。

⑴　**エリアの特徴**

　産業構造、人口特性、駅前等の大規模開発動向、街としてのブランド・集客力、利用可能な駅・路線、オフィス・商業集積地からの距離等

⑵　**物件個別の特徴**

　立地（最寄駅からの距離、ハザード等）、周辺環境（周辺土地の利用用途、生活利便施設の充実度等）、敷地条件（敷地形状、規模、高低差、地盤、日当たり、方位等）など。商業テナントが想定される場合、商圏人口、人や自動車の流れ、前面道路の交通量等。

⑶　**周辺物件における入居者特性**

　住宅の場合、周辺物件入居者の年齢層・年収・勤務地・入居人数等から、ターゲット層を想定する（業務・商業集積地への交通利便性を求める単身入居者、都心への通勤を伴うファミリー層等）。オフィスの場合、業種・企業規模・賃貸面積等。商業施設の場合、周辺の商業集積、競合店舗の出店状況等。

⑷　**賃料水準・稼働率**

　周辺物件の賃料・稼働率から、対象地での事業計画における賃料・稼働を想定する。周辺事例を参考にするにあたっては、各事例の立地・築年・構造・間取りなどについて対象物件との違いを勘案する。特に住宅やオフィスであればデータの蓄積・整備が進んでおり、建築を企画する大手事業者などであれば、周辺事例についてかなり詳細な実態を把握することが可能である。時系列に沿った推移も把握できれば、需要変動リスクの検証にも有用である。

⑸　**賃料水準をみる際の留意点**

　同じ用途であっても、タイプにより賃料単価が異なる点に留意する。住宅の場合、賃料単価が高級タイプ＞単身者・DINKS向け＞ファミリー向けとなる傾向があり、世帯の賃料負担力を勘案した部屋ごとのグロス賃料（額面賃料の総額）でみることも重要となる。オフィスの賃料単価は、大規模（200坪以上）＞大型（100〜200坪）＞中型（50〜100坪）＞小型（50坪未満）となる傾向がある（面積区分は一例）。商業テナントの場合、通常は集客力の高い1階路面店の賃料単価が最も高く、上層階ほど低い傾向にあるが、業種によって当てはまらない場合もある（例：眺望を強みとする飲食店舗、顧客の来訪目的が明確なサービス業店舗等）。

4　留意点

⑴　**「サブリース」について**

　サブリースとは、賃貸物件の所有者から建物を一括して借り受けた不動産会社が、建物の各貸室の貸主となって入居者に転貸する方式のことをいう。本来はこの仕組みの中の一括賃貸借のことを**マスターリース**、転貸借のことをサブリースというが、仕組み全体を指して「サブリース」と呼ばれることが多い。不動産会社に委託する業務範囲は個別に決定することになるが、入居者募集・賃料収受などの賃貸管理に加えて、清掃や設備保守などの建物管理もあわせて委託することも多く、手間のかかる管理業務をノウハウのあるプロに任せられるメリットがある。個人が所有する土地に対して、賃貸アパート建築後のサブリースによる一定期間の家賃保証までをセットとした建築営業もよくなされている。サブリース方式における賃料支払いの形態は大きく分けて、①賃料固定型（いわゆる「家賃保証」型）と、②実績賃料連動型（不動産会社が入居者から回収した賃料に応じて所有者に賃料を支払う方式）とがあるが、近年、社会問題とまでなったのは前者の①の方で「家賃保証」の内容の認識が薄いまま契約してしまうケースである。

⑵　**「家賃保証」に関する留意点**

　サブリースを行う不動産会社による「長期の家賃保証」が謳われている場合があるが、契約期間が長期であっても、賃料の金額は当初設定した賃料が契約期間中ずっと保証されるわけではなく、減額される可能性があることを認識する必要がある。空室の多寡にかかわらず一定の賃料が支払われるため「**家賃保証**」と呼ばれたりもするが、賃料の金額自体は2年などの一定期間ごとに賃料

改定ができる契約となっており、借地借家法上も、借主であるサブリース会社には家賃の減額請求権が認められている。賃料低下、稼働の悪化が起こった場合など、将来的に賃料の金額が変更、特に減額される可能性が相応にあることを認識する必要がある。また、敷金・礼金・更新料はサブリース会社が受け取り、オーナーの収入にはならない場合があるなど、通常の管理契約とは異なる部分も多い。契約内容をよく精査することは言うまでもなく、「家賃保証」という言葉の意味を取り違えず、設定家賃が妥当なものかどうか、稼働は維持できるのか、周辺物件の状況の確認や複数の意見を聞くなどして土地の実力を知ることが重要である。

(3)　賃貸住宅の管理業務等の適正化に関する法律

　サブリースの仕組み自体は、オーナーがその内容を理解して活用する場合には有用な仕組みである。しかしながら、契約の内容、特にリスクについて、サブリース業者側からの十分な説明やオーナー側の理解がないまま「サブリース業者が一定期間無条件に賃料保証をしてくれる」というような誤解の下に契約をしてしまい、家賃減額の要請があって初めて認識の齟齬が顕在化する、といった例が相次ぎ、社会問題化するに至った。このような状況を受けて「賃貸住宅の管理業務等の適正化に関する法律」が2020年6月に施行され、サブリース業者などを対象とした賃貸住宅管理業に係る登録制度創設、サブリース業者と所有者との間の賃貸借契約（特定賃貸借契約）の適正化のための措置として、不当な勧誘行為の禁止、特定賃貸借契約締結前の重要事項の説明実施などを定める条項が盛り込まれた。

図表2-3-12　サブリースの仕組み

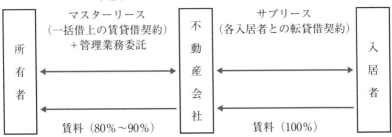

(4)　不動産の相続税評価と賃貸事業の収益性

　土地の路線価・建物の固定資産税評価額・借地権割合・借家権割合などに基づき算出される不動産の相続税評価額は、通常、賃貸不動産の時価（基本的に

は収益性をベースとして評価される）を下回ることが殆どであるため、個人にとっての不動産投資のメリットの一つに相続税評価を引き下げる効果が挙げられる（詳細は第3編第2章「相続の税務」にて解説）。路線価・固定資産税評価額と時価との差が出やすい都市部であるほど、その効果は大きくなる傾向にある。

　個人が不動産投資を行うにあたっては、この相続税評価減の効果もあわせて考慮することも多いが、あくまでも不動産事業としての収益確保、資産価値の向上ができているかという観点で収支計画を精査することは必須である。

① 　所有する土地上に賃貸建物を建築する場合
　土地の相続税評価額は賃貸建物の建築により貸家建付地として評価減となる。ただし、そもそも土地上に建てた賃貸物件の入居率が伸びないと、投資に応じた時価の向上効果が得られないばかりか、資金不足に陥り事業自体が成り立たなくなってしまう事態ともなりかねない。本末転倒の結果とならないよう、収支計画（特に、建築費と建築後のテナント需要見込み）を精査し、所有土地の特徴に応じた投資を行うことが重要である。

　図表2-3-13は、対照的な2つの土地上に同規模の賃貸住宅建設を想定したケーススタディである。

・＜ケースA＞では、建築後の賃貸住宅が順調に稼働し収益をあげている。「収益不動産としての時価評価」が「土地時価＋建物投資額」を上回っており、建物投資に見合った資産価値向上が実現されていると言える。

・＜ケースB＞は、テナント需要を読み間違えたがために稼働率が上がらず、建物投資に見合った収益があげられていない。結果として、資産価値の向上も実現できておらず、投資に見合う効果が得られていない。

・いずれのケースも相続税評価減の効果は見込まれるが、＜ケースB＞のような所有土地の特性に適合しない投資は避けるべきであると言える。

図表2-3-13　建物投資の効果（所有土地上に賃貸住宅を建築）

＜ケースA：土地Aに建物建築＞ 都心に近く安定した賃貸需要あり	＜ケースB：土地Bに建物建築＞ 郊外で駅距離があり賃貸需要に懸念
土地面積　　　　　　　120坪 土地坪単価　　3.0百万円／坪 土地時価　　　　　360百万円	土地面積　　　　　　　120坪 土地坪単価　　2.0百万円／坪 土地時価　　　　　240百万円

➕

建築関連費　　　　480百万円 諸経費　　　　　　 20百万円 総事業費　　　　　500百万円	建築関連費　　　　480百万円 諸経費　　　　　　 20百万円 総事業費　　　　　500百万円

賃貸住宅建築後の運用成績　　　　　　賃貸住宅建築後の運用成績

専有面積　　　　　　　350坪 賃料単価　　　12千円／月坪 賃料収入　　　　48百万円／年 　　　　　　（稼働率：95％） 年間支出　　　　8百万円／年 年間NOI^(※)　40百万円／年 NOI利回り　　　　　　**4.0%**	専有面積　　　　　　　350坪 賃料単価　　　11千円／月坪 賃料収入　　　　37百万円／年 　　　　　　（稼働率：80％） 年間支出　　　　7百万円／年 年間NOI^(※)　30百万円／年 NOI利回り　　　　　　**5.0%**

土地時価 ＋ 建物投資額 ＝ 8.6億円　　　　土地時価 ＋ 建物投資額 ＝ 7.4億円

収益不動産としての時価 ＝ 10億円　　　　収益不動産としての時価 ＝ 6.0億円
（NOI：40百万円／年÷利回り4.0％）　　　（NOI：30百万円／年÷利回り5.0％）

（※）　上の図表の「NOI」（Net Operating Income）は、収益不動産から得られる年間の賃料
収入から支出を差し引いた純収益。「NOI利回り」は売却する場合の利回りとしてそれぞ
れ設定した。一般にリスクの高い物件ほど利回りは高く評価され、不動産の時価は小さく
なる。設例では、立地条件、稼働率からみてケースBのリスクがAより高いため、NOI利
回りを高く想定している。

②　既存の収益不動産を購入する場合

　不動産の売買価格は、相場がわかりにくく不透明であるから、所有地上に建
物を建築する場合に比べてより注意が必要であるとも言える。不動産の取得価
格と時価（相場価格）は必ずしも一致しない。取得価格はあくまで売主と買主
の折衝により決まるものであるから、例えば、「相場価格：8億円（年間純収
益40百万円／年・相続税評価額：4億円）」の収益不動産を、「取得価格：10億
円」で買ってしまうということも起こりうる。買主にとっての「時価」（取得
価格）は10億円であるから、「時価と相続税評価の差が大きく相続税評価減の
効果が大きくとれる不動産」と見えてしまうかもしれないが、その収益不動産
からあがる収益は、相場価格の8億円で買った場合と同じで40百万円／年であ

るし、マーケットにおける売却価値は基本的には8億円である。

【2】　建物建築・賃貸事業の収支計画

　ここでは所有地上に建物を建築し建物賃貸事業を行う場合の収支計画を見て
いきたい。

1　初期投資

　不動産投資は多額の初期投資を長い期間をかけて回収していく投資であるか
ら、初期投資の内容は重要で、期中の収支にも影響を与えていくこととなる。

　建物全体の計画は勿論、建物の各部分に用いる材料や仕様についても求める
建物スペックと投資額のバランスを考慮しながら決定していくことになる。

　計画・投資が妥当なものかどうか、複数の計画提案を比較して決定していく
のが一般的である。類似実績の情報を収集して比較することも有用である。

図表2-3-14　初期投資の項目（例）

項目	金額（百万円）	内容
建築工事費	400	本体工事費・付帯工事費
既存建物解体費	16	既存建物解体
設計監理費	20	設計会社による設計・工事監理
消費税	44	上記3項目に対して課税
その他工事関連費用	7	近隣対策費、公共負担金など
工事期間中金利	3	初期投資資金の借入金利
不動産取得税	6	新築建物の取得
登録免許税	1	建物の表示・保存登記
その他諸経費	3	測量費用、ローン・登記等の手数料等
合計	500	

①　建築工事費

　所有地上に建物を建築する場合、初期投資の大部分を占めるのは建築工事費
である。建築工事費の内訳は大きく、本体工事費（躯体工事・仕上げ工事・設
備工事）と付帯工事費（造成・整地、屋外配管、電気引込み、地盤補強、外構・
植栽の整備等）に分けられる。

　建築工事費の坪単価（建築費÷床面積）が比較の目安となるが、算出基準は
一定でないのでその内容をみる必要がある。分子の建築費について、本体工事

費を用いる場合が多いが、付帯工事の一部が含まれた数値となっている場合もある。また分母の「床面積」についても、延床面積で算出しているのか、施工床面積（法定延床面積には含まれない、屋外廊下やバルコニーなどが含まれている）で算出しているのかで、数値にはブレが生じる。

　なお、工事車両の出入りの容易さ・工事が可能な時間帯などの敷地条件、地下工事の有無（工事の手間・難易度が上がるため、大きく工事費が上昇する場合がある）、地盤の状況などによっても建築工事費は変動する。

図表2-3-15　建築工事費の動向

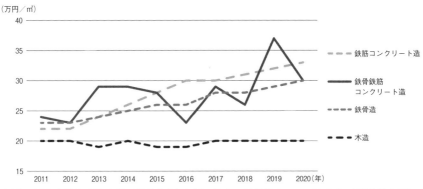

（出所）　国土交通省「住宅着工統計」（東京都・貸家・共同住宅・1㎡あたり工事費予定額）より筆者作成

　また、建築工事費は資材価格・人件費などに左右され時期によって変動するため、その動向は投資判断の要素として押さえておきたい。近年では東京オリンピック開催決定後の建設ラッシュにより資材・人材の確保が逼迫し、建築工事費が大きく上昇したのが記憶に新しいところである。

　図表2-3-15は、東京都における建築工事費の動向を示したグラフである。2011年からの10年間において工事費は上昇傾向にあった。建物の構造によって工事費は異なり、地域によっても若干の差が見られる。

②　建築工事関連費

a　既存建物解体費

　既存建物がある場合の解体費は、付帯工事費の一部とされることもある。地下躯体がある場合や、建材にアスベストが含まれる場合（飛散防止措置をとりながらの解体となる）などでは費用が割高となる。また、地中埋設物（昔の建物の基礎や、コンクリートガラ等と呼ばれる昔の建物の解体材などが放置され

たものなど）や杭の撤去を伴う場合など費用がかさむ場合がある。

b　設計監理費

設計会社による建物の設計および工事監理（設計通りに施工が進んでいるか
を確認する業務）に対する支払い費用

③　**税金**

a　消費税

建築工事費・既存建物解体費・設計監理費などにかかる。なお、賃貸オフィ
スビルや賃貸店舗ビルの建築に際して支払った消費税については還付を受けら
れる場合がある。賃貸マンション・アパートの場合は住宅家賃が非課税売上で
あることから還付を受けられないものとされている。還付を受ける要件は複雑
であり、税理士等の専門家に相談されたい。

b　登録免許税

土地などを新たに取得する場合の所有権移転登記、建物を新築する場合の表
示・保存登記、借入金がある場合の抵当権設定登記などに対して課税される。

c　不動産取得税

土地購入、建物新築・増改築時に課税される。

d　印紙税

売買契約書、建物新築にあたっての工事請負契約書、借入金がある場合の金
銭消費貸借契約書などについて、印紙貼付などの形で課税される。

④　**諸経費**

a　手数料：不動産を取得する場合の仲介手数料、借入金の融資手数料など

b　登記費用：司法書士報酬（登記書類作成、登記事務など）

c　測量費用：建物新築時には各種測量を実施する。なお、売買による取得時
　の測量、境界確定は、売主側の負担で実施されることも多い。

2　収支計画

(1)　賃貸事業収支

図表2-3-16、図表2-3-17に、所有地上に建築した賃貸住宅（RC造・1
Kタイプ40室・専有面積350坪、事業費総額5億円：自己資金1億円、借入金
4億円）の資金収支、損益計算の例を示した。

図表 2 - 3 -16　賃貸住宅の資金収支例

項目	金額（百万円）	内容
賃料収入	47.5	賃料単価×専有面積×入居率
駐車場収入	3.0	駐車場賃料×台数
その他収入	0	更新料、自動販売機、看板収入など
収入合計	50.5	上記収入の合計
建物管理費	2.1	清掃、設備の保守点検、修繕検討等
テナント管理費	1.0	賃料収受、入退去対応、テナント募集等
公租公課	4.0	固定資産税(償却資産税含む)、都市計画税
維持修繕費	2.0	建物設備などの維持修繕
損害保険料	0.4	火災（地震・水害）に対する保険
その他費用	0.8	共用部の水光熱費、消耗品、通信費など
支出合計	10.3	上記支出の合計
NOI（純収益）	40.2	収入合計 － 支出合計
借入金利子返済	5.9	借入 4 億円、元利均等35年、1.5％と想定
借入金元本返済	8.8	借入 4 億円、元利均等35年、1.5％と想定
資本的支出	0	使用可能期間延長、価値増加に資する修繕
税引前剰余金	25.5	NOI － 借入金返済 － 資本的支出
所得税・住民税	7.7	図表 2 - 3 -17を参照
税引後剰余金	17.9	税引前剰余金 － 所得税・住民税

図表 2 - 3 -17　損益計算（不動産所得の算出）例

項目	金額（百万円）	内容
収入合計	50.5	図表 2 - 3 -16を参照
支出合計	10.3	図表 2 - 3 -16を参照
NOI（純収益）	40.2	収入合計 － 支出合計
借入金利子返済	5.9	借入 4 億円、元利均等35年、1.5％と想定
減価償却費	15.2	建物躯体、設備それぞれについて償却
不動産所得	19.1	NOI － 借入金利子返済 － 減価償却費
所得税・住民税	7.7	税率40％と想定

①　収入

　収益不動産の収入の大半は、貸室を賃貸することによる賃料収入である。オーナーとテナント間の賃貸借契約に基づき、テナントから毎月支払われる。賃料単価×専有面積(賃貸面積)×入居率　で算出され、賃料単価・入居率の変動に

伴って増減する。

② **支出**

a　建物管理費

　日常的な建物内外の清掃、警備、修繕発注などの管理業務（**BM業務：ビルディ**
ングマネジメント業務とも呼ばれる）に対する委託料。建物には、空調、電気
（受変電、各居室への配電）、給排水、消防（防火扉、スプリンクラー等）、エ
レベーターなど、様々な設備が備えられており、これらを日常的に維持管理し
ていく必要がある。消防法、建築基準法などの各法律に定められた設備点検を
定期的に実施することも求められる。これらの業務には、相応の手間と費用が
必要となるため、専門の管理会社に委託する場合が多い。

b　テナント管理費

　家賃の収受、テナント募集、テナント退去・入居時の対応などの業務（**PM**
業務：プロパティマネジメント業務とも呼ばれる）に対する委託料。

　なお、賃貸住宅の場合、入居するテナントは個人が多く、またテナントの入
れ替わり（原状回復、新規募集が必要となる）も多いことから、法人テナント
が中心となる他用途に比べ、テナント管理は煩雑となる傾向がある。

c　公租公課

　土地・建物にかかる、固定資産税（償却資産税を含む）および都市計画税。

d　修繕費

　建物の設備などの修繕費用。築年の経過に伴って増加する傾向がある。

③ **損益計算（不動産所得の算出）**

　事業主が個人の場合の不動産事業による利益は「不動産所得」とされ、所得
税・住民税が課税される。税務上の所得算出における益金・損金の考え方には、
資金収支における収入・支出とは異なる点がいくつかある。

a　借入金元本返済：キャッシュアウトは発生するが損金計上されない

　借入金については、利子返済額は損金として計上されるが、元本返済額は
損金として計上されず、キャッシュフローを圧迫する要因となる。

b　**資本的支出**：キャッシュアウトは発生するが損金計上なし（簿価算入）

　修繕や設備更新のために要した支出は、その性格によって「修繕費」と「資
本的支出」に分類され、会計税務上、異なる取り扱いとなる。

　「修繕費」は、「固定資産の修理・改良等のうち、通常の維持管理または原
状回復と認められる支出」として当期の費用（損金）として処理される。対
して「資本的支出」は、例えば、建物に新たに避難用階段を設置した、設備

を高性能のものに交換した、など「固定資産の修理・改良等のうち、価値の増加または耐久性の増加と認められる支出」が該当する。資本的支出は損金計上されず、簿価算入し耐用年数にわたって減価償却をしていく処理となる。

c　減価償却費：キャッシュアウトはないが損金計上される

　減価償却とは、固定資産の取得費を、その耐用年数にわたって分割して、費用・損金として計上していく、会計・税務上の処理である。なお、不動産においては建物躯体・設備が対象となり、土地は減価償却の対象とならない。

(i)　取得価額

（建物を建設した場合）工事代金、設計料ほか建設に要した経費等の合計額

（購入した場合）購入金額と仲介手数料その他の費用等の合計額

(ii)　償却の方法

　減価償却の方法については、かつては新築当初に大きく償却が生じる定率法も活用されていたが、税制改正により、1998年度以後の建物躯体の減価償却は定額法のみとなり、更に2016年度以後は、建物付属設備・構築物も含め定額法しか認められなくなっている。定率法は、かつて採用した物件の償却方法として残っているケースはあるが、現在新築したものについては、定額法しか認められていない。

(iii)　償却期間

　建物の構造・用途ごとに、**税法上の耐用年数**が定められている。住宅の場合、木造で22年、重量鉄骨造で34年、鉄筋コンクリート造で47年などである。設備の償却は建物の償却に比べて早く、設備の償却が終わる12〜15年目あたりから所得が増加する点には留意が必要となる。なお、資本的支出として簿価算入された部分は、算入時点から耐用年数に従って償却する。

(iv)　中古物件を取得した場合

　既存の収益不動産（中古物件）を取得する場合には、土地建物比率、耐用年数の考え方などに留意する。土地建物比率については建物比率が高い方が償却は大きくとれるが、比率設定の合理的な根拠が必要である。中古物件取得時の耐用年数は以下の簡便法によることが多い（小数点以下は切捨て）。

（法定耐用年数−経過年数）＋経過年数×20％

（なお、法定耐用年数の全部を経過した資産の場合は、法定耐用年数×20％）

図表 2 - 3 -18　税法上の耐用年数（住宅の場合）

償却資産の種類	耐用年数
【建物】※住宅用のもの	
鉄骨鉄筋コンクリート造（SRC造）	47年
鉄筋コンクリート造（RC造）	47年
金属造（S造） ・骨格材の肉厚 4 ㎜超　　　（重量鉄骨造） ・骨格材の肉厚 3 ～ 4 ㎜　（軽量鉄骨造） ・骨格材の肉厚 3 ㎜以下　（軽量鉄骨造）	34年 27年 19年
木造・合成樹脂造	22年
【設備】	
電気設備	6 ～15年
給排水・衛生設備、ガス設備	15年
昇降機設備（エレベーター）	17年

④　不動産所得・税負担と剰余金の関係

　不動産所得の金額＝総収入金額－必要経費　として算出され、給与所得等の他の所得と合算されて総合課税となる。不動産所得の損失があるときは、一部対象外の部分もあるが、他の黒字の所得金額から差し引くことができる（**損益通算**）。なお、税率は全体の所得金額によって異なってくる。

　事業全体として利益が出ていることを前提とすると、税務上の損金と所得税の関係は以下のようになる。

・税務上の損金が多いほど、不動産所得は減少し、税負担は小さくなる。

・税務上の損金が少なくなると、不動産所得は増加し、税負担は大きくなる。

(2)　**収支計画の留意点**

①　**長期的な資金収支計画の重要性**

　新築時と築15年経過後の、損益・資金収支のイメージを図表 2 - 3 -19に示した。個人が不動産投資を行う場合の判断基準となることも多い「**剰余金**」は、市況変動の影響がなければ、新築当初から小さくなっていくのが通常である。

　その要因は、経年に伴う収入減少・支出増加と、税負担の増加である。

　元利均等返済の場合、借入返済の総額は一定であるが、損金計上される借入利子返済の割合は徐々に減少する。また、同じく損金計上される減価償却費についても設備の償却が終わるタイミングで急減する。これらの結果、所得が増加し税負担が重くなるという仕組みである。築年経過が進んでいるため、大規

模修繕の発生時期とも重なる場合には、資金収支が相当に圧迫される可能性がある。投資直後は比較的剰余金が出やすい状況（図表2-3-19の左側の状態）となるのはある意味で当然であるが、いずれ訪れるキャッシュフローが圧迫される時期（図表2-3-19における右側の状態）のことも想定した資金収支を当初段階から計画しておくことが重要である。

② リスクシナリオの想定による、許容リスクの明確化

更に、賃料・稼働率が低下した場合、金利が上昇した場合などの資金収支想定も行っておく必要がある。不動産投資からリスクは切り離せないが、どの程

図表2-3-19　損益・資金収支（キャッシュフロー）のイメージ[※]

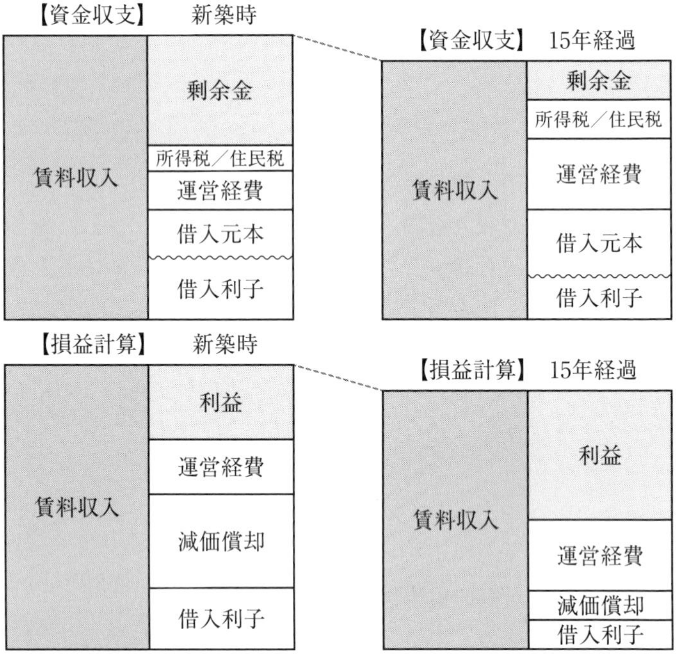

（※）　**築年経過による各項目の変化**
- 賃料収入：経年に伴い逓減していく傾向。
- 運営経費：建物固定資産税の軽減措置（新築当初5年間）終了時に増加、経年により維持修繕費は増加する傾向。
- 減価償却：設備の償却終了により減少。
- 借入返済：元利均等返済の場合、返済総額は一定。利子返済額は徐々に減少し、元本返済額が徐々に増加。
- 利益（不動産所得）：収入は減少も、減価償却減・利子返済減により増加。
- 所得税・住民税：利益増加に伴い増加。なお新築当初は初期費用との相殺・繰越控除により税負担が発生しない場合もある。

度のリスクまでは許容するのかを、ある程度明確化できる効果がある。

例題 2 - 3 - 2

　正しいものに○、誤っているものに×を付けその理由を説明しなさい。
① 用途地域が指定されている土地には、用途地域ごとに建てられる建物用途に制限が定められている。
② テナント需要の想定にあたっては、周辺事例のデータを収集し、立地・築年・構造・間取りなどを勘案しながら、対象地での事業計画における適切な建物計画、賃料水準・稼働率を想定する。
③ 住宅やオフィスの賃料水準は、間取りや規模の違いがあっても、同じ地域・用途であれば面積あたりの単価はほぼ同じ水準となる。
④ 賃貸住宅のサブリースを行う不動産会社による「家賃保証」が謳われている場合、空室の多寡や賃料水準の変動にかかわらず、当初設定した賃料の支払いが保証されている。
⑤ 所有土地に賃貸建物を建てることによる相続税評価減の効果は非常に大きいため、投資そのものの効果を勘案する必要性は小さい。
⑥ 事業計画の立案にあたっては、建物計画・投資が妥当なものかどうか、複数の計画提案を比較して決定していくのが一般的である。
⑦ 建築工事費の坪単価（建築費÷床面積）は初期投資額の比較検討の目安となるが、算出基準は一定でなく、内容をみる必要がある。
⑧ 減価償却は、建物・設備の取得費を、構造・種類ごとに定められた耐用年数にわたって各年度の費用・損金として分割して計上していく会計税務上の処理であり、キャッシュアウトは発生しない。
⑨ 建物新築当初の稼働が安定した時期に剰余金の出る事業計画であれば、長期的にみても安定した資金収支が期待できる。
⑩ テナント需要の想定を綿密に行うことにより不動産事業のリスクは低減できることから、リスクシナリオの想定を行う必要はない。

解答・解説

① ○　問題文の通り。

② ○　問題文の通り。

③ ×　間取りや規模によって賃料単価には差がある。住宅の場合、高級タイプ＞単身者・DINKS向け＞ファミリー向け、オフィスの場合、基準階面積の大きい物件の方が高くなる傾向がある。

④ ×　賃料は通常2年などの一定期間ごとに賃料改定ができる契約となっており、借地借家法上も借主であるサブリース会社には家賃の減額請求権が認められている。賃料低下、稼働の悪化が起こった場合、将来的には賃料の金額が変更される可能性が高い。

⑤ ×　相続税評価減の効果は個人による不動産投資のインセンティブの一つであるが、土地上に建てた賃貸物件の入居率が伸びないと、資金不足に陥り事業自体が成り立たなくなってしまう本末転倒の結果ともなりかねない。テナント需要・収支計画を精査し、土地の特徴に応じた適切な投資を行うことが重要である。

⑥ ○　問題文の通り。

⑦ ○　問題文の通り。

⑧ ○　問題文の通り。

⑨ ×　建物新築時は比較的剰余金が出やすいが、不動産投資の特性から当初よりもキャッシュフローが圧迫される時期が来ることが想定される。長期的な資金収支計画の立案が重要となる。

⑩ ×　どれだけ綿密な市場調査を行ったとしても、市況の変動は読み切れるものではなく、賃料・稼働率が下落した場合、金利が上昇した場合などの資金収支想定も行っておく必要がある。

第3節　収益不動産の取得

学習ポイント

●収益不動産の収支実績のチェックポイントを理解する。
●出口戦略の重要性と、流動性の高い不動産の特徴を理解する。
●管理上のポイント（遵法性、境界、書類管理）を理解する。
●将来の大規模修繕について、金額を想定し、長期的に準備する重要性を理解する。

【1】　既存の収益不動産を取得する場合の特徴と留意点（所有土地の有効活用との比較）

　現物不動産投資の方法としては、前項で述べた所有土地の有効活用のほかに、既存の収益不動産を取得する方法がある。有効活用と比較する形で、既存の収益不動産取得の特徴、留意点を述べていきたい。

項目	所有土地の有効活用 （所有土地上での建物建築）	既存の収益不動産 （土地建物）の取得
投資の自由度	立地・用途・投資規模・収益性などが、所有地の所与条件にある程度規定される。	立地・用途・投資規模などの選択の自由度が高い。
必要作業事務負担	物件探索は不要。事業パートナー選定や建物の企画仕様の決定等、負担は大きい。	希望に見合う物件の探索が必要となるほか、売買にかかる交渉・事務の負担あり。
投資額	建物投資のみであり、土地建物の取得に比べて、借入や資金計画は立てやすい。	取得価格には土地価格も含まれ投資額は大きくなる。売買コストも考慮必要。
収益発生の時期	建設期間中は無収入（諸費用発生）。竣工後も稼働安定までは収入が小さい。	稼働中物件の場合、取得した時点から収益が発生する。
賃料下落・空室リスク	テナント需要は見込みによる場合が多く、リスクシナリオの想定も重要。	稼働中物件の場合、過去実績からリスクを想定した上で投資することができる。
遵法性・建物状況	新築建物であり遵法性に問題なし。良好な建物状態を維持する管理体制を構築。	遵法性の確認は必須。修繕や管理運営状況によっては追加費用発生の可能性あり。

(1) 投資の自由度

　既に所有している土地に建物を建設する場合、その土地の持つ所与の条件（立地・規模・用途地域・周辺環境等）により、建物の用途や投資規模が、ある程度規定されることとなる。自分としては比較的安定した投資をしたいが引き継いだ土地が繁華性の高い商業・オフィス立地であるとか、逆に多少リスクをとっても高い収益性を追求したいという思いがあっても郊外の住宅向きの土地ではそうした投資はなかなか難しい。一方、既存の収益不動産を新たに取得する場合は、希望に見合う物件さえあれば、立地・用途・投資規模などの選択の自由度は高いと言える。

(2) 投資額

　既に所有している土地に建物を建設する場合に比べて、既存の収益不動産を取得するときには、土地も新たに取得することとなる分、投資額は大きくなる。土地への投資は償却が発生しない分、建物投資に比べてキャッシュフローへの負担が重くなる場合もあり資金計画面で留意が必要である。また、不動産取得にかかる税金、仲介手数料などの取得コストも小さくはなく、当然ながら考慮に入れる必要がある。

(3) 収益発生の時期

　既に所有している土地に建物を建設する場合、建設中の無収入期間や低稼働の期間が発生するが、稼働中の収益不動産を取得する場合、取得した時点から収益が発生する点はメリットと言える。

(4) 賃料下落・空室リスクへの対応

　既稼働物件の場合、**過去の運用実績（トラックレコード）**から、市況悪化時や好況時における稼働や賃料水準もある程度確認したうえで、投資を行うことができる。

(5) 遵法性

　建物を自ら建築する場合は法定の手続きに沿って建設を進めれば遵法性の課題は発生しないはずである。一方、既存の建物を取得する場合、遵法性の課題が存在する場合がある。特に築年が経過している物件ほど、その可能性が高い傾向がある。建築時の**検査済証**の未取得や、竣工後の用途変更や小規模な増築による容積率オーバーなど、遵法性を満たしていないケースは比較的頻繁に見られるため、注意が必要である[2]。

---

[2] 建物を建築する際の法規制には適合していたが、建築改修後の法改正により、結果として現在の法規制に適合しない建築物を、「**既存不適格建築物**」と呼ぶ。「**違法建築物**」

【2】　収益不動産の収支実績の見方

1　収入：テナントからの貸室賃料収入

　収益不動産の収入の大半はテナントからの貸室賃料収入であり、その内容を以下にあげるような視点で精査することが重要である。

(1)　賃貸借契約の内容（契約形態・契約期間）

　建物の賃貸借契約の契約形態は、**普通借家契約**が最も一般的である。契約期間が満了してもテナント側が契約更新を希望すれば、原則として契約が更新される。テナント側の希望による中途解約は、退去の6ヶ月前などに通知することで可能となっている場合が多い。契約更新のタイミングは賃料交渉が発生することもあり、テナントが退去するタイミングともなりやすい。契約期間の満了が近いテナントがいる場合の継続入居意向の有無、また契約期間途中であっても退去や減賃要請などの兆候がないかといった点は表面上の書類や契約条件からはわからない場合も多く、売主へのヒアリングなどにより確かめておきたい。

　定期借家契約は、2000年の借地借家法改正により新設された契約形態である。契約期間の満了により契約は終了することとなり、貸主・テナントの合意により賃貸を継続する場合には改めて再契約をすることとなる。定期借家契約は、商業施設では多く見られ、住宅でも転勤等により一定期間使わない住戸を他者に賃貸する場合などに用いられる。

　オフィスの場合でも、築年の古い物件で将来的な開発を見据えて定期借家契約とするケースや、賃料相場の変動にもかかわらず賃料変更の交渉が折り合わない場合に備えるなどの貸主意向で定期借家契約とするケースがある。前者のケースでは、テナントからみれば普通借家契約と比べて契約期間満了時に退去を求められる可能性が高いことから、相場より安い賃料水準となることが多い。後者のケースでは、立地や貸主の信用力によっては賃料水準にそれほど影響していないこともある。貸主側としては、万一の事態に備えて定期借家契約とするものの基本的には優良なテナントには入居継続してもらう方が空室も発生せず経済的合理性にも合致すると考えられ、テナント側もそうした背景を理解し

とは異なり合法の状態であり、即座に是正する必要はなく、通常の物件と同様に取引されることも多い。ただし、建築確認を要するような大規模な改修等を行う場合には現在の法規制に適合した形に是正することが求められる場合があるので注意が必要である。また、既存不適格の内容によっては、金融機関の融資条件に影響する場合もあり、個別の検証が必要となる。

た上で貸主との関係性や貸主の信用力を考慮して受け入れる、というようなケースである。こうした場合には契約期間が満了しても合意による再契約となることが実際には多いと考えられる。なお、定期借家契約では中途解約はできないことが多いが、特約が定められている場合もあり、解約条件も含めて契約内容を確認する必要がある。

⑵　相場賃料との比較

　対象物件の賃料が、**相場賃料**に比べて割安なのか、割高なのか、あるいは妥当な水準なのかを把握する。坪あたりの賃料単価でみるのが一般的である。築年、建物設備のスペック、物件タイプ（住宅であれば住戸のタイプ、オフィスであれば基準階面積）などにより賃料単価の水準が異なる点には留意する。住宅の場合は、一部屋あたりのグロス賃料（対象とする入居者層が負担する賃料として妥当な水準か）も考慮する。

　住宅やオフィスであれば、近隣の募集賃料・成約賃料のデータを相当数入手することが可能であり、賃貸仲介業者の意見等も参考に相場賃料を把握する。商業施設の相場賃料は、個別性が高いうえに、成約賃料なども公表されないケースが多く相場把握が難しい面はあるが、専門の調査会社などによる有償のレポートをとることができる場合もあり、必要に応じて活用する。

　賃料が近隣相場に比べて割高となっている場合、テナントから見れば、同じような物件であればより安く借りられる競合物件を選択するのが自然であるから、契約更新時の賃料減額交渉や、退去によるテナント入替わりのタイミングで近隣相場並みに賃料を引き下げざるを得なくなる可能性が高い。そのため、物件購入時の利回りが高くても、いずれ賃料が引き下げられ利回りが低下する可能性がある。逆に賃料が近隣相場に比べて割安であれば、いずれ、現時点の利回り以上の成績をあげる可能性がある。

　こうしたことから、相場賃料を把握したうえで、現時点の賃料収入を相場賃料に近づけた水準で引き直して検証を行うことは、投資判断にあたり有用な検討となる。

　ただし、不動産賃料には「**粘着性**」があると言われる。すなわち、一度入居したテナントとは、賃貸借契約によって定めた賃料が契約更新時の交渉の基準となること、賃料交渉が難航したとしても退去となれば貸主側もテナント側も余分なコストがかかることからある程度の妥協点に落ち着くことが多く、相場賃料が大きく上下した場合にも実際の継続賃料の変動は抑えられる傾向がある。相場賃料の実現可能性を考えるうえでは、テナントとの契約残期間や、テナン

トの入替えがどの程度想定されるかが判断材料となる。

(3)　特殊な賃料形態に注意する

　用途別の特徴（商業施設の項）で述べたような、商業施設のようにテナント店舗売上に応じた歩合賃料が採用されているケースなどでは、実績賃料が必ずしもあてにならない可能性がある。

　また、入居当初から一定の**フリーレント（賃料免除）**期間が設定されているケースや、段階的に賃料が変動するケースもある。フリーレントはオフィスなどでは一般的に活用されており、特に賃貸市況が悪化し、借り手優位となった時期には1年などの長期間にわたるフリーレントの条件で入居しているケースもある。これらの契約内容を踏まえて実際の収入を確認することは当然だが、賃料単価をみる際にも注意が必要である。例えば、テナントの入居当初にフリーレント期間が数ヶ月あった場合、現時点における見た目の賃料単価が高くても、フリーレント期間も含めた均しで見た、いわば真の賃料単価は、見た目よりも低い水準ということになる。物件の実力を捉える上で賃料単価を参考にすることは多いが、見た目の賃料だけでみると過大評価してしまうこととなり、注意が必要である。

(4)　過去のトラックレコードを確認する

　既存の収益不動産であれば、過去の稼働率、収入の推移も確認することができる。用途別の特徴（オフィスの項）でも触れたが、投資対象とする賃貸物件について、好況時・不況時それぞれの時期において、どのような稼働状況・賃料水準で推移してきたか、過去のトラックレコードを参考に長期的な賃料見込みを立てることも重要である。空室が出た場合にどの程度の期間で埋め戻しが

図表2-3-20　収益不動産の収支を見る上での留意点

項目	ポイント
賃貸借契約の内容	普通借家・定期借家／契約期間
相場賃料との比較	相場賃料を踏まえた評価
特殊な賃料形態	歩合賃料／フリーレント・段階賃料
過去のトラックレコード	賃料稼働推移／稼働悪化時の回復力
テナント数	1テナントへの依存度が高い場合には注意
テナントの属性・賃料負担力	支払賃料源泉の安定性・負担力／信用力
入居継続の蓋然性	入居理由／退去・減賃等の意向有無
運営経費の内容	経費率／マスターリース／管理会社
大規模修繕の履歴	大規模修繕の実施有無／修繕計画

できているか、現時点に近い時期の新規契約賃料が既存テナントと比べて高い
か低いか、ということも物件の実力を測る一つの材料となる。

(5)　テナント数

　一棟借りテナントの場合、当該テナントが退去してしまうと収入がゼロとな
る。テナント独自の建物仕様となっている場合、退去後に新しいテナントを探
すのが難しいケースもある。一棟借りでなくとも、メインテナントに依存して
いる場合も同様のリスクがある。マルチテナントであれば 1 社の退去により収
入が急激に落ち込むリスクは小さい。ただし、あまりにも多く区画されてしまっ
ている場合などは、賃料やテナントの信用力が劣後する可能性もあり、築年が
経過して建替えを視野に入れる時期に差し掛かった場合に立退きが大きな課題
として浮上することに留意が必要である。

(6)　テナントの属性・賃料負担力

　住宅であれば個人の給与（個人契約の場合）や企業収益（法人契約の借上住
宅などの場合）、オフィスであればテナント企業の収益、商業施設であればテ
ナント店舗の売上から賃料が支払われることになる。テナント企業の業績動向
など、支払われる賃料の「源泉」をみることで賃料の安定性を一定程度計るこ
とができる場合がある。売上の影響を直接的に受ける商業施設の場合、売上状
況などを報告する条項を賃貸借契約に定めているようなケースも見られる。

(7)　入居継続の蓋然性が高いか

　オフィスであれば、テナント企業の事務所の使い方、その場所に立地する理
由（親会社の近隣である、主要取引先が近いなど）、商業施設であれば、当該
店舗の売上推移や、テナント企業にとっての当該店舗の位置づけ、内装等への
投資をどれだけ行っているかなどから、入居継続の蓋然性をある程度推定する
ことも可能である。

2　運営経費

(1)　運営経費の内容

　経費率（収入に対する運営経費の割合）が、同じ用途・築年の物件の標準的
な水準と比べて割高または割安となっていないかが大まかな一つの目安となる。
管理費が割高の場合には管理会社変更等による支出削減の可能性がある。賃料
固定型のマスターリースが入っている場合、マスターリースを外すことで収益
性が向上するケースもある。

(2) 大規模修繕の履歴

　一般的に築15〜20年を経過したあたりから建物には大規模な修繕が発生する。特に、外壁補修・屋上防水・設備更新（電気設備、空調設備、水回り）などは多額の支出を伴うため、既存物件を評価する際には修繕履歴の確認が必須となる。修繕計画がある場合にはあわせて確認し、ない場合にも今後必要な**大規模修繕**を想定し、取得価格に反映させる必要がある。

図表2-3-21　大規模修繕のモデルケース

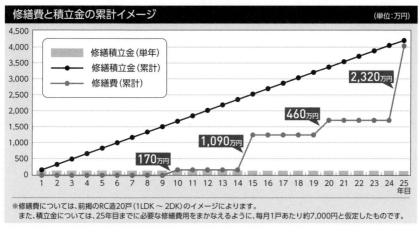

（出所）　国土交通省住宅局「民間賃貸住宅の計画修繕ガイドブック」

【3】　出口戦略（売却の想定）

(1) 売却時の留意点

　不動産投資を行うにあたっては、投資の目的にもよるが、将来的な売却を想定しておくことも重要である。図表2-3-23は、収益物件の取得から売却までの損益・資金収支の例である。細かい数値の説明は割愛するが大枠をつかんでいただきたい。前提条件は図表2-3-22に示した通りであり、10億円で新築物件を購入し、10年間運用した後に売却する想定としている。投資の成果をみるにあたって、L行に示している税引き前剰余金が一つの目安となる。本設例においては、取得価格と同額の10億円で売却ができたために、期間全体を通した剰余金累計はプラス1.62億円となっているが、仮に10年目の時点で8.3億円未満でしか売却できなかった場合、剰余金の累計はマイナスとなってしまう。不動産の価値は通常、経年とともに減価していくものであるが、本設例においては、購入時よりも売買市況の好転した10年目の時点で取得価格と同額で売却ができ

たケースを想定している。市況変動を予測することは難しいが、市況の良いタイミングを見計らって売却することがポイントとなる（投資判断については、次節参照）。

　不動産売買市況の動向に関する情報を日頃から収集しておくとともに、売却したいときにすぐに動けるよう、遵法性の確保、修繕の実施・計画立案、書類整備など、日頃の管理をしっかりと行っておくことも重要である。

　なお、売買時の資金計画の留意点として以下が挙げられる。

① **売買にかかる諸経費**

　本設例では、購入時に物件価格の5％、売却時に物件価格の4％の経費（仲介手数料、購入時の不動産取得税・登記費用等）を想定している。取得・売却時の諸経費も無視できない金額となるため、これらも含むキャッシュフローを考慮する必要がある。

② **譲渡益への課税**

　不動産売却による利益が出る場合、譲渡所得に対して所得税・住民税が課税される。不動産を売却した年の1月1日時点で所有期間が5年を超えている場合は長期譲渡所得、5年以下の場合は短期譲渡所得となり税率が異なる。長期

図表2-3-22　損益・資金収支想定の前提条件

（表内の金額単位：百万円）

1	購入条件		説明
	物件価格	1,000	・物件価格：10億円で新築物件購入
	諸経費	50	・諸経費：物件価格の5％
2	資金調達		
	借入金	800	・自己資金2億円
	借入金利	1.5%	・借入金8億円（元利均等返済）
	返済期間（年）	35	
	自己資金	200	
3	賃貸条件		
	表面利回り	5%	・保有期間中の収支は一定と想定
	入居率	95%	・建物固定資産税は5年目まで軽減措置
4	10年後売却		
	売却価格	1,000	・物件価格：10億円で売却
	諸経費	40	・諸経費：物件価格の4％
	譲渡所得課税	6	・譲渡所得は保有期間5年超の「長期譲渡所得」となり、税率は約20％
	売却時残債務	612	

図表 2-3-23　収益不動産の取得～売却までの損益・資金収支想定（例）

購入時～4年目　　　　　　　　　　　　　　　　　　　　（金額単位：百万円）

		購入時	1年目	2年目	3年目	4年目
損益						
A	賃料収入		48.1	48.1	48.1	48.1
B	諸経費		−6.1	−6.1	−6.1	−6.1
C	固定資産・都市計画税		−4.0	−4.0	−4.0	−4.0
D	借入金利返済		−11.9	−11.6	−11.3	−11.1
E	減価償却費		−12.1	−12.1	−12.1	−12.1
F	税引前利益（A+B+C+D+E）		14.0	14.2	14.5	14.8
現金収支						
G	借入元本返済		−17.5	−17.8	−18.0	−18.3
H	購入時自己資金	−200				
I	購入時諸経費	−50				
J	売却時回収資金					
K	売却時諸費用・譲渡益課税額					
L	税引前剰余金（F−E+G+H+I+J+K）	−250	8.6	8.6	8.6	8.6
M	税引前剰余金累計	−250	−241.4	−232.8	−224.2	−215.6

5年目～10年目（売却時）

	5年目	6年目	7年目	8年目	9年目	10年目	売却時	累積
損益								
A	48.1	48.1	48.1	48.1	48.1	48.1		481.4
B	−6.1	−6.1	−6.1	−6.1	−6.1	−6.1		−61.4
C	−4.0	−7.0	−7.0	−7.0	−7.0	−7.0		−55.0
D	−10.8	−10.5	−10.2	−9.9	−9.6	−9.4		−106.4
E	−12.1	−12.1	−12.1	−12.1	−12.1	−12.1		−121.4
F	15.1	12.3	12.6	12.9	13.2	13.5		137.2
現金収支								
G	−18.6	−18.9	−19.2	−19.5	−19.7	−20.0		−187.5
H								−200.0
I								−50.0
J							387.5	387.5
K							−46.4	−46.4
L	8.6	5.6	5.6	5.6	5.6	5.6	341.2	162.3
M	−206.9	−201.3	−195.7	−190.1	−184.5	−178.9	162.3	

譲渡所得は20.315％、短期譲渡所得は39.63％（復興特別所得税も考慮）と、短期での売却にはより高い税率がかかる仕組みとなっている。譲渡による利益が出る場合の短期譲渡（取得から概ね５～６年以内の時点での売却）は長期譲渡に比べて、剰余金の観点からは一般的には不利となる。

(2)　流動性の高い物件（投資家が興味を持つ物件）の特徴・留意点

　市況の見極めとともに、売却を成功させるために重要となるのは、流動性が高く資産価値が落ちにくい不動産を取得することである。

　考慮すべきポイントとして、例えば、築年が挙げられる。収益不動産の買主が金融機関から資金調達を行う場合の借入期間は、金融機関ごとに独自の基準はあるものの、法定耐用年数の期間内が一つの目安となる。将来の売却時には取得時よりも築年が経過しているから、その時点での買手が資金調達できる借入期間は短くなる。売却時の築年によっては、資金調達のしづらい物件となり、買手が限定されることになる（借入が少なくて済むキャッシュリッチな買主など）。買手が限定されると売却価格も低い水準となりやすい。

　このように、出口を見据えた投資を行う場合には、購入の時点で売却時の売りやすさまで見込んでおくことも必要となってくる。

　図表２-３-24は、各項目における利回りとリスクのイメージを示したものである。利回り（価格）は物件に対する需要の多寡を反映しており、低リスクで流動性・資産価値の安定性の高い物件の利回りは低く（価格は高く）、逆に利回りの高い（価格は低い）物件は、流動性・資産価値の安定性の面で何らかのリスクを抱えているのが通常である。将来的な出口戦略を見据えると、利回りとのバランスを見ながら（利回りは落ちてしまうが）、流動性が高く資産価値の落ちにくい物件を選定するという観点も重要である。

図表 2 - 3 -24　利回り（価格）とリスク（安定性・流動性）の関係

利回り（価格）	利回り低い（価格高い）	⟷		利回り高い（価格安い）
リスク（安定性）（流動性）	リスク低い（収益・資産価値が安定）（流動性が高い）	⟷		リスク高い（下落リスク高い）（流動性が低い）
エリア	東京	大阪・名古屋	地方中枢都市	地方都市
交通	駅直結	駅近	駅距離有	バス便
用途	住宅オフィス	都心型商業	物流・ホテル	郊外型商業
築年	新築	築浅	築年経過	旧耐震基準
構造	RC造・SRC造	S造		木造
権利	完全所有権	他権利者有（区分所有・共有／借地権・底地）		
汎用性	高い	低い（1棟借テナント仕様など）		
遵法性	課題なし	既存不適格物件		違法物件
住戸タイプ^(※)	ワンルーム	ファミリー	高級	戸建
基準階面積^(※)	大規模（200坪以上）	大型	中型	小型（50坪未満）
環境対応	環境認証取得	環境配慮		配慮なし

（※）　住戸タイプは住宅用途、基準階面積はオフィス用途の物件を想定したもの。

例題 2 - 3 - 3

　正しいものに○、誤っているものに×を付けその理由を説明しなさい。

① 所有土地の有効活用においては、立地・用途・投資規模などが所与の条件にある程度規定されるが、既存の収益不動産を取得する場合には、選択の自由度が高い。

② 既存の収益不動産を取得する場合、既に所有している土地に建物を建設する場合に比べて、土地も新たに取得することとなる分、投資額は大きくなり、資金計画面でも慎重な判断が求められる。

③ 既にテナントが入居して支障なく稼働している収益不動産であれば、建物の遵法性には問題がなく特に確認する必要はない。

④ 定期借家契約は契約期間満了に伴い終了する契約である一方、契約期間内においては解約されることがない。

⑤ 既存のテナントとの賃貸借契約に基づく賃料は変動しにくい（不動産賃料の「粘着性」と呼ばれる）傾向があるため、現状の賃料と周辺の相場賃料とを比較する意味はあまりない。

⑥ 賃料水準をみる際には、歩合賃料、フリーレント、段階賃料などの特殊な賃料形態の場合があることに注意する必要がある。

⑦ 既存の収益不動産の取得検討にあたっては、現テナントの賃料水準が重要であり、過去の賃料・稼働の推移を把握する必要はない。

⑧ 収益不動産の大規模修繕は築年の経過に応じて必要な時期に実施されているのが一般的であり、修繕状況は取得価格に関係しない。

⑨ 不動産売却時の税金や諸費用は大きな金額となることがあり、収益不動産の売却検討にあたっては十分に考慮する必要がある。

⑩ 不動産投資において出口戦略（売却）を見据えると、利回りの高い物件を取得しておくことが重要である。

解答・解説

① ○　問題文の通り。

② ○　問題文の通り。

③ ×　既存の収益不動産には遵法性の課題が存在する場合があり、築年が経過している物件ほど、その可能性が高い傾向がある。建築時の検査済証未取得や、竣工後の用途変更や増築による容積率オーバーなどのケースは比較的頻繁に見られ、注意が必要である。

④ ×　定期借家契約であっても、特約により解約の場合の取決めがなされている場合もあり、契約内容を精査することが必要である。

⑤ ×　現況賃料の水準と周辺の相場賃料の両方を把握し比較しておく必要がある。相場賃料は、テナント退去に伴う新規入居や、既存テナントとの賃料交渉時の賃料決定における重要な要素となる。

⑥ ○　問題文の通り。

⑦ ×　過去の好況時・不況時における稼働状況・賃料水準や、空室が出た場合の埋め戻しまでの期間などのトラックレコードは、物件の実力を測り、長期的な収支見通しを立てるための材料となる。

⑧ ×　大規模修繕は、一般的に行われるべき時期に必ずしも実施されているとは限らない。特に、外壁補修・屋上防水・設備更新（電気設備、空調設備、水回り）などは多額の支出を伴うため、今後必要となる大規模修繕を想定し、取得価格に反映させる。

⑨ ○　問題文の通り。

⑩ ×　利回りの高い物件は、利回りの低い物件に比べて、収益・資産価値の安定性や流動性の面でリスクを抱えているのが通常である。出口戦略（売却）を見据えると、利回りとのバランスを見ながら、流動性が高く資産価値の落ちにくい物件を選定するという観点が重要である。

第4節　投資判断指標

> **学習ポイント**
>
> ●NOI（純収益）、キャップレート（還元利回り）、ROI（投資利益率）、NPV（正味現在価値）、IRR（内部収益率）等の計算方法と、利用方法の基本を知る。
> ●公示（標準地）、固定資産税、路線価格等の違いを理解する。

【1】　投資判断指標

1　指標の特徴と使い分け

　収益不動産の投資効果を表す指標には様々なものがあるが、目的に応じて参照する指標を使い分けることで適切な投資判断に資するものとなる。個人の不動産投資家にとっては、毎月・毎年の剰余金の金額や投資額回収までの期間なども投資判断基準になるものと考えられるが、ここでは利回り指標を中心に取り上げた。各指標の詳細は後述するが大まかな特徴は次の通りである。

⑴　物件自体の収益性を表す指標

　物件自体の収益性を表す指標としては、表面利回りと実質利回りが代表的であり、収益不動産の紹介資料にはこのいずれかの指標が記載されているのが通常である。物件そのものの収入や純収益に基づく利回りであり、買主個別の状況（自己資金割合、借入返済）は反映されないことから、純粋に物件間の比較が可能であり、相場感も形成されている。

⑵　取得時の資金調達・借入返済を考慮した指標

　取得時の資金調達・借入返済を考慮した指標としては、ROI（投資利益率）、CCR（自己資金収益率）がある。⑴の指標とは違って、借入返済も考慮した税引き前剰余金（年間キャッシュフロー）を用いることから、収益不動産の買手が自身の資金調達力（借入の金額、条件）を踏まえて実際に投資判断を行うにあたって有効な指標となる。

⑶　時間価値を考慮した指標

　時間価値を考慮した指標として、NPV（正味現在価値）、IRR（内部収益率）がある。⑴や⑵の指標が単年度収支を前提としているのに比べて、一定の投資期間の収支と出口の売却価格・時期までも想定したうえで、絶対額でなく現在価値に割引いて考える点が特徴である。年度ごとの収支増減の大きい案件や、

出口（売却）を具体的に見据えた投資案件の比較などに有効と言える。

　なお、それぞれの用語に一意的に定められた定義があるわけではなく、例えば、「収入」といっても空室を勘案しているかどうか、「物件価格」といっても諸経費を考慮しているかどうかなど、使う人によって定義が異なる場合も多く、前提となっている数字の内訳を確認する必要がある。ここに記載した各指標の定義も絶対的なものではなく、場合によってはかなり大きく異なる定義で使われることもある点には留意する必要がある。

2　利回り指標

(1)　物件自体の収益性を表す利回り指標

①　表面利回り（グロス利回り）：「収入」÷「物件価格」

　年間収入の投資金額に対する割合を**表面利回り**という。**グロス利回り**とも呼ばれる。

a　分子の「収入」は、満室を想定した家賃収入となっている場合が多い。空室による損失、運営経費は考慮されていない。

b　分母の「物件価格」には取得時の経費は含まれない。

c　最もシンプルな指標であり、大まかにどの程度の収入が得られるかを把握する一つの目安として活用できる。ただし、収益不動産の運営は支出を伴うものであり、その運営経費は物件によって個別性がある。従って、表面利回りが同じであっても次に述べる実質利回りでみると異なる場合があり（図表2-3-25参照）、各物件の収益率をより精緻にみるには、実質利回りで考えるべきである。

②　実質利回り（ネット利回り）：「純収益（＝収入－支出）」÷「物件価格」

　純収益（年間収入から、管理費・修繕費・公租公課・損害保険料などの運営経費を差し引いた金額）の物件価格に対する割合を**実質利回り**という。ネット利回り、あるいは**NOI利回り**、**キャップレート**などとも呼ばれる。なお、「キャップレート」は、一期間の不動産収益から不動産価格を求める際に用いられる利回りのことを言い、次に述べるNCF利回りもキャップレートと呼ばれる。

a　分子の「純収益」はNOI（Net Operating Income）とも呼ばれる。減価償却は考慮せず、借入金返済も考慮していないことが多いが、借入の元利返済額あるいは利息返済額については、差し引いて考える場合もある。

b　分母の「物件価格」には取得時の経費が含まれないことが多いように思われるが、取得経費を加える考え方もある。

c　単年度収支に基づき計算される指標だが、対象となった年度の収支に、たまたまその年度に大きい支出が発生したなどの特殊要因がある場合、算出された数値が物件の実力を表していない場合がある。対象年度の収支をみて、経費率が標準的な水準にあるか、修繕費などに特殊な内容が含まれていないかなどの確認をあわせてした方が良い。

d　物件の収益性を示すわかりやすい指標として、不動産会社などにもよく用いられているが、上述したように分子・分母の前提が異なるケースがある。借入返済や取得時経費を考慮した方が実際の収支に即した数値となるが、物件情報として提供される場合にはそれらが考慮されていない場合が多いため、注意が必要である。

図表 2 - 3 -25　表面利回りと実質利回りの計算例^(※)

項目	物件A	物件B
満室想定収入	100	100
空室による損失	5	5
運営経費	20	30
NOI（純収益）	75	65
物件価格	1500	1500

＜表面利回り＞（100÷1500）
物件A・物件Bともに6.67%
＜実質利回り＞
物件A：5.00%（75÷1500）
物件B：4.33%（65÷1500）
(※) 表面利回りが同じでも、経費によって実質利回りは異なる。

③　NCF利回り：「NCF（Net Cash Flow）」÷「物件価格」

不動産鑑定評価における収益還元法（直接還元法）の還元利回りとして用いられることが多い。

a　分子の「NCF」は、純収益(NOI)－資本的支出＋一時金等の運用益で算出される。

b　分母の「物件価格」には取得時の経費は含まれないことが多い

c　NCFは資本的支出の分NOIよりやや小さくなることが多く、NCF利回りはNOI利回りよりもやや低い数値となることが多い。

⑵　**取得時の資金調達・借入返済を考慮した指標**

①　ROI（Return On Investment：投資利益率）

「年間キャッシュフロー」÷「投資金額（自己資金＋借入金）」

投資した資本に対して、その投資により得られた利益の割合を示す指標として不動産以外の投資判断においても活用される。不動産投資の文脈で使う場合、上式のような分子・分母の定義で用いられることが多い。

a　分子は「年間キャッシュフロー」を用いることが多い。NOIから借入金の返済額を引いた税引き前剰余金とも言える。

b　分母の「投資金額」には、物件価格に諸経費を加える場合と加えない場合がある。

② **CCR（Cash On Cash Return：自己資金収益率）**

「年間キャッシュフロー」÷「自己資金」

投資した自己資金に対する年間のキャッシュフローの割合を意味する。

a　分子にはROIと同じく「年間キャッシュフロー」を用いる。

b　分母が「自己資金」である点が、ROIとは異なる。

(3)　**時間価値を考慮した指標**

　上述した中でも広く用いられている指標である表面利回りや実質利回りは、基本的には単年度の収支を対象とした指標である。不動産事業の収支は年度によって変動がある。例えば、収入について、現在の賃料が将来にわたって一定ということはない。市況変化による賃料変動は読み切れるものではないが、築年経過に伴う賃料低下は一定程度見込むのが妥当であると考えられる。支出についても、不動産投資の場合、数年に1度や、あるいは15年に1度発生してくるような支出も存在する。これらを詳細に見ようとするならば、長期の収支を織り込んだ考え方に基づく指標が有効である。

　一方で、長期でみる場合、設定した期間が長くなればなるほど、想定のぶれは大きくなる。これから述べる指標も、想定の置き方によって大きく変動することを理解してみる必要がある点には留意する必要がある。

① **NPV（Net Present Value：正味現在価値）**

　投資想定期間中のキャッシュフローを、その発生時期に応じて適切な割引率で割り引いた割引現在価値の合計の値をいい、NPVがプラスかどうかで投資可否を判断する考え方である。

　NPVを計算するために、まず割引現在価値の考え方を理解する。

　現在手元にある100万円を利回り3％で運用できるとすれば1年後には、100万円×(1＋0.03)＝103万円となるから、現在の100万円は1年後の100万円よりも価値が高いと言える。逆に1年後の100万円を現在手元にあるお金の価値として考えたい場合は、上式の逆の計算をすればよく、

　1年後の100万円の現在価値＝100万円×(1／(1＋0.03))＝約97万円

となる。この計算における3％を「割引率」、計算結果の約97万円を「現在価値」と呼ぶ。2年後以降を考える場合には1年後に増えたお金も運用していくと考

えて複利計算となり、以下のように計算される。

　　2年後の100万円の現在価値＝100万円×（1／（1＋0.03）^{2}）＝約94万円

　　10年後の100万円の現在価値＝100万円×（1／（1＋0.03）^{10}）＝約74万円

　このような考え方に基づき、収入・支出・売却価格などを発生する時期に応じて現在価値に換算したものの合計がNPVである。なお「1／（1＋割引率）^{年数}」の部分は複利現価係数と呼ばれる。

図表2-3-26　NPVの計算例

（a，b，c，eおよびNPVの単位：百万円）

年	0	1	2	3	4	5	6	7	8	9	10	
a 収入・売却価格		48.1	48.1	48.1	48.1	48.1	48.1	48.1	48.1	48.1	48.1	1000.0
b キャッシュアウト	−250	−39.5	−39.5	−39.5	−39.5	−39.5	−42.5	−42.5	−42.5	−42.5	−42.5	−658.8
c 税引前剰余金(a+b)	−250	8.6	8.6	8.6	8.6	8.6	5.6	5.6	5.6	5.6	5.6	341.2
d 複利現価係数	1.00	0.97	0.93	0.90	0.87	0.84	0.81	0.79	0.76	0.73	0.71	0.71
e 現在価値(c×d)	−250	8.3	8.0	7.8	7.5	7.3	4.6	4.4	4.3	4.1	4.0	241.8

割引率	3.50%

NPV（現在価値の合計）	52.1

　例として、図表2-3-23で挙げた設例についてのNPVを計算したのが図表2-3-26である。割引率として、期待する収益率を3.50％とした。NPVは52.1百万円とプラスの値となり、投資する価値があるという判断となる。ただし別の見方として、例えば、売却価格が1億円下ぶれると、税引き前剰余金の合計ではプラスとなるもののNPVはマイナスとなってしまい、投資価値がないという判断となってしまう。10年後の売却価格を想定するのは難しく本想定より下ぶれる可能性も十分に考えられることから、本設例の投資にあたっては何らかの条件の改善を検討する余地もありそうである。取得価格を安く抑える、金利条件を改善する、早期の売却を視野に入れるなどの改善策が考えられる。

　将来の収支や売却価格を見通すのには一定の限界があり、前提となる数字がぶれる可能性も考慮しておく必要がある。どれくらいの時期に、どの程度の価格で売れればNPVがプラスになるのかを見ながら、投資の妥当性検討に活かすのも一つの活用方法と考えられる。

　また、本設例の場合も該当するが、同じ価格で売れるのであれば早い時期に売却するほどNPVは大きくなることも多い。しかしながら、運用期間中のキャッシュフローを目的としている場合や、相続に備えて保有をし続けたいというケースもあるはずで、NPVの数値だけをみるのではなく、そもそもの投

資目的や期中の収支などとあわせて、複合的に考える必要がある。

②　IRR（Internal Rate of Return：内部収益率）

IRRは、NPV＝0となる割引率のことである。

図表2-3-27の例で検証すると、NPVが0となる割引率、すなわちIRRは5.73％となる。

IRRは企業の投資判断によく使われる考え方でもある。投資するプロジェクトのIRRが、当該企業の資金調達コスト等を基準としたハードルレートを超えるか否かによって投資可否の判断を行うが、個人の場合のハードルレートを一概に設定するのは難しい。年度による収支の増減が大きい案件や、明確な出口を見据えた案件が複数ある場合の収益性の比較等に活用することが考えられる。

図表2-3-27　IRRの計算例

（a，b，c，eおよびNPVの単位：百万円）

年	0	1	2	3	4	5	6	7	8	9	10
a 収入・売却価格		48.1	48.1	48.1	48.1	48.1	48.1	48.1	48.1	48.1	48.1 1000.0
b キャッシュアウト	−250	−39.5	−39.5	−39.5	−39.5	−39.5	−42.5	−42.5	−42.5	−42.5	−42.5 −658.8
c 税引前剰余金(a＋b)	−250	8.6	8.6	8.6	8.6	8.6	5.6	5.6	5.6	5.6	5.6 341.2
d 複利現価係数	1.00	0.95	0.89	0.85	0.80	0.76	0.72	0.68	0.64	0.61	0.57 0.57
e 現在価値(c×d)	−250	8.1	7.7	7.3	6.9	6.5	4.0	3.8	3.6	3.4	3.2 195.4

IRR	5.73%	NPV（現在価値の合計）	0.0

【2】　不動産の価格についての補足

1　資産性に着目した価格の考え方

ここまで主に不動産の収益性に着目して不動産の価格を見てきたが、一方で資産性（土地そのものの資産価値）に着目した考え方も重要である。

収益不動産をみる場合に重視される「収益価格」は単純化すると「純収益÷利回り」で算出されるが、例えば、次のようなケースでは、現状の収益だけを見ていると不動産本来の価値を見誤る場合がある。

・本来消化できる容積率500％の土地上に200％分の建物しか建っていない
・本来適した（最も収益をあげる）用途とは異なる用途で使われている
・賃貸建物の築年経過によりテナント需要が伸びず低収益に留まっている
・建替時期が近いが既存不適格であり建替えた場合には現状より小さい規模の建物しか建たない

また、現状の使い方に上記のような課題がなくても、アクシデントや社会環

61

境の変化、築年経過に伴う建物設備の陳腐化などによっていずれ収益が低下することも考えておく必要があり、その場合には「土地そのものの資産価値」が重要となってくる。

2　公的な価格指標

　土地そのものの資産価値をみる際には、以下に挙げるような公的な価格指標が参考となる。

⑴　公示地価

　公示地価は、地価公示法に則って定められた地点（標準地）の1㎡あたりの価格を、複数の不動産鑑定士の価格意見を基に国土交通省の土地鑑定委員会が発表するものである。公示地価が示されるポイントは限定的であるため、対象となる不動産の近隣であっても用途地域や容積率など基本的な条件が異なれば価格も異なる。したがって、公示地価を価格の参考とする場合には、対象不動産の特徴にあわせて補正する作業が必要となる。

⑵　相続税路線価

　相続税評価額を算出する際に使う指標として設定されている土地1㎡あたりの単価である。各道路に付されていることから、公示地価に比べてより個別性を反映したものとなり、価格の参考としてはより使い勝手のよい指標であると言える。公示地価の8割の水準が目安とされている。

⑶　固定資産税評価額

　固定資産税を算出する上での、土地・建物の評価額であり、一般に公表はされておらず、1月1日時点の不動産所有者に対して個別に通知される。公示地価の7割の水準が目安とされている。

図表2-3-28　不動産価格に関する公的指標

価格水準	「価格」の種類	決定機関等	基準日	発表時期
100±α	実勢価格	（実際の取引）		
100	公示地価	国土交通省	1月1日	3月
	基準地価	都道府県	7月1日	9月
80	（相続税）路線価	国税庁	1月1日	7月
70	固定資産税評価額	市区町村	1月1日	4月

3　公的な価格指標を活用する際の留意点

(1)　時価との乖離

　上述した公的指標の価格水準と、実際の取引価格である「時価」とは乖離があるケースも多く、特に投資用物件については、公示地価、路線価などの公的な目安となる価格水準を上回る水準での取引もみられる。売主からすれば、最も高く買ってくれる買主に売るのが合理的な判断となる。物件を取得できる買主は一人だけであり、他の買主候補よりも高い価格を出す主体であるから、世の中の多くの主体が判断する価格水準より高い水準で取引が成立することとなる。近年で言えば、需要のボリュームゾーンである5〜10億円前後の収益不動産など、人気の資産であればあるほどその傾向は強くなる。

(2)　遅行性

　公的な価格指標を活用する際にはその遅行性に留意する必要がある。例えば、公示地価は1月1日時点の価格が3月中下旬に公表され、その後1年間の公示地価となる。値動きの大きい投資用不動産をみる場合や、市場環境の大きな変化が起こっている時期などは、この点に注意しながらみる必要がある。この点、同様の手法で決定した価格を都道府県が公表する「都道府県地価調査」（7月時点の価格が9月に公表される）は、地点は異なるが、公示地価の価格時点からの時点修正に有用である。また、国土交通省が四半期ごとに発表する「**地価LOOKレポート**」は、具体的な価格ではないが、「下落・やや下落・横ばい・やや上昇・上昇」の5段階評価とすることで、よりタイムリーに不動産価格の動きを発表しているものである。公示地価を参考にする場合、これら他の指標と併せてみることも有用である。

第 5 節　ファイナンス

【1】　不動産投資における借入の意義

1　レバレッジ効果

　現物不動産投資の投資額は大きな金額となるため、通常は自己資金に加えて金融機関からの借入を行って初期投資に充てる。金融機関の側からみても、不動産投資を行う主体への投資は、投資対象の不動産を担保に入れることができ、そのうえ一定の収益が見込める収支計画が立っているのであれば、大きな金額であっても融資を実行しやすいと言える。

　また、投資対象物件の収益率が借入金利を上回る場合（本書執筆時点で2022年の低金利の状況下ではほとんどの場合が該当する）、借入割合を増やすことにより、投下した自己資金に対する利回りを高めることができる。この効果は「レバレッジ効果」と呼ばれ、投資家にとっての借入の大きな意義と言える。ただし、借入割合を増やすことで、借入金の返済という固定的な支出が増えることにもなり、事業リスクが高まる点には十分な留意が必要である。

2　LTV（Loan to Value：借入比率）

　不動産価格に対する負債の割合を示す数値として、**LTV**という指標が以下の式で算出される。この数値が小さいほど、負債の元本償還に対する安全性が高いと言える。

　「借入金額」÷「不動産の評価額」

(1)　分母の「不動産の評価額」としては、目的に応じて様々な数値が使われるが、これを「不動産購入価格」とすると、LTVは、銀行融資の掛目、あるいは購入価格に対する借入比率という意味合いとなり、借入をおこして不動産投資を行う際の目安として捉えることができる。

(2)　LTVが高くなると、事業リスクは高まる一方、借入によって少ない自己

資金で投資効率を向上させる効果（レバレッジ効果）を享受できる。逆に
LTVが低ければ事業の安全性が高く、一方でレバレッジ効果は薄い。投
資目的に応じたLTVの適切な設定が重要となる。

図表2-3-29　LTV（借入比率）とROI、CCRの関係

＜前提条件＞
・物件収支：満室時年間賃料60百万円、稼働率95％
　　　　　　支出10百万円（支出は入居率にかかわらず固定）
・物件価格：1,000百万円（満室時NOI：50に対する利回り5.0％）
・借入条件：元利均等返済・期間35年・金利2.0％
・返済金額：元金返済額と利息返済額を合算した年間総返済額
・表中の金額単位：百万円

	物件価格	1000	1000	1000	1000	1000
物件 収支	入居率	95％	95％	95％	95％	95％
	収入	57	57	57	57	57
	支出	10	10	10	10	10
	NOI	47	47	47	47	47
借入	LTV（借入比率）	0％	30％	60％	90％	100％
	自己資金	1000	700	400	100	0
	借入金	0	300	600	900	1000
	金利	2.0％	2.0％	2.0％	2.0％	2.0％
	返済金額	0	12	24	36	40
剰余金（NOI－返済額）		47	35	23	11	7
ROI（剰余金÷物件価格）		4.7％	3.5％	2.3％	1.1％	0.7％
CCR（剰余金÷自己資金）		4.7％	5.0％	5.8％	11.0％	－

　図表2-3-29は、記載の前提条件の下で、LTV（借入比率）を0％～100％
の5パターンで置き、ROIとCCRの変化を見たものである。
　LTV（借入比率）が0％、すなわち借入がない場合には、物件価格＝自己
資金となり、ROIとCCRの数値は4.7％で一致している。LTVが高まる、つま
り借入を増やすにつれて自己資金の投資効率を示すCCRの数値は向上する（レ
バレッジ効果）。投資対象物件の収益力が借入返済の負担を上回ることでもた
らされる効果である。
　一方で事業全体としてみると、借入比率が高まれば高まるほど返済負担が重
くなりROIが低下しており、借入の増加によって資金繰りの危険度が増してい
ることがわかる（例えば、LTV100％つまり全額借入とした場合、賃料単価が

10％下落して入居率が90％となると、キャッシュベースで赤字となってしまう計算となる）。

【2】　ファイナンスの基本事項

1　金利

　金利のタイプは大きく固定金利と変動金利に分けられる。

　固定金利では、市場金利の動向にかかわらず金利が固定され、事業収支上の目安は立てやすい。固定金利は変動金利の場合よりも高く設定され、固定する期間が長くなるほどより高く設定される。金利上昇局面では有利になる。

　変動金利では市場金利の動向によって定期的に金利が変動する。金利変動（上昇）のリスクを負うが、金利の下降局面では有利になる。

2　借入期間

　借入期間を長くすれば、月々の元利返済額は少なく資金繰りに余裕ができる。一方、最終的な利息の支払い総額は大きい。

　借入期間が短いと、月々の返済負担が重く資金繰りを圧迫する可能性がある。その一方、最終的な利息の支払い総額は小さくて済む。

　金融機関としては建物の法定耐用年数の範囲内での期間設定がベースとなるが、法定耐用年数はあくまで税法上の規定であるため、経済的耐用年数を見積もり、法定耐用年数以上の期間での貸し出しを行う場合もある。個人への貸し出しの場合、年齢も勘案される。

3　返済方法

　不動産事業に対する融資における返済方法は主に元金均等返済と元利均等返済の二つの方式である。

　このうち、元金均等返済は元金を均等額で分割返済していく返済方法である。利息については毎回元金とあわせて返済していく。返済開始当初の返済額が最も大きく、元金の返済に伴って利息は徐々に減少していく。次に述べる元利均等方式に比べて、全体としての利子返済額は少なくて済むが、返済開始当初の返済額が大きいため、事業初期の資金収支に留意する必要がある。

　元利均等返済は、毎回の元利（元金と利息）の合計返済額が同額となるように返済していく方法である。返済額は一定であるが1回の返済額に占める元金部分と利息部分の割合は変化していく。返済開始当初は利息部分が大きく元金

部分が小さいが、徐々に利息部分が減り元金部分が増えていく。元金均等返済と比較して、借入元金の返済ペースが遅いことから、全体としての利子返済額は大きくなる。一方で、元金が残ることから相続が発生した場合の債務控除が大きいという側面もある。

4　融資に際しての不動産評価

金融機関は不動産投資を行う主体への貸し出しにあたっては、①不動産の担保価値の評価、②賃貸不動産の収益性（キャッシュフロー）に基づき融資の可否・条件を判断する。そのほか、事業主の属性（対象不動産以外の収入や保有資産、年齢など）も考慮される。

⑴　担保価値

金融機関は融資にあたって、対象となる不動産に抵当権を設定し担保とする。この不動産の担保価値を金融機関が評価する。

①　担保としての適格性

金融機関としては、担保となる不動産を万一の場合に売却して資金化することが前提となるため、短期間での売却が可能かという観点で、担保としての適格性が見られることになる。例えば、再建築ができない物件や、遵法性に課題がある場合などは、担保の対象とならない可能性もある。

②　担保評価額

金融機関が査定する「市場価格」に「担保掛目」を乗じたものが担保評価となる。「市場価格」は金融機関がそれぞれの方法により算出する。「担保掛目」は、不動産市況の変動により価格が下落しても残債額をカバーできるように設定されるものである。「市場評価額」自体が実際のマーケットにおける時価よりも保守的に見られることも多く、これに「担保掛目」を乗じた結果、担保評価額は実際の時価の7割程度の水準が目安とも言われる。金融機関は、この担保評価額を目安とし、個人の属性なども勘案して、融資額・融資条件を決定する。

⑵　不動産の収益性の評価

金融機関から見れば、賃貸不動産からの賃料収入が返済原資となる。賃貸不動産の事業収支を踏まえて返済が滞りなく行われるかどうかが、空室・賃料下落による収入減少のリスクも踏まえて判断される。返済の余裕度を判断する指標として、次のDSCRなどの指標が参考になる。

①　DSCR（Debt Service Coverage Ratio：借入償還余裕率）

借入返済にどの程度余裕があるかを示す指標で、以下の式で算出される。

「元利金返済前のキャッシュフロー」÷「返済総額（元金＋利息）」

分子はNOI（純収益）とも呼ばれる。利払い前・税引き前・償却前の利益とも言い換えられる。DSCRは純収益が元利返済額の何倍にあたるかを示す数値である。

DSCRが1.0を上回り大きい数値になればなるほど、返済に余裕があるということになる。例えば、DSCRが2.0のときは、返済額の2倍のキャッシュフローが得られているということになる。

逆にDSCRが1.0を切るときは、分子が分母を下回る状態、つまりキャッシュフローが返済額を下回る状態となり、一部返済ができないことになる。

②　物件収支の変動とDSCR

入居率が変動した場合のDSCRの変化を、単純化したモデルケースで見てみる（図表2-3-30）。

入居率が100％のときは、NOI：40から返済額：28を差し引いても12が手元に残る計算となりDSCRも1.44と良好な水準である。

入居率が70％まで低下してしまうとNOIは25まで落ち込んでしまう一方、返済額は変わらず28であるから、NOIから返済額を差し引くと「－3」、すなわち物件からあがる収益だけでは返済ができない状態となってしまう。DSCRも0.90と1.0を切る数値となる。ここでは入居率の変動として見たが、賃料単価の変動によっても同様の変化が起こる。

また、入居率を90％で固定し、LTVを変動させたのが図表2-3-31である。LTV80％（自己資金20％）ではDSCRは1.10の水準を保つが、LTVが100％（フルローン）となった場合には、剰余金はマイナスとなり、DSCRも1.0を切ってしまう。

収支変動などを想定したこのようなシミュレーションは投資家にとっても有用と思われる。

図表 2 - 3 -30　物件収支の変動とDSCR

＜前提条件＞
・物件収支：満室時年間賃料50百万円
　　　　　　支出10百万円（支出は入居率にかかわらず固定）
・物件価格：1,000百万円（満室時NOIに対する利回り4.0％）
・借入金額：700百万円（LTV70％）
・借入条件：金利2.0％・元利均等返済・期間35年
・返済金額：元金返済額と利息返済額を合算した年間総返済額
・表中の金額単位：百万円

	入居率	100%	90%	80%	70%	60%
物件収支	収入	50	45	40	35	30
	支出	10	10	10	10	10
	NOI	40	35	30	25	20
借入	LTV	70%	70%	70%	70%	70%
	自己資金	300	300	300	300	300
	借入金	700	700	700	700	700
	金利	2.0%	2.0%	2.0%	2.0%	2.0%
	返済額	28	28	28	28	28
剰余金（NOI－返済額）		12	7	2	－3	－8
DSCR（NOI÷返済額）		1.43	1.25	1.07	0.89	0.71

図表 2 - 3 -31　借入比率（LTV）とDSCR

＜前提条件＞
　入居率を90％で固定、LTVを変動とするほかは、図表2-3-30と同じ。表中の金額単位は百万円。

	入居率	90%	90%	90%	90%	90%
物件収支	収入	45	45	45	45	45
	支出	10	10	10	10	10
	NOI	35	35	35	35	35
借入	LTV	60%	70%	80%	90%	100%
	自己資金	400	300	200	100	0
	借入金	600	700	800	900	1000
	金利	2.0%	2.0%	2.0%	2.0%	2.0%
	返済額	24	28	32	36	40
剰余金（NOI－返済額）		11	7	3	－1	－5
DSCR（NOI÷返済額）		1.46	1.25	1.09	0.97	0.88

例題 2 − 3 − 4

　正しいものに○、誤っているものに×を付けその理由を説明しなさい。

① 表面利回りは、収益不動産から得られる純収益（年間収入から、管理費・修繕費・公租公課・損害保険料などの運営経費を差し引いた金額）の物件価格に対する割合をいう。

② 表面利回りが同じ2つの物件がある場合、実質利回りも同じ水準になると考えられるため、2物件の収益性は同程度であると言える。

③ 同じ物件への投資であっても、資金調達の条件等によってROI（投資収益率）やCCR（自己資金収益率）の数値は異なってくる。

④ 収益不動産に投資する際の資金計画においては、借入を増やすほど、投資した自己資金に対する利回りが向上する傾向にあるから、借入は可能な限り増やす方がよい。

⑤ 時間価値を考慮した指標であるNPVを算出する過程において、金額（絶対額）が同じ収入であっても、現在価値に割り引いた場合には、10年後の収入より5年後の収入の価値の方が必ず高くなる。

⑥ 公示地価が示されている地点の近隣における不動産の取引価格（㎡あたりの単価）は、殆どの場合、公示地価の水準と一致する。

⑦ 金融機関が不動産を担保とした融資を検討する場合、万一の場合における担保不動産の資金化が前提となることから、短期間での売却が可能かという観点からも担保としての適格性が判断される。

⑧ 借入金の返済を元利均等返済とするメリットとして、事業開始当初における返済額が元金均等返済に比べて抑えられる点がある。

⑨ 投資対象の建物の構造や築年は、借入金の借入期間に影響しない。

⑩ DSCRは借入返済の余裕がどの程度あるかを示す指標であり、この値が1.0を切ると、収益不動産のNOIからだけでは返済がしきれない状態であることを示す。

解答・解説

① × 実質利回りの説明となっている。表面利回りは、年間収入（満室想定時）の投資金額に対する割合を示す利回りである。

② × 運営費用は物件によって個別性があるため、表面利回りが同じであっても実質利回りは異なるものであり、各物件の収益率をより精緻にみるには、実質利回りで考えるべきである。

③ ○ 問題文の通り。

④ × 借入比率が高くなると、少ない自己資金で投資効率を向上させる効果（レバレッジ効果）を享受できる一方で、事業リスクは高まる。投資目的（リスクとリターンのバランスや、借入に対する考え方等）に応じた借入比率の適切な設定が重要となる。

⑤ ○ 問題文の通り。

⑥ × 近隣であっても用途地域や容積率など基本的な条件が異なれば価格も異なる。また、条件が近い場合であっても、公示地価と実際の不動産取引の価格には乖離がある場合も多い。

⑦ ○ 問題文の通り。

⑧ ○ 問題文の通り。

⑨ × 借入をおこす個人の属性や、建物の構造・築年を勘案した金融機関ごとの基準に沿って借入期間が設定されるものと考えられる。必ずしも法定耐用年数が借入期間の上限となるものではないが、残存耐用年数は一つの目安となる。

⑩ ○ 問題文の通り。

本章のまとめ

● 不動産は2つとして同じものがない個別性の高い資産である。収益不動産への投資にあたっては、収支の他にも、立地・用途・規模・建物スペック・テナントの属性・権利関係などの、物件個別の特徴を把握する必要がある。

● 現物不動産への投資は事業としての性格を持つ。初期投資と同様に、投資期間中の運営管理（テナントの入退去管理、適切な賃料設定、建物設備の計画的な修繕・投資による競争力の維持向上など）も重要となる。

● 不動産の資産価値は時に大きく変動する。加えて流動性（換金性）は高くなく、売却には相応の期間とコストを要する。市況動向を観察するとともに、売却を想定する場合には計画的に準備を進めておく必要がある。

● 投資する不動産の用途によって異なる特性が見られる。例えば、賃料について、住宅賃料は比較的変動が小さいのに対して、オフィス賃料は景気動向・市況変動に左右されやすい。一般的に、住宅の方が収益の安定性に勝る反面、好況時の賃料上昇の可能性に関してはオフィスに分があると言える。

● 所有土地に建物を建築する場合の初期投資の内容は事業の成否を左右する。建物計画ならびに建築工事費を始めとする投資額が妥当なものかどうか、複数の計画提案を比較して決定していくのが一般的である。

● 賃貸建物の新築当初（稼働安定後）は比較的剰余金が出やすいが、経年に伴い、建物設備の陳腐化による収益減少と、修繕・税負担等の支出増加によってキャッシュフローが圧迫される時期がいずれくることが想定される。長期的な資金収支計画の立案が重要となる。

● 既稼働物件の取得に際しては、過去の稼働実績の精査（好況時・不況時の賃料水準、空室発生時の埋め戻しまでの期間など）や、現況賃料と相場賃料との比較が可能であり、これらの検証は長期的な収支見通しの助けとなる。

● 収益不動産の投資効果を表す指標には様々なものがあるが、目的に応じて参照する指標を使い分けることで適切な投資判断に資するものとなる。

● 投資対象物件の収益率が借入金利を上回る場合、借入割合を増やすことにより、投下した自己資金に対する利回りを高めることができる（レバレッジ効果）。ただし過大な借入は事業リスクを高める側面もあり、金利変動・空室発生などのリスクシナリオも踏まえた資金計画が求められる。

第 3 編

資産の承継・管理

第1章　相続の法務

第1節　相続の概要

学習ポイント

●財産の具体的な承継方法を理解する。

●民法上の親子関係、婚姻等の規定を理解し、法定相続人、欠格・廃除等について理解し相続人を確定することの重要性を理解する。また、相続関係説明図等の作成の難しさを理解し、専門家を活用する意義を理解する。

●相続財産の範囲、特に民法と税法での扱い方の違いを理解する。

●遺留分について、遺留分の対象となる財産の範囲、特別受益の扱い、遺留分侵害額請求権等を理解する。

【1】　財産の承継方法

1　相続

(1)　相続の意義

相続とは、死亡を原因として、その死亡した人（被相続人）の財産に属していた一切の権利義務（ただし、被相続人の一身に専属したものを除く）を、その人と一定の親族関係にあった人（相続人）が承継することをいう。

(2)　相続の開始

相続は、人の死亡により開始する。この死亡には、**失踪宣告**[1]により法律上死亡とみなされた場合も含まれる。

(3)　相続開始の場所

相続が開始する場所は、被相続人の死亡時の住所地となる。後述する相続の放棄などの手続は、この住所地を管轄する家庭裁判所で行う。

---

[1]　生死不明の者の利害関係人（配偶者、相続人にあたる者等）が家庭裁判所に申し立てをすることによって、生死不明の者を法律上死亡したものとしてみなす制度である。

相続の基本用語

用語	内容
被相続人	死亡した人
相続人	（実際に）相続により遺産を取得した者
法定相続人	相続する権利を有する者として民法で定められた者

　例えば、遺産分割協議は相続人全員で行うが、その前提として相続人を確定しておく必要がある。また、相続税の申告や相続登記を行う場合には、相続関係説明図の提出が求められる。後から想定外の相続人が発覚した場合等、手続きをやり直すには、大変な労力がかかるため、相続手続きでは、まず、戸籍の調査等により相続人を確定することが重要である。

2　贈与

(1)　贈与の意義

　贈与とは、例えば、「AがBにこの土地をあげよう」というように、当事者の一方から相手方に無償で財産を与える契約である。贈与は、あげる人（贈与者）ともらう人（受贈者）の合意のみで成立する。簡単に言うと、「タダであげます」「もらいます」と合意することで贈与が成立するのである。なお、贈与はあくまで契約であるため、相手方に受諾する意思表示が必要となる点に留意しなければならない。相続税の税務調査においても、相手方の承諾を得ずに行われた贈与は無効であると指摘されることがある。

民法条文（贈与）

民法第549条（贈与）　　　①タダで　　　②あげます
　贈与は、当事者の一方がある財産を**無償**で相手方に**与える意思を表示**し、相手方が**受諾をする**ことによって、その効力を生ずる。
　③もらいます

(2)　贈与の解除（撤回）

　贈与は、約束だけで成立する契約（これを諾成契約という）である。口頭でも贈与は成立するが、書面によらない贈与は、履行の終わった部分を除き、各当事者がいつでも解除（撤回）することができる。

贈与の解除（撤回）の可否

書面による贈与	双方が合意しなければ、解除することができない。
書面によらない贈与	履行が終わっていない部分は、いつでも解除可能。

⑶　死因贈与

　特殊な形態の贈与がいくつかあるが、ここでは**死因贈与**を説明する。死因贈与とは、例えば、「自分が死んだら、この土地をあげよう」と約束するように、贈与者の死亡によって効力が生ずる贈与をいう。

⑷　死因贈与と遺贈の違い

　死因贈与は、**遺贈**によく似ている。遺贈とは、遺言によって、自己の財産を無償で他人に与えることをいい、遺贈により財産を与える人を遺贈者、財産を承継する人を**受遺者**[2]という。下表にて死因贈与と遺贈の主な相違点を押さえる。両者の大きな違いは「財産を受ける人の承諾を得ているかどうか」である。なお、遺言に関しては本章第3節で詳しく説明する。

死因贈与と遺贈の主な相違点

	死因贈与	遺贈
財産を承継する者	法定相続人以外も可	
効力の発生時期	贈与者または遺贈者の死亡時	
課される税区分	（贈与税ではなく）相続税	
書面化の要否	口頭でも書面でも可。	原則、遺言書が必要。
相手方の意思表示の要否	要／受贈者との合意によって成立する。	否／遺言者の一方的な意思表示で成立する。

個人間における財産の承継方法の比較

承継方法	対価	税区分	承継元	承継先	当事者の意思
相続	無償	相続税	被相続人	相続人	－
遺贈			遺贈者	受遺者	遺贈者の意思[※]
死因贈与			贈与者	受贈者	双方の意思
普通贈与		贈与税			

（※）　遺言者（遺言を残す人）の一方的な意思表示で成立する「単独行為」であり、受遺者の「もらいます」という意思表示は必要ない。

---

[2]　遺贈は、相続人以外の人にも財産を承継させることができる。なお、遺贈により相続人が財産を承継する場合には、受遺者ではなく、相続人と呼ぶ。

【2】　家族関係の状況把握

1　婚姻と親子関係

相続人の範囲や順位について、婚姻、親子関係を含めて説明する。

(1)　婚姻

①　法律婚と事実婚

婚姻とは、男女の婚姻意思の合致により夫婦になることである。法律婚が成立するには、婚姻届を提出することが必要となる。一方、婚姻届を提出していない場合には、事実上の夫婦関係（いわゆる内縁関係や事実婚の状態をいう。以下「事実婚等」という）があったとしても、民法上、婚姻とはみなされない。

②　婚姻と相続

法律婚による夫婦には相続権が認められるが、事実婚等の夫婦には相続権が認められない。

(2)　親子関係

①　親子関係

親子関係は、血縁に基づく親子関係と、法的な親子関係に大別される。血縁関係のある子を実子というが、実子のうち、法律婚の夫婦から生まれた子を嫡出子といい、それ以外の子を非嫡出子という。また、法律上の親子関係を結ぶことを養子縁組という。養子には**普通養子**と**特別養子**がある。養子は養子縁組をした日から養親の嫡出子としての身分を得る。普通養子は養子縁組後も実親方の血族と親族関係が継続する。一方、特別養子は特別養子制度（1988年1月1日から施行）に基づく養子であり、特別養子縁組後は養子と実親方の血族との親族関係を終了させることとなる。

②　親子関係と相続

嫡出子には、父母の相続権が当然に認められるが、**非嫡出子**には、父の相続権が当然に認められていない。母親は分娩の事実によって非嫡出子と母子関係が生じるが、父子関係は当然に生じるものではないためである。この場合、父が子を認知すれば、父子関係が生じるため、認知された非嫡出子は父の相続権を得ることになる。普通養子には、実親と養親の相続権が認められているが、特別養子には、養親の相続権はあるが、実親の相続権はない。

親子関係と相続権

実子	嫡出子（法律婚）		父母の相続権あり
	非嫡出子	認知を受けた子	父母の相続権あり
		認知を受けていない子	母の相続権のみあり
養子	普通養子		実親と養親の相続権あり
	特別養子		養親の相続権あり

2　法定相続人

(1)　相続順位と代襲相続

　相続人は、配偶者相続人と血族相続人[3]に分類され、配偶者は常に相続人になり、血族相続人は、相続人になれる優先順位が定められている[4]。なお、第3順位（兄弟姉妹）には**代襲相続**は認められているが、再代襲相続は認められていない。一方、第1順位（直系卑属）の者には再代襲や再々代襲相続が認められている。

相続人の順位

順位	相続人となる者	左記の者の代襲相続人
常に相続人	配偶者	－
第1順位	子（直系卑属）	孫（再代襲も認められる）
第2順位	父母（直系尊属）	－
第3順位	兄弟姉妹	甥、姪

代襲相続と再代襲相続[5]

代襲相続	被相続人の子が相続開始以前に死亡・相続欠格（事由に該当）・廃除により相続権を失ったときは、その者の子が相続権を代襲して相続人となる。
再代襲相続	代襲者が相続開始以前に死亡・相続欠格（事由に該当）・廃除により相続権を失った場合は、その代襲者の子が相続権を代襲して相続人となる。

---

[3]　自然血族（子、直系尊属、兄弟姉妹等）および法定血族（養親、養子等）が該当。

[4]　異なる順位の者が同時に相続人となることはない。例えば、配偶者以外の第1順位の者がいない場合は、第2順位の者が相続人になり、第3順位の者は相続人になることはない。第1順位および第2順位の者がいない場合に、第3順位の者が相続人になる。

[5]　相続放棄は、（再）代襲相続原因にならないため、代襲相続は発生しない。

⑵　**欠格と廃除**

　下表のように、一定の相続権の喪失事由に該当する相続人については、相続開始前に相続権を喪失することになる。

相続権の喪失事由

欠格	①　故意に被相続人または相続について先順位もしくは同順位にある者を死亡するに至らせ、または至らせようとしたために、刑に処せられた者。 ②　被相続人の殺害されたことを知って、これを告発せず、または告訴しなかった者。 ③　詐欺または強迫によって、被相続人に相続に関する遺言をし、撤回し、取り消し、または変更することを妨げた者[6]。 ④　詐欺または強迫によって、被相続人に相続に関する遺言をさせ、撤回させ、取り消させ、または変更させた者[6]。 ⑤　相続に関する被相続人の遺言書を偽造し、変造し、破棄し、または隠匿した者。
廃除	遺留分を有する**推定相続人**（相続が開始した場合に相続人となるべき者をいう）が、被相続人に対して虐待をし、もしくはこれに重大な侮辱を加えたとき、または推定相続人にその他の著しい非行があったとき。

⑶　**単純承認、限定承認、相続放棄**

　相続する場合、被相続人の財産に属していた一切の権利義務を承継することになるが、例えば、承継する財産の額よりも承継する債務の額の方が大きい場合は、相続人自身の財産で債務を弁済しなければならない。そこで、相続人の意思によって一定の限度で財産を承継するか、もしくは相続しないかを、相続の開始があったことを知った時から3か月以内に選択することになる。なお、相続しないことを選択した場合、家庭裁判所に請求することで相続放棄手続を進めることになるが、実務上は家庭裁判所に請求せずに遺産分割協議で財産を取得しない方法を採る相続人が多い。ただし、債務については、原則として、各相続人が法定相続分に応じて負担することになるので注意が必要である。

---

[6]　③は、自由な遺言の妨害、④は、遺言の不正な強制。

相続権の承認・放棄の効果および主な手続

	効果	主な手続
単純承認	被相続人の相続財産および債務のすべてを承継する。※右記①〜③に掲げる場合には、相続人は単純承認をしたものとみなす。	① 相続人が限定承認・相続放棄を選択する前に相続財産の全部または一部を処分したとき。 ② 相続人が相続の開始があったことを知った時から3か月以内に限定承認または相続の放棄をしなかったとき。 ③ 相続人が限定承認または相続の放棄をした後に、相続財産の全部または一部を隠匿し、ひそかにこれを消費し、または悪意でこれを相続財産目録に記載しなかったとき。
限定承認	相続によって得た財産の限度においてのみ、被相続人の債務等を承継する。	相続人が相続の開始があったことを知った時から3か月以内に相続財産目録を作成し、家庭裁判所に提出し、限定承認を受ける旨を申述する。相続人全員の合意が必要。
相続放棄	被相続人の相続財産および債務のすべてを承継しない。	相続人が相続の開始があったことを知った時から3か月以内に、家庭裁判所に、相続放棄する旨を申述する。相続人単独で手続が可能。

【3】　相続財産の範囲

1　民法上の相続財産

　相続が開始されると、被相続人の財産に属した一切の権利義務が、包括的に相続人に承継される。民法では、この相続の対象となる財産のことを「相続財

図表3-1-1　相続の対象となる財産（相続財産）

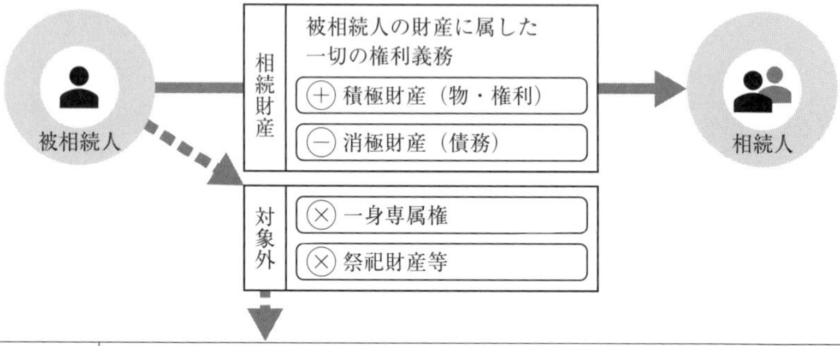

一身専属権	年金受給権、生活保護受給権、国家資格、代理権、使用貸借契約^(※)における借主の地位等
祭祀財産	位牌、仏壇、墓石、墓地等

（※）　貸借権は相続財産である。

産」という。相続財産には、積極財産（物・権利）のほか、消極財産（債務）も含まれるが、被相続人の一身に専属したもの、および祭祀財産については、相続の対象外となる。

2　みなし相続財産

　相続税の課税財産は、原則として、民法上の相続または遺贈[7]という形式により取得した財産（「本来の相続財産」という）である。一方で、民法上の相続または遺贈により取得した財産ではないが、実質的にこれと同様の経済的効果があると認められることから、相続または遺贈により取得したものとみなされ、相続税の課税財産となるもの（「**みなし相続財産**」という）がある。

本来の相続財産とみなし相続財産

相続税の課税財産	民法	相続又は遺贈により取得した財産（本来の相続財産）	
	相続税法	みなし相続財産（例示）	生命保険金等
			退職手当金等
			生命保険契約に関する権利
			定期金に関する権利
			保証期間付定期金に関する権利
			契約に基づかない定期金に関する権利
			信託に関する権利
		贈与財産（例示）	相続開始前3年以内に被相続人から贈与を受けた財産。
			相続時精算課税の適用を受けた贈与財産。
			贈与税の納税猶予制度の適用を受けていた農地等。
			教育資金、結婚・子育て資金の一括贈与に係る贈与税の非課税措置の適用を受けている場合において、その資金の贈与者死亡時の一定の管理残額。

⑴　生命保険金等

　生命保険契約等の死亡保険金が支払われるまでの流れを確認しよう。

---

[7]　相続税法では、遺贈に死因贈与を含む旨定めている。

図表 3-1-2　生命保険金等（みなし相続財産）

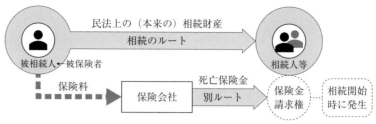

　生命保険金請求権は、保険契約によって生じる保険金受取人の固有の権利であり、相続開始時に被相続人に帰属していた財産ではないため、相続財産には含まれないとするのが判例・通説である。

　しかし、被相続人が保険料を負担している場合、その負担部分に見合う保険金については、実質的には、相続または遺贈による財産（本来の相続財産）の取得と同様の経済的価値があると認められることから、税負担の公平を図るため、これを相続または遺贈による財産の取得とみなして、相続税の対象としている。

⑵　退職手当金等

　被相続人が死亡した場合、法令または退職給与規定等に基づき、本来は、被相続人に支払われるべき退職手当金等が、遺族に支払われることがある。この退職手当金等（死亡退職金）については、受給権者である遺族が、相続人としてではなく、固有の権利として取得するものであり、相続財産にはならないと解されている。しかし、実質的には、相続または遺贈による財産（本来の相続財産）の取得と同様の経済的価値があると認められることから、これを相続または遺贈による財産の取得とみなして、相続税の対象としている。なお、被相続人の死亡によって受ける弔慰金は、遺族固有の財産となるため、通常、相続の対象にならず、香典については、一般的に、参列者から喪主に対する贈与とされており、相続の対象とならないと解されている。

3　遺産分割の対象となる財産

　遺産分割の対象となる財産は、基本的に、民法上の相続財産（本来の相続財産）であることを要する。ただし、民法上の相続財産が、すべて遺産分割の対象となるわけではない。

本来的には遺産分割の対象とならない財産の例

● 相続税法上のみなし相続財産（受取人固有の財産）
● 金銭債権等の可分債権[8]（預貯金債権を除く）
● 債務[9]

【4】 相続分と遺留分

1 法定相続分

　相続人が複数いる場合、相続財産を誰がどれだけ承継するかが問題となる。この承継する割合を相続分といい、民法で定める相続分のことを**法定相続分**という。

図表 3-1-3　法定相続分と事例

ケース	配偶者	配偶者以外
配偶者と子（第1順位）	1/2	1/2
配偶者と直系尊属（第2順位）	2/3	1/3
配偶者と兄弟姉妹（第3順位）	3/4	1/4

【法定相続分を求める手順】
Step 1　誰が相続人になるか判定する。
Step 2　配偶者がいる場合、配偶者の相続分を先に求める。
Step 3　血族相続人の相続分は、1から配偶者の相続分を差し引いて求める。

---

[8]　金銭債権等の可分債権は、相続開始時に法定相続分に応じて当然に分割帰属するため、原則として、遺産分割の対象とならない。ただし、相続人全員が合意すれば、遺産分割の対象とすることは許容されている。なお、預貯金債権については、遺産分割の対象とされている。

[9]　被相続人の債務は、相続開始時に法定相続分に応じて当然に分割帰属するため、原則として、遺産分割の対象にはならない。相続人全員の合意により、遺産分割の対象とされることもあるが、あくまで相続人間の内部関係を決めたに過ぎず、その内容を債権者に主張できるわけではない。

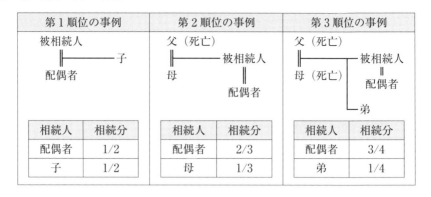

⑴　血族相続人が同順位に複数いる場合

　配偶者以外の血族相続人の相続分は、人数に応じて均等に分配する。

図表3-1-4　血族相続人が同順位に複数いる場合の事例

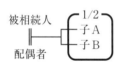

相続人	相続分
配偶者	1/2
子A	1/2×1/2[※]
子B	1/2×1/2[※]

（※）　法定相続分2分の1を子の人数で等分する。

⑵　半血兄弟姉妹（被相続人の兄弟姉妹が相続人の場合）

　父母の一方のみを同じくする兄弟姉妹（半血兄弟姉妹）の相続分は、父母の双方を同じくする兄弟姉妹（全血兄弟姉妹）の相続分の2分の1となる。

図表3-1-5　半血兄弟姉妹の事例

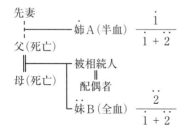

相続人	相続分
配偶者	3/4
姉A（半血）	1/4×1/3
妹B（全血）	1/4×2/3

半血相続人には黒点を1つ、全血相続人には黒点を2つ付けて、分数の計算をすると分かりやすい。

(3)　代襲相続人[10]

代襲相続人の相続分は、被代襲者の相続分と同じとなる。

図表 3-1-6　代襲相続人の事例

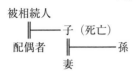

相続人	相続分
配偶者	1/2
孫（代襲相続人）	1/2

2　遺留分

遺産の分け方については、次節で学習するが、被相続人が遺言を残していた場合、原則として遺言に従って、遺産を分けることになる。

(1)　遺留分の定義

遺言で、どのように自己の財産を処分しようと基本的には自由だが、例えば、遺言書に「愛人に遺産をすべて渡す」と記載がある場合に、被相続人の遺産形成に寄与した遺族が、遺産を全く取得できないのは酷であろう。

そこで、民法は、被相続人の意思によっても奪うことができない相続分として、遺留分制度を設けている。**遺留分**とは、一定の相続人に認められている最低限取得できる遺産の割合をいい、次の図表のように定められている。なお、被相続人の兄弟姉妹には遺留分が認められない。

図表 3-1-7　遺留分の割合

相続人	遺留分の割合
直系尊属のみが相続人	被相続人の財産の3分の1
上記以外が相続人	被相続人の財産の2分の1

---

[10] 代襲相続人である孫が被相続人の養子でもある場合、代襲相続人としての相続分と養子としての相続分の双方を有するので、合算して計算する。ただし、法定相続人の数を計算する場合には、1人として計算する。

図表3-1-8　ケース別の遺留分

ケース	全体の遺留分	各相続人の遺留分	
		配偶者	配偶者以外[※]
配偶者と子	1/2	1/4	1/4
配偶者と直系尊属	1/2	2/6（1/3）	1/6
配偶者と兄弟姉妹	1/2	1/2	なし
子のみ	1/2	—	1/2
直系尊属のみ	1/3	—	1/3

（※）　複数いる場合には、人数で等分する。

(2)　遺留分の金額

　遺留分の金額は、遺留分算定の基礎となる財産に遺留分の割合を乗じた金額となる。遺留分の算定の基礎となる財産の価額は次のように計算する。

図表3-1-9　遺留分算定の基礎となる財産の価額

| 遺留分算定の基礎となる財産の価額 | ＝ | 相続開始時に有した財産の価額（遺贈含む） | ＋ | 贈与財産[※]の価額（相続開始時の価額） | － | 債務の全額 |

（※）　贈与財産とは
・相続人以外の者に対し、相続開始前の1年間[注]に贈与した財産。
・相続人に対する相続開始前10年以内[注]の特別受益に該当するもの。

（注）　遺留分権利者に損害を与えることを知って贈与したときは、贈与の時期を問わず、すべて遺留分算定の基礎となる財産の価額に含まれる。

①　特別受益の持戻し

　相続人中に、被相続人から遺贈や一定の贈与[11]（**特別受益**という）を受けた人がいる場合、相続開始時の遺産を単純に分けるとすれば、相続人間で不公平が生じるであろう。相続人に対する相続開始前10年以内の特別受益に該当するものは、原則として遺留分算定の基礎となる財産の価額に算入される。

②　遺留分侵害額請求権

　遺留分について権利のある相続人（遺留分権利者という）は、遺贈や贈与を受けて遺留分を侵害した者に対し、次のように遺留分侵害額に相当する金銭の支払いを請求することができる。

---

[11]　婚姻、養子縁組のため、もしくは生計の資本としてなされた贈与をいう。

遺留分侵害額の請求期間および請求方法

請求期間	**遺留分侵害額請求権**は、原則として、相続の開始および遺留分を侵害する贈与または遺贈があったことを知った時から１年間行使しないときは、時効により権利は消滅する。なお、相続開始の時から10年を経過したときも、除斥期間[12]により権利は消滅する。
請求方法	裁判上の請求によらなくても、内容証明郵便等で遺留分を侵害した者に意思表示することで、請求は有効となる。

例題 3 - 1 - 1

　正しいものに○、誤っているものに×を付けその理由を説明しなさい。

1　相続人の範囲
① 相続人が相続放棄した場合、その子供が代襲相続人になる。
② 被相続人の配偶者は常に相続人であるが、法律上の婚姻関係のない内縁の妻には相続権はない。
③ 被相続人の兄弟姉妹が相続人の場合、いわゆる半血の兄弟姉妹は相続人とならない。
④ 被相続人の子供が先に死亡している場合には、その子の配偶者が相続人となる。

2　遺産分割協議の対象となる相続財産
① 特定の相続人が受取人として指定されている死亡保険金
② 香典
③ 土地賃借権
④ 使用貸借契約における借主の地位

3　遺留分の割合
① 直系尊属のみが相続人の場合、遺留分は全体の３分の１である。
② 兄弟姉妹には遺留分がない。
③ 配偶者と直系尊属が相続人の場合、配偶者の遺留分は３分の１である。
④ 配偶者と子が相続人の場合、配偶者の遺留分は３分の１である。

---

[12] 法律で定められた期間のうち、その期間内に権利を行使しないと権利が当然に消滅する場合の、その期間をいう。

解答・解説

1
① ×　代襲原因には、相続の放棄は含まれない。
② ○　問題文の通り。
③ ×　兄弟姉妹が相続人の場合、「半血」であるか「全血」であるかを問わない。
④ ×　相続人となるべき者（被代襲者）が、相続開始以前に死亡しているときは、その直系卑属（代襲者）が被代襲者に代わって、その受けるはずであった相続分を相続する。

2
① ×　特定の相続人が受取人として指定されている死亡保険金については、受取人固有の財産であり、本来の相続財産ではないため遺産分割の対象とならない。
② ×　香典は、参列者から喪主に対する贈与であり、相続の対象ではないことから、遺産分割の対象とならない。
③ ○　問題文の通り。
④ ×　使用貸借契約における借主の地位は、借主である被相続人の一身専属権とされている。使用貸借は、原則、借主の死亡によりその効力を失うため（民法第597条）、遺産分割の対象とならない。

3
① ○　問題文の通り。
② ○　問題文の通り。
③ ○　問題文の通り。
④ ×　配偶者と子が相続人の場合、配偶者の遺留分は4分の1である。

第2節　遺産分割協議

学習ポイント

●遺産分割の流れを理解し、遺言の有無による手続きの相違や、遺産分割協議が成立しない場合の手続き等を理解する。

●遺産分割協議が相続人全員の参加と合意を要することや、限られた時間内で協議を成立させることの困難さを理解する。

●自社株式等を特定の相続人に集中する場合、他の相続人への資産配分（遺留分への配慮等）や分割方法を検討する重要性を理解する。

●相続手続きの煩雑さとスケジュールを理解する。

●裁判所での手続きの実態を理解し、事前準備の重要性を理解する。

　相続が発生した際に、相続人が1人しかいない場合は、その相続人のみが遺産を承継する。一方で、相続人が複数いる場合は、遺産が相続人全員の共有状態となる。この相続の形態を「**共同相続**」といい、各共同相続人はその相続分に応じて遺産を承継することになる。

図表3-1-10　遺言の有無と遺産分割協議

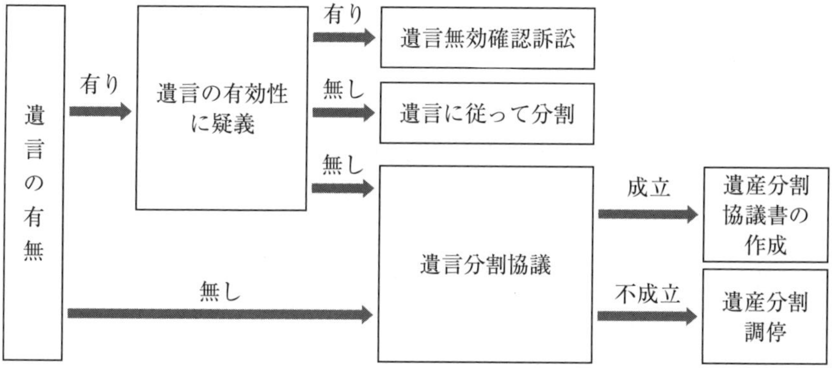

1　指定分割と協議分割

　相続が開始したときには、まず遺言書の有無を確認する必要がある。遺言がある場合は、遺言に従って分割することになるが（＝**指定分割**）、遺言がない場合は、共同相続人による協議により分割をすることになる（＝**協議分割**）。

(1)　指定分割

　遺言により遺産の全部または一部について分割方法を指定することができる。なお、遺言の中で分割方法が指定されていない遺産については、共同相続人の協議によって遺産の分割方法を決めることになる。また、相続開始の時から5年以内の期間を定めて遺産分割を禁止することもできる。

(2)　協議分割

　遺言がない場合、共同相続人全員の協議により、いつでも遺産の全部または一部の分割をすることができる。

　また、遺言がある場合でも、一定の場合[※]を除き、共同相続人全員（受遺者を含む）の同意があれば、協議分割によって遺言内容と異なる遺産の分割をすることができる。なお、協議分割において、法定相続割合で分割する必要はない。

(※)　遺言と異なる協議分割ができない場合

● 　遺言により遺産分割が禁止されている場合。
● 　遺言執行者がいる場合で、遺言執行者の同意が得られない場合。
● 　共同相続人のうち1人でも、遺言と異なる内容で遺産分割することに同意しない場合。
● 　相続人以外の受遺者がいて、その受遺者の同意が得られない場合。

　共同相続人全員の合意により遺産分割協議が成立した際には、遺産分割協議書を作成することで、分割内容を明確にすることができる。遺産分割協議書の作成上の留意点は、次のとおりである。

①　遺産分割内容を特定できるように明確に記載する

　遺産分割協議書は、不動産の登記手続、預貯金や有価証券の口座の解約および名義変更手続、ゴルフ会員権やリゾート会員権の名義変更手続、相続税の申告等で必要となる。遺産分割協議書の記載内容に不備があれば、作り直しを求められる。そのため、遺産分割協議書を作成する際は、誰がどの財産を取得することで合意したのかを明確に記載すべきである。

②　署名と実印の捺印をし、印鑑証明書とともに保管する

　署名と捺印（実印）をすることで、協議内容の真正性が担保される。遺産分割協議書への署名と捺印は連名であるのが一般的であるが、同じ内容の遺産分割協議書を複数作成して、各共同相続人が各別に署名、捺印をする形式も認められるため、時間がないときは後者を選択することが多い。なお、海外に居住

していて印鑑証明書の交付を受けられない場合は、印鑑証明書の代わりに署名証明書（サイン証明書）を用意する必要がある。

2　分割方法

遺産分割協議が成立するためには、共同相続人全員の合意が必要となる。

(1)　分割方法

遺産分割の方法として、主に下記の4種類がある。

①　現物分割

現物分割とは、遺産をそのままの状態で分割する方法である。実務的には多く採用されている。

②　代償分割

代償分割とは、共同相続人（包括受遺者を含む）の1人または数人が遺産の現物を取得する代わりに、その取得者が他の共同相続人に対して代償金を支払う分割方法である。例えば、共同相続人の1人が遺産である不動産に居住している場合に利用される。このような場合、通常自宅を売却することは考えにくいため、下記③換価分割を選択しないことが多い。

③　換価分割

換価分割とは、遺産を換価（現金化）し、その代金を相続人間で分配する方法である。例えば、遺産が不動産のみで、かつ、不動産取得者に代償金を支払う資力がない場合や相続税の納税資金がない場合に利用されることが多い。また、遺産の一部を現物分割し、残りの遺産を換価分割して相続分の調整を図ることもある。

④　共有分割

共有分割は、遺産を共有財産として分割する方法である。例えば、先祖代々の不動産の売却を防ぐ[13]場合に利用されることがある。

(2)　遺産分割協議の当事者

遺産分割協議に参加すべき者を特定する必要がある。相続人は当然に参加すべきであるため、相続人以外で当事者となり得る者について説明する。

---

[13] 共有不動産全体を売却するためには、共有者全員の同意が必要である（共有者が自分の共有持分のみを売却する場合は、他の共有者の同意なく単独で売却することができるが、不動産市場での需要は少ないため、現実的ではない）。

① 包括遺贈[14]の受遺者（包括受遺者）

　包括遺贈を受ける者（包括受遺者という）は、相続人と同一の権利義務を有すると規定されていることから、遺産については他の相続人との共有状態となる。そのため、包括受遺者も、遺産分割協議に参加することで具体的に取得する遺産を決めることになる。

② 相続分譲受人

　相続人が、遺産分割前に自己の相続分を相続人または第三者に譲り渡すことを「**相続分の譲渡**」という。相続分の譲渡をすると、相続分を譲り受けた者（＝相続分譲受人）が遺産分割協議に参加することになり、相続分の譲渡をした相続人は遺産分割協議に参加する必要はなくなる。なお、相続放棄と同様に、遺産に係る基礎控除額を計算するときに用いる法定相続人の数には影響しない。

③ 成年後見人

　共同相続人の中に、認知症等により判断能力を欠く常況にある者がいる場合、その者の意思表示は原則無効となるため、遺産分割協議を成立させることができない。その場合、家庭裁判所に成年後見の申立てをし、選任された成年後見人が、代理人として遺産分割協議に参加することになる。遺産分割協議において、成年後見人は、原則として成年被後見人である相続人の法定相続分[15]を確保する必要があるため、2次相続を見据えた遺産分割を考える場合で、相続人に認知症を発症している人がいるときには、遺言書を作成することも一つの対策として考えられる。

④ 不在者財産管理人

　被相続人の甥、姪が相続人に含まれる場合などにおいては、共同相続人同士の関係が希薄であることも多く、お互いの連絡先すら知らない場合がある。その場合、連絡先が不明な共同相続人の戸籍の附票[16]を取得し、現在の住所を確認したうえで連絡をとることになる。もし連絡が取れない場合は、裁判所に**不在者財産管理人**の申立てをし、選任された不在者財産管理人が遺産分割協議に参加することになる。

---

[14] 包括遺贈とは、遺産のすべてを与える場合や、割合を指定して与える遺贈のこと。

[15] 不在者財産管理人、親権者、特別代理人、未成年後見人が相続人に代わって遺産分割協議に参加する場合も同様に、原則として法定相続分の確保が必要である。

[16] 本籍の戸籍が作成（入籍）されてから現在に至るまでの住所の遍歴が記載されているものであり、本籍地の市区町村で取得することができる。

⑤　親権者、特別代理人、未成年後見人

　相続人が未成年者である場合、遺産分割協議をするには、その法定代理人の同意を得なければならない。未成年者の法定代理人は、親権者である父母であるが、通常親権者は未成年者（子供）と共同相続人になることが多いため、親権者が未成年者に不利な遺産分割協議を成立させるおそれがある。そのため、未成年者とその親権者が共に相続人となる場合には、家庭裁判所に未成年者の**特別代理人**の選任の申立てをし、選任された特別代理人が遺産分割協議に参加することになる。

　また、何らかの事情で親権者がいなくなった場合に未成年者を保護する仕組みとして、未成年後見制度が整備されている。未成年後見人は、未成年者を監護養育するほか、財産を管理し、遺産分割協議や契約などの法律行為を代行する。未成年後見人は、未成年者本人または親族が、未成年者の住所を管轄する家庭裁判所に選任の申立てをする。

法定代理人

対象者		法定代理人（遺産分割協議参加者）
未成年者^(※)	親権者あり	親
	親権者なし	未成年後見人
成人	判断能力の欠如	成年後見人
未成年者・成人	上記対象者とその法定代理人の間で利益が相反する場合。	特別代理人

（※）　未成年者の場合、成年になるまで遺産分割協議を待つことが可能であるが、遺産が共有状態となるため、自由に処分ができない不利益がある。

(3)　遺産分割協議が申告期限内に成立しない例

①　相続人の確定、代理人の選任に時間を要した場合

　相続税の申告期限は相続開始を知った日の翌日から10か月以内であるため、早い段階で誰が相続人であるか確定させることが遺産分割協議を成立させる鍵となる。なお、相続人が確定した場合であっても、判断能力等の問題で遺産分割協議に参加できない者がいる場合は、法定代理人を選任する必要があるため、時間を要する。もし、遺産分割協議のための十分な時間を確保することができなければ、相続税の申告期限までに相続人全員が納得のいく分割方法を決めることができない可能性が高まる。したがって、不測の事態を想定して早めの相続人の確定および代理人の選定をすることが重要である。

②　相続人の人数が多い場合

　相続人の人数が多ければ多いほど、利害が対立して揉める可能性が高まるため、まずは相続人ごとに遺産分割案を出し合い、早い時期から話し合いをしておく必要がある。その際、遺産分割協議が相続税の申告期限内に成立しない場合のデメリット（例えば、相続税の特例が使えず、一時的に相続税の負担が増える可能性があること、遺産の処分に相続人全員の同意が必要となるため、被相続人の遺産を相続税の納税に充てることができず、自身の財産から納税資金を捻出する可能性があること、相続人に相続が発生した場合、相続人の数が多くなり、遺産分割協議が成立しない可能性が高まること）を共有することで、早期に遺産分割を成立させることが相続人全員にとってメリットとなることを認識してもらうことが重要である。

③　遺産の大部分が不動産や自社株式であり、金融資産が少ない場合

　遺産が金融資産（特に現預金）のみの場合は、現物分割により相続人間で公平に分割することができる。一方、不動産は1円単位で分割できるような財産ではない（分割するために分筆すると価値が下がることもある）。また、不動産の評価方法は様々で、同じ土地に複数の価格がつくことがあるため分割の基準とする価格を何にするかを、協議することになる。自社株式については、価格以外にも、今後誰に会社を引継がせるかといった要素も考慮して協議することになる。したがって、遺産の大半を不動産や自社株式が占めている場合、現物分割では不公平な分割内容になってしまうことがある。相続した財産が遺留分に満たない場合には、遺留分侵害額を請求される可能性もある。そこで、代償分割や換価分割を選択肢として考えておくなど、事前に具体的な承継プランを検討しておくことが重要である。

⑷　遺産分割協議のやり直し

　相続人全員の合意があれば、既に成立した遺産分割協議の全部または一部についてやり直すことができる（遺産分割協議のやり直しによって、財産の移転があった場合、取得した者に対して贈与税がかかる可能性がある）。

3　相続発生後の手続き

　相続手続きのスケジュールは次表のとおりである。各々の手続きには時間的制約（期限）が設けられているため、まずは全体のスケジュールを把握しておくことが重要である。

相続手続き一覧

手続期限	手続内容	手続先	主な手続
相続開始を知った日から3カ月	相続放棄限定承認	家庭裁判所	・相続人の確定 ・遺言の確認 ・財産調査
相続開始を知った日の翌日から4カ月	準確定申告	税務署	・準確定申告書の作成 ・所得税の納税
相続開始を知った日の翌日から10カ月	相続税の申告	税務署	・税法上の財産評価 ・遺産分割協議 ・相続税申告書の作成 ・相続税の納税
相続開始および遺留分侵害を知った日から1年以内	遺留分侵害額の請求	当事者間	・遺留分の計算
相続税の申告期限から3年以内	相続税の更正の請求	税務署	・相続税の更正の請求書の作成

(1)　相続人の確定

　被相続人の本籍地の市区町村の役所にて「被相続人の出生から死亡までの戸籍」を取得する必要があるが、被相続人が転籍している場合は、転籍元の市区町村ごとに戸籍を請求する必要がある。

　被相続人の戸籍から、被相続人の前妻（または前夫）の有無、異父母兄弟の有無、認知した子の有無、養子縁組の有無などを調査し、本章第1節【2】2(1)に記載した相続人の順位に基づいて相続人を確定する必要がある。なお、相続人に子供がいない場合は、戸籍の調査が兄弟姉妹や甥姪にまで及ぶため、時間と労力を要することになる。実務では、相続関係説明図の作成を税理士、司法書士等の専門家に依頼することもある。

　また、相続人の調査とともに事前に法定相続分を確認することも重要である。なぜなら、相続人同士の関係性が希薄・不仲であることもあり、この場合の遺産分割協議においては、法定相続分を基準にして、落としどころを探ることが多いからである。

(2)　相続財産の調査

　遺産分割協議の当事者である相続人の調査とともに、遺産分割協議の対象となる相続財産を調査する必要がある。被相続人の財産は、本人しか把握していないことが多いため、特に被相続人と同居していた者がいない場合には、その財産を確定するために時間と労力を要する。そのため、生前に自己の財産につ

いて一覧表を作成しておくことで、相続人の負担を軽減することができる。

主な資料と取得方法

財産	主な資料	主な記載内容	請求先
土地・建物	登記事項証明書	不動産情報（所在、地積、床面積、所有者名、所有割合）	不動産所在地を管轄する法務局
	公図、地積測量図	土地の位置や形状、専門家の測量結果	
	名寄帳、固定資産税課税明細書	同一市区町村内に所有している不動産情報	不動産が所在する都税事務所市役所等
有価証券	残高証明書（証券会社）	指定名義人の指定日付における証券口座にある金融商品の名称、数量、金額	証券会社
	配当金、分配金の支払通知書	保有株式や投資信託の数量、配当金額	（自宅に郵送）
現預金	残高証明書（金融機関）	指定名義人の指定日付における金融機関口座にある預金種類、金額	金融機関
	預金通帳、取引明細	－	（自宅保管）金融機関
生命保険	生命保険支払明細書、保険証書	生命保険契約の契約者、被保険者、保険金受取人、保険金支給金額	（自宅保管）生命保険会社
他	会員証	所有者、預託金の金額	（自宅保管）

⑶　**準確定申告**

　被相続人が生前に所得税の確定申告をしていた場合は、**準確定申告**の要否を検討する必要がある。準確定申告とは1月1日から死亡した日までに確定した被相続人の所得金額および税額を計算した所得税確定申告書のことであり、被相続人に申告義務がある場合、被相続人に代わり相続人が申告する必要がある。なお、準確定申告により納付した所得税額は、相続税申告における債務として相続財産から控除することができる。

⑷　**相続財産の税法上の評価**

　相続税申告が必要か否かを判断するために、相続財産の相続税法上の評価額を算定する必要がある。

⑸　**遺産分割協議の実施**

　遺産を誰がどの割合で取得するか決めるために遺産分割協議を実施する。遺産分割協議が成立したら、遺産分割協議書を作成し、相続税の申告、被相続人の相続財産の名義変更手続、相続登記手続を順次進めていくことになる。

(6)　相続税申告書等の提出および相続税の納税

相続税の申告の要否を判定し、申告が必要になる場合は、遺産分割協議が成立しているか否かを問わず、相続開始を知った日の翌日から10か月以内に、相続税の申告書を税務署に提出し、納付する相続税額がある場合には、上記の申告期限までに納税することになっている。

なお、申告期限までに遺産分割協議が成立しない場合は、未分割財産を法定相続分で分割したと仮定して申告と納税をすることになる。遺産分割協議が成立した段階で相続税額が増減する相続人については、修正申告または更正の請求をする[17]ことができる。

4　協議が整わない場合の手続き

遺産の分割について、共同相続人間で協議の合意ができない場合、共同相続人はその遺産の全部または一部の分割を家庭裁判所に請求することができる。

図表3-1-11　協議が整わない場合の手続きの流れ

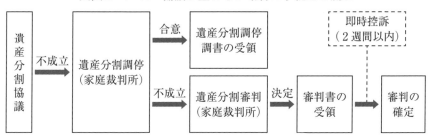

家庭裁判所の遺産分割手続には、遺産分割調停と遺産分割審判がある。

(1)　遺産分割調停

遺産分割調停は、一般的に遺産分割審判に先立って行われ、遺産分割の当事者は調停委員会（裁判所の組織。裁判官と調停委員2名で構成）を介して話し合いを進めることになるが、必ずしも調停で合意がなされる保証はない。合意に至った場合は、調停調書が作成され、遺産の分割が行われることになるが、合意に至らなかった場合は、遺産分割審判に自動的に進むことになる。

---

[17]　修正申告は、初めに申告した税額よりも実際の分割に基づく税額が多い場合にする手続きであり、更正の請求は、初めに申告した税額よりも実際の分割に基づく税額が少ない場合にする手続きである。

(2)　遺産分割審判

　遺産分割審判は、裁判官が、当事者が作成した財産目録や根拠資料等を基に、遺産分割方法を決定する手続きであり、法定相続分に従って遺産を分割することが多い。

　審判の内容に不服がある場合は、審判の告知を受けた日の翌日から起算して2週間以内であれば高等裁判所へ即時抗告をすることができる。なお、2週間以内に即時抗告をしない場合や即時抗告が認められなかった場合は、審判が確定することとなる。

例題 3-1-2

　正しいものに○、誤っているものに×を付けその理由を説明しなさい。

1　遺産分割協議の説明として適切なものはどれか。
①　相続人全員の合意が必要である。
②　相続人に未成年者がいる場合、その親が代理人として協議に参加する。
③　最終的に相続人全員の合意が得られない場合には、多数決で決定する。
④　遺産分割協議が一度決定した後は、再度協議することはできない。

2　遺産分割の説明として適切なものはどれか。
①　遺言がある場合、遺言に指定された方法によって分割し変更はできない。
②　遺言がない場合には法定相続割合で分割することを原則とする。
③　協議で分割が定まらないときは裁判所の手続きで分割することになる。
④　審判で合意に至らなかった場合は、自動的に調停に進むことになる。

解答・解説

1

① ○　問題文の通り。

② ×　一般的に親は未成年者（子供）と共同相続人になり、互いに利益が相反するため、特別代理人を選任することが考えられる。

③ ×　①に同じ。

④ ×　相続人全員の合意がある場合や、当初の遺産分割に瑕疵があって協議そのものが無効である場合などにやり直すことができる。

2

① ×　相続人間の合意があれば、遺言内容と異なる分割ができる。

② ×　遺産の分割割合は、相続人間の協議で決めることができる。

③ ○　問題文の通り。

④ ×　調停で合意に至らなかった場合は、自動的に審判に進むことになる。

第3節　遺言

【1】　遺言の意義

1　遺言でできること

⑴　遺言の仕組みと効果等

①　遺言の意義

　遺言とは、被相続人の最終の意思を尊重し、その最終の意思に一定の法律効果を与える制度である。例えば、遺言者が、法定相続人以外の者を選び、遺産を承継することも認められる。

　しかしながら、何でも遺言者の自由にできるとしたら、残された遺族が思わぬ不利益を被ることもあるだろう。そこで、民法は、遺言でできることに一定の制限を設け、遺言者の最終意思を尊重する一方で、遺族に対しては、法定相続分を基に算出される遺留分の制度により、最低限の権利保障を確保するなどの調整を図っている。

②　遺言でできること

　遺言でできること（法定遺言事項）は、次のように定められている。

図表3-1-12　法定遺言事項

1．相続に関する事項	2．財産処分に関する事項
相続人の廃除とその取消し	遺贈（包括遺贈・特定遺贈）
相続分の指定またはその委託	財団法人設立のための寄付行為
遺産分割方法の指定またはその委託	信託の設定
遺産分割の禁止	3．身分に関する事項
特別受益の持戻免除	子の認知
相続人相互の担保責任の指定	未成年後見人・未成年後見監督人の指定
遺留分侵害額負担方法の指定	4．遺言の執行に関する事項
配偶者居住権の設定	遺言執行者の指定またはその委託
	5．その他
	祭祀主宰者の指定
	保険金受取人の指定または変更

法定遺言事項に関する用語の整理

用語	内容
相続分の指定	例えば、「妻Aは3分の2、子Bは3分の1」というように割合を定める遺言の内容をいう。
遺産分割方法の指定	例えば、「妻Aには土地を、子Bには建物を」というように具体的に遺産の分割方法を定める遺言の内容をいう。
遺産分割の禁止	遺言によって、相続開始から5年を超えない期間での遺産分割を禁止することができる。
相続人の廃除とその取消し	遺言で廃除等の意思表示がなされた場合、遺言の効力発生後、遺言執行者は遅滞なく家庭裁判所に廃除等の申立てを行わなければならない。
相続人相互の担保責任の指定	遺産分割によって取得した財産に瑕疵がある場合には、相続分に応じて、各相続人が担保責任を負うが、この担保責任は、遺言によって変更することができる。

③　遺言の主な特徴

　遺言には、主に次のような特徴がある。

遺言の主な特徴

● 　遺言は、遺言者の死亡と同時に効力が生じる。
停止条件が付されている遺言を除き、遺言者の死亡により効力が生じる。

● 遺言自由の原則（遺留分の制約あり）
・遺言能力のある者は、いつでも自由に遺言することができ、自由に変更し、一部または全部を撤回することができる。 ・遺言者は、一定の範囲内で、遺産の処理について、自由に決定できる。
● 遺言は、相手方のいない単独行為である。
相手方の承諾がなくても、遺言者の一方的な意思表示のみで成立する。
● 共同遺言の禁止
複数の遺言者が同一の遺言書で行う遺言は、原則として無効となる。例えば、夫婦共同の遺言などは認められない。
● 遺言の代理は認められない。
代理人による遺言は、原則として認められない。
● 遺言に関し著しく不当な干渉行為（偽造、変造、破棄、隠匿等）をした相続人は、相続権を失う。
民法の欠格事由に該当する者は、相続権を失う（本章第1節【2】2(2)「欠格と廃除」を参照）。 （法定相続人や受遺者は、遺言無効確認訴訟を提起することができる）
● 内容が抵触する複数の遺言書は、作成日の新しいものが有効となる。
新しい日付の遺言の内容が優先される。

(2)　遺言の撤回

　遺言者は、いつでも、遺言の方式に従って、撤回の意思表示をすることで、その遺言の全部または一部を撤回することができる。

　撤回の意思表示がなくとも、前の遺言が後の遺言と抵触する（異なる）部分については、後の遺言で前の遺言を撤回したものとみなされる。

2　遺言者の要件

(1)　遺言能力

　遺言者は、遺言時に遺言能力を有していなければならない。遺言能力を有するとは、形式的には、次の2つを満たすことをいう。

遺言者の要件

● 遺言時に、満15歳以上であること。
● 遺言時に、意思能力（自己の行為の法的な結果を認識・判断することができる能力をいう）を有していること。

(2)　遺言能力の有無の判定

遺言者が、遺言時に遺言能力を有していなければ、その遺言の効力は無効である。遺言能力の有無は、画一的・形式的に判定されるものではなく、次のような要素を考慮して、実質的・個別的に判断される。

遺言能力の有無に関する判断要素

- 遺言時における遺言者の精神上の障害の存否、内容および程度。
- 遺言内容それ自体の複雑性。
- 遺言の動機や理由、遺言者と相続人または受遺者との人的関係、交流関係、遺言に至る経緯等。

(3)　未成年者・制限行為能力者の遺言の可否

未成年者や制限行為能力者（成年被後見人、被保佐人、被補助人をいう。第4章第5節「成年後見等」を参照のこと）であっても、遺言能力があれば、遺言は可能である。

未成年者・制限行為能力者の遺言の可否（遺言時に遺言能力を有する場合）

	左記の定義	遺言の可否
未成年者	18歳に満たない者	単独で遺言可（満15歳以上）
成年被後見人	判断能力を欠く常況にあり、成年後見人が付された者。	遺言可（医師二人以上の立会いなどを要する）
被保佐人	判断能力が著しく不十分であり、保佐人が付された者。	単独で遺言可
被補助人	判断能力が不十分であり、補助人が付されている者。	単独で遺言可

3　特定財産承継遺言（「相続させる」旨の遺言）

(1)　特定財産承継遺言と遺贈の違い

例えば、「妻に全財産を相続させる」というように、特定の遺産を特定の相続人に「相続させる」旨の遺言を**特定財産承継遺言**[18]という。

特定財産承継遺言（「相続させる」旨の遺言）の法的性質は、原則として、遺産分割方法の指定（相続）であり、遺贈とは異なる。遺言書に「相続させる」と記載される場合と「遺贈する」と記載される場合の相違点は、主に以下のよ

---

[18] 「相続させる」旨の遺言は、2019年7月1日施行の民法改正により「特定財産承継遺言」と呼ばれることになった。

うな点である。

「相続させる」旨の遺言と遺贈の主な相違点

	「相続させる」と記載	「遺贈する」と記載
法的性質	遺産分割方法の指定	遺贈
所有権の移転時期	遺言者の死亡と同時に移転	
対象者（相手）	相続人限定	相続人以外も可
放棄の可否	相続そのものを放棄しない限りできない。	放棄できる。
登記申請手続	受遺者である相続人（または遺言執行者）による単独申請。	現在、受遺者と相続人全員（または遺言執行者）との共同申請。
登記の登録免許税	不動産の評価額の1,000分の4	不動産の評価額の1,000分の20（相続人に対する遺贈の場合1,000分の4）
権利の承継を第三者に対抗（主張）する要件	法定相続分を超えて相続する部分は、登記・登録等がなければ第三者に対抗不可。	登記・登録等が必要。

　遺言によって、特定の財産を特定の相続人に与えようとする場合、登記手続が簡便である点や下表のような点について、特定財産承継遺言に実務上の利点があるため、遺言作成実務上、特定財産承継遺言が多用される。

　ただし、相続人以外に遺産を与える際に遺言書に「相続させる」と記載しても、それは「遺贈」であり、特定財産承継遺言のような効力はない。

特定財産承継遺言にする利点（遺言の目的となる財産別）

目的財産	特定財産承継遺言にする利点
農地	農地法（農業委員会または都道府県知事）の許可が不要[19]
借地権・賃借権	賃貸人（所有者）の承諾が不要
債権	相続による債権の承継を債務者に主張するには、相続人全員からではなく、受益相続人のみが債務者に通知すれば足りる。

---

[19]　なお、特定遺贈の場合は、農地法の許可が必要となるが、包括遺贈の場合は不要。

(2)　遺贈

①　遺贈の主な特徴

● 遺贈は、遺言者が自由に行うことができるが、遺留分の制約を受ける。
● 遺贈は遺言による単独行為であり、遺言者の死亡時に効力が生じる。
● 相続人に限らず、相続人以外の第三者および法人も受遺者になり得る。
● 受遺者は、遺言者の死亡後、その遺贈を放棄することができる。
● 遺言者の死亡以前に受遺者が死亡した場合、その遺贈は効力を失う。
● 遺言者の死亡以前に受遺者が死亡した場合、受遺者の相続人はその地位を承継しない（代襲相続に似た制度なし）。

②　遺贈の種類

　遺言者は、包括または特定の名義で、財産の全部または一部を処分できる。この法定遺言事項（財産処分に関する事項）を示す条文のとおり、遺贈には、包括遺贈と特定遺贈がある。

　包括遺贈とは、財産を特定せずに、遺産に対する割合を示して行われる遺贈をいう。包括遺贈には、主に次のような特徴がある。

包括遺贈の主な特徴

● 包括遺贈を受けた受遺者（包括受遺者）は、相続人と同じ権利義務を有する。遺産に債務（消極財産）を含む場合、包括受遺者は、取得した財産（積極財産）の割合で、債務も承継する。
● 包括遺贈の放棄・限定承認は、3か月以内に家庭裁判所への申述を要する。

　一方、**特定遺贈**とは、例えば、「下記の土地を遺贈する[20]」というように、財産を特定して行われる遺贈をいう。特定遺贈には主に次の特徴がある。

特定遺贈の主な特徴

● 特定遺贈の受遺者（特定受遺者）は、特定の財産（積極財産）を取得する（遺言に指定が無い限り、原則として遺言者の債務（消極財産）は承継しない）。
● 特定遺贈の受遺者は、遺言者の死亡後いつでも放棄することができる。

③　遺贈することができないもの

　民法上、相続財産（遺産）には、積極財産（物・権利）のみではなく、消極

---

[20]　土地の場合、所在、地番、地目、および地積を遺言書に記載する。

財産（債務）も含まれる。遺言者個人に帰属する財産のうち、譲渡可能な積極財産は遺贈することができる。一方で、譲渡ができない財産、法令上、譲渡が禁止されている財産、遺言者に帰属しない財産、および債務は、原則として遺贈することができない。

【2】　遺言の種類

1　遺言の種類と長所および短所

⑴　遺言の種類と作成方法

　民法に定める遺言の方式は、普通方式と特別方式がある。

遺言の方式

普通方式	特別方式
自筆証書遺言 公正証書遺言 秘密証書遺言	危急時遺言 伝染病隔離者の遺言 在船者の遺言 船舶遭難者の遺言

　特別方式は例外的に認められる遺言の方式であり、普通方式の遺言が一般的である。遺言は、民法に定める方式に従わなければ、有効なものとして成立しない。

主な遺言の作成方法

種類	主な作成方法	場所	証人
自筆証書遺言	本人が、全文(※1)・日付・氏名を自書し、これに押印（認印可）する。	任意	不要
公正証書遺言	本人が、公証人と証人2名の前で、遺言の内容を口述し公証人がこれを筆記して遺言者および証人2名に読み聞かせる（または閲覧させる）。	公証役場 (※2)	2名以上 (※3)

（※1）　別紙として添付する財産目録の部分はパソコン等での作成が可能。また、法務大臣の指定する法務局（遺言書保管所）に遺言書の保管を申請することができる。
（※2）　本人が公証役場に出向くことができない場合は、公証人に自宅や病院等に出張してもらうことが可能。
（※3）　次の者は証人になることができない。①未成年者、②推定相続人および受遺者ならびにこれらの配偶者および直系血族、③公証人の配偶者、四親等内の親族、書記および使用人

⑵　遺言書を発見した場合

①　遺言書の検認

　遺言書を発見した相続人（または遺言書の保管者）は、公正証書遺言および自筆証書遺言書保管制度（次項参照）を利用した場合を除き、家庭裁判所に遺言書を提出して、**検認**を受けなければならない)。

　検認とは、家庭裁判所で遺言書の状態を確認する手続である。相続人に対して遺言の存在および内容を知らせるとともに、遺言書の内容を明確にして、検認後の偽造・変造を防止するために行う。

　なお、封印のある遺言書[21]は、家庭裁判所において、出席した相続人またはその代理人の立会いがなければ、開封することができないとされている。

②　検認をしないで開封した場合

　検認を経ないで遺言を執行し、または家庭裁判所外にて開封した場合であっても、遺言の効力（有効・無効）に影響はないが、5万円以下の過料に処されるおそれがある。遺言書を封印するか否かは、遺言者の自由であるが、遺言書の偽造・変造の防止等の観点から、封印すると安全である。封筒の裏面に、「開封厳禁」「家庭裁判所の検認を要する」旨などの記載を入れておくと良いだろう。

図表3-1-13　遺言書の検認の要否

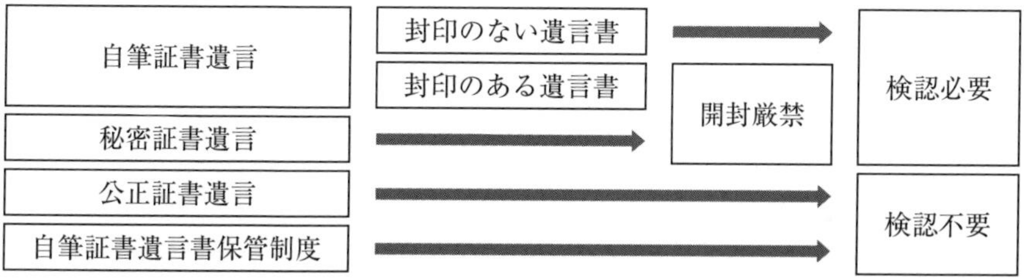

自筆証書遺言	封印のない遺言書		検認必要
	封印のある遺言書	開封厳禁	
秘密証書遺言			
公正証書遺言			検認不要
自筆証書遺言書保管制度			

⑶　遺言撤回の方法

　遺言の撤回については、原則として、民法に定められた遺言の方式に従ってなされる必要はあるが、先に作成した遺言の方式と同じ方式である必要はない。例えば、公正証書遺言を作成した後に、自筆証書遺言で撤回してもよい。

---

[21]　公正証書遺言および自筆証書遺言書保管制度を利用した場合を除く。

⑷　主な遺言の長所および短所

種類	自筆証書遺言	公正証書遺言
長所	・作成が容易 ・証人不要 ・手数料なし ・遺言の存在および内容等を秘密にすることができる。 ・自筆証書遺言書保管制度を利用する場合は、検認不要。	・公証人が作成するため、方式の不備のために、遺言が無効となることがほとんどない。 ・原本が公証役場に保管されるため、遺言書の紛失・偽造・変造等のおそれがない。 ・自書ができなくても、遺言書を作成することができる。 ・検認不要
短所	・自筆証書遺言書保管制度を利用しない場合は、検認が必要。 ・遺言書の紛失、偽造・変造などのおそれがある。 ・方式や内容の不備が生じるおそれがある。	・手続が煩雑。証人が必要。目的物の価額に応じて、手数料がかかる。 ・遺言の存在および内容等が証人等に知られてしまう。

2　自筆証書遺言および自筆証書遺言書保管制度

⑴　自筆証書遺言に係る遺言書の作成上の留意点

　作成上の主な留意点は、次のとおりである。

自筆証書遺言に係る遺言書の作成上の主な留意点

	主な留意点
全文	● 自筆により作成することが求められる（代筆は認められない）。 ● 別紙として添付する財産目録の部分を除き、パソコン・ワープロ等を用いて作成することは認められない。 ● 他人の添え手による補助は原則として無効。
日付	● 令和○年○月○日というように、年、月、日を明確に記載すべきである。 ● 令和○年○月○吉日という記載は認められない。
氏名	● 戸籍上の氏名を正確に記載することが望ましい。 （氏のみ、名のみ、通称、雅号、ペンネーム、芸名、屋号なども、それによって遺言者と同一性があると示されていれば、有効であると解されている）
押印	● 実印を使用するのが望ましい（認印でも形式的に問題はない。押印の代わりに、指印も認められている）。

⑵　自筆証書遺言の財産目録

　自筆証書遺言に係る遺言書に財産目録を別紙として添付する場合、その財産目録については、自書しなくてもよいこととされ、パソコン・ワープロ等や代

筆での作成が認められている。

　ただし、自書によらない財産目録を添付した場合は、その財産目録の各頁に遺言者本人が署名押印しなければならない。

(3)　自筆証書遺言書保管制度

①　制度趣旨

　自筆証書遺言は、遺言者本人のみで手軽に作成することができるが、遺言書は自宅で保管されることが多いため、遺言書の紛失や一部の相続人等により破棄、隠匿、変造される等のおそれがある。これらの問題を解消するために、遺言書保管所（法務局）で遺言書を保管する制度が設けられた。

②　自筆証書遺言書保管制度を利用するメリット

　自筆証書遺言書保管制度を利用するメリットは、主に次のとおりである。

自筆証書遺言書保管制度を利用する主なメリット

● 遺言書の保管申請時に、遺言書保管官による外形的なチェックを受けることができる。ただし、遺言の有効性を保証するものではない。
● 遺言書は、原本のほか、スキャナで読み取った画像データについても遺言書保管所に保管される。そのため、遺言書の紛失や一部の相続人等による遺言書の破棄、隠匿、変造等を防ぐことができる。
● 家庭裁判所の検認が不要。
● 相続開始後、相続人等は、全国どこの遺言書保管所でも、画像データによる遺言書の閲覧や遺言書情報証明書の交付を受けることができる。
● 相続人等が、遺言書の閲覧や、遺言書情報証明書を受けた場合は、その他の相続人全員に対し、遺言書が保管されている旨の通知が届く。
● 事前に希望すれば、遺言者の死亡の事実が確認できた時に、相続人等の閲覧等を待たずに、対象者1名に対して、遺言書が保管されている旨の通知が届くよう設定することができる。

③　相続人等の手続き

　遺言者は、遺言書保管所に対し、遺言書の閲覧の請求をすることができる。ただし、遺言者の生前に、遺言者本人以外が閲覧することはできない。

　遺言者の死亡後であれば、相続人等は主に次のことができるようになる。

相続人等が主にできること（遺言者の死亡後）

● 遺言書保管事実証明書の交付の請求
● 遺言書情報証明書（遺言書の画像情報の印刷）の交付の請求
● 遺言書の閲覧（原本の閲覧／モニターによる閲覧）の請求

【3】　遺言執行者

1　相続発生後の手続き

　相続手続きのスケジュールは主に次のようになる。**遺言執行者**は、財産目録の作成や、遺言の執行手続き（相続財産の換価換金、名義変更等相続人等への財産の引渡し）を行う。

図表3-1-14　相続手続きの流れ

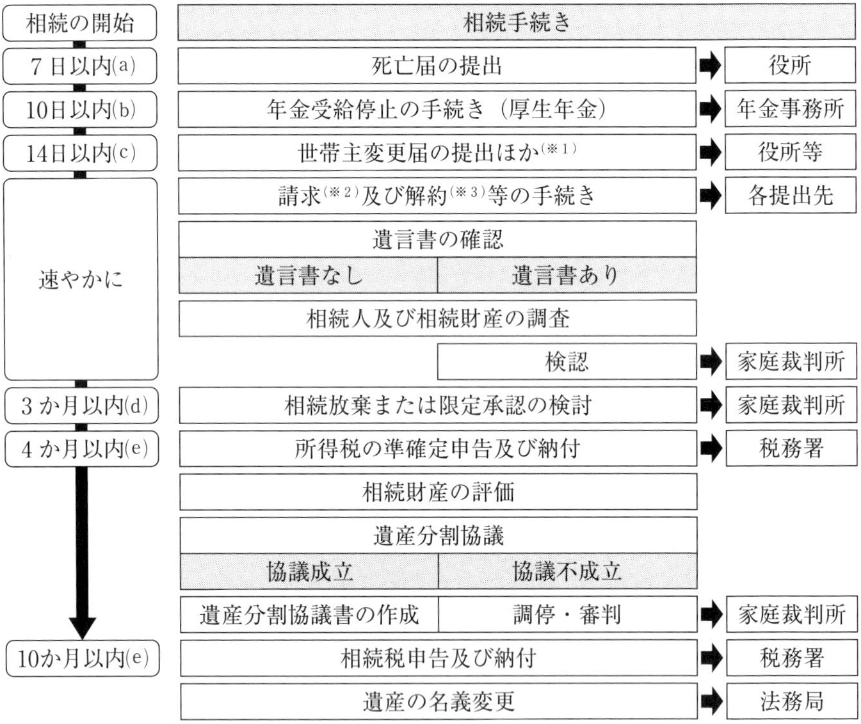

相続の開始	相続手続き	
7日以内(a)	死亡届の提出	➡ 役所
10日以内(b)	年金受給停止の手続き（厚生年金）	➡ 年金事務所
14日以内(c)	世帯主変更届の提出ほか(※1)	➡ 役所等
	請求(※2)及び解約(※3)等の手続き	➡ 各提出先
速やかに	遺言書の確認	
	遺言書なし ／ 遺言書あり	
	相続人及び相続財産の調査	
	検認	➡ 家庭裁判所
3か月以内(d)	相続放棄または限定承認の検討	➡ 家庭裁判所
4か月以内(e)	所得税の準確定申告及び納付	➡ 税務署
	相続財産の評価	
	遺産分割協議	
	協議成立 ／ 協議不成立	
	遺産分割協議書の作成 ／ 調停・審判	➡ 家庭裁判所
10か月以内(e)	相続税申告及び納付	➡ 税務署
	遺産の名義変更	➡ 法務局

（※1）　国民年金の受給停止手続、国民健康保険・介護保険の資格喪失届の提出
（※2）　葬祭費・埋葬料、高額医療費、遺族年金、生命保険金、死亡退職金等の請求
（※3）　国民健康保険証の返却、公共料金等の解約
(a)　死亡の事実を知った日から7日以内　　　(b)　死亡した日から10日以内
(c)　死亡した日から14日以内
(d)　自己のために相続の開始があったことを知った時から3か月以内
(e)　相続の開始があったことを知った日の翌日から起算

2　遺言執行者の主な特徴

法的地位と権利義務	遺言執行者は、「遺言の内容を実現するため」に、相続財産の管理その他遺言の執行に必要な一切の行為をする権利義務を有する。
選任方法	遺言による指定、または利害関係人（相続人、遺言者の債権者、受遺者等）の申立てにより、家庭裁判所が選任する。
欠格事由	未成年者および破産者は遺言執行者になることができない。
辞任	遺言執行者は、正当な事由があるときは、家庭裁判所の許可を得て、その任務を辞することができる。
行為の効果	遺言執行者がその権限内において遺言執行者であることを示して行った行為は、相続人に対して直接にその効力を生ずる。
相続人による妨害行為の禁止	遺言執行者がいる場合、相続財産の処分その他遺言の執行を妨げる相続人の行為は、原則として無効[22]となる。

3　遺言信託

(1)　遺言信託とは

　信託銀行等が行う「遺言信託」とは、遺言書作成、遺言書の保管、遺言執行等をパッケージ化したサービスのことをいう。

遺言信託の概要

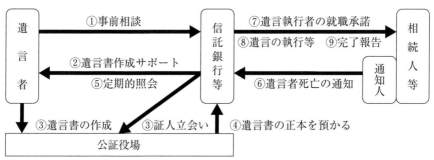

(2)　遺言信託のメリット・デメリット

　「遺言信託」サービスには、次のようなメリット・デメリットがある。

---

[22] 遺言執行者がいるにもかかわらず、相続人が遺言の内容に反した処分行為をした場合、その行為は無効となるが、財産の管理処分権限が遺言執行者にあることを知らなかった善意の第三者に対し、無効を主張することはできない。

遺言信託の主なメリット・デメリット

メリット	デメリット
・遺言に関する事前相談・遺言書の文案作成等のサポートを受けられる。	・信託銀行は、法的紛争がある事例や法的紛争が生じる蓋然性の高い事例は取り扱わない。
・公正証書遺言の作成の際に、信託銀行等の職員に証人として立会ってもらえる。	・紛争にならないことが優先されるため、遺言者の意向に必ずしも添えるわけではない。
・遺言執行者が遺言者本人より先に死亡することがない。	・手数料[23]が、長期に亘るサービスのため高くなることがある。
・遺言内容に変更がないか等、定期的に照会してもらえる。	・「財産に関する遺言の執行」以外の遺言執行はしてもらえない。
・公正証書遺言の正本または謄本を信託銀行等に保管してもらえる。	・公正証書遺言以外の方式の遺言は基本的に取り扱ってもらえない。

例題 3-1-3

正しいものに○、誤っているものに×を付けその理由を説明しなさい。

1　遺言者の要件
① 15歳になったので法定代理人の同意なく遺言を作成した。
② 意思能力が低下してきた場合、遺言は絶対に作成できない。
③ 公証役場では本人の意思確認等厳格な手続きで遺言が作成される。
④ 特定の者の脅迫等により作成された遺言は、裁判上の手続きを経て無効となることがある。

2　自筆証書遺言
① パソコンで全文作成した。
② 日付を吉日と記載した。
③ 自筆証書遺言書保管制度を利用しても、検認手続きは必要。
④ 認印で押印した。

---

[23] 当初手数料、遺言書保管料、遺言執行報酬、最低手数料等が設定されていることが多く、遺言執行報酬については、遺産総額に応じて段階的に料率が定められている。

解答・解説

1

① ○　問題文の通り。

② ×　意思能力（≒判断能力）がない状況であれば別だが、意思能力が低下したからといって、直ちに遺言ができなくなるわけではない。

③ ○　問題文の通り。

④ ○　問題文の通り。

2

① ×　本文は自書しなければならない。

② ×　自筆遺言証書の日付として「吉日」と記載された証書は、日付の記載を欠くものとして無効である。

③ ×　自筆証書遺言書保管制度を利用した場合、検認手続きは不要となる。

④ ○　問題文の通り。

本章のまとめ

●財産の移転方法（相続、遺贈、贈与など）について、それらの特徴を理解しておくことが重要である。

●現代社会においては、多種多様な夫婦関係（法律婚や事実婚）や親子関係（実子や養子）が存在しており、相続人を確定することは難しい。豊富な知識を有している専門家を活用しながら手続き進めることも有効である。

●相続税の課税財産は、民法上の相続財産よりも範囲が広い。民法上の相続財産ではないが、相続税法上は相続財産とみなし相続財産があることを理解することが重要である。

●遺留分は、兄弟姉妹を除く一定の相続人に認められており、生前贈与や遺言によっても遺留分を侵害できない。遺留分を侵害された相続人は、遺留分侵害額請求をすることができるが、遺留分侵害額請求には消滅時効があることを押さえておきたい。

●被相続人が遺言書を残しているときは、遺言書に従って分割することにな

るが、一定の場合を除き、相続人全員の合意があれば、遺言書の内容以外の方法で分割することができるため、相続人全員の納得がいくような遺産分割方法を話し合いで決めることも可能である。

●相続財産の規模や種類、相続人の人数などで、必要な相続手続きや煩雑さ、時間的な制約が異なるため、全体のスケジュールを把握しておくことが重要である。

●相続人間で遺産分割がまとまらず、遺産分割調停や遺産分割審判の手続きに進むことも珍しくない。遺言書の作成など事前に対策を検討し、調停や審判に進むことを回避することが重要である。

●特定財産承継遺言（相続させる旨の遺言）と遺贈は、文言の違いによって、不動産の登記手続上、大きな違いが生じる。

●普通方式の遺言には、主に自筆証書遺言、公正証書遺言がある。それぞれの長所と短所を理解し、遺言者の常況などに適する遺言の種類を選択することが重要である。

●自筆証書遺言書は手軽に作成することができるが、遺言書の紛失、相続人等による遺言書の破棄、隠匿、変造等の問題が生じていた。それらの問題を解消するために自筆証書遺言書保管制度が施行されたので、制度内容を十分に理解しておきたい。

●遺言執行者は法的地位と権限をもち、円滑な遺言執行が行われることが期待されている。相続手続きのスケジュールを理解し、遺言執行者の権限や任務の内容を押さえておきたい。

第 2 章　相続の税務

第 1 節　相続税の概要

【1】　相続税額の計算

1　相続税の計算手順

(1)　相続税計算の流れ

　納付すべき相続税額の計算手順は、次の 4 つに区分される。

図表3-2-1　相続税の計算手順

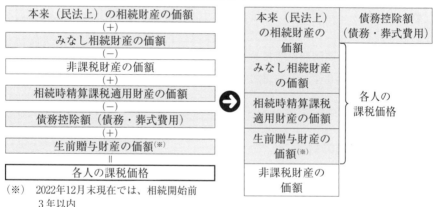

①　第一段階　各人の課税価格の計算

課税価格とは、相続または遺贈により取得した財産の価額の合計額をいう。

第一段階では、相続、遺贈（死因贈与含む。）、相続時精算課税制度に係る贈与などにより財産を取得した人ごとに各人の課税価格を次のように計算する。

図表3-2-2　各相続人等の相続税の課税価格

本来（民法上）の相続財産の価額
（＋）
みなし相続財産の価額
（－）
非課税財産の価額
（＋）
相続時精算課税適用財産の価額
（－）
債務控除額（債務・葬式費用）
（＋）
生前贈与財産の価額（※）
＝
各人の課税価格

（※）　2022年12月末現在では、相続開始前 3年以内

本来（民法上）の相続財産の価額	債務控除額（債務・葬式費用）
みなし相続財産の価額	各人の課税価格
相続時精算課税適用財産の価額	
生前贈与財産の価額（※）	
非課税財産の価額	

②　第二段階　相続税の総額の計算

第二段階では、第一段階で求めた「各人の課税価格」を合計した「課税価格の合計額（正味の遺産総額）」から「遺産に係る基礎控除額」を控除した残額（**課税遺産総額**）を基に相続税の総額を計算する。

図表 3 - 2 - 3　　相続税の総額の計算

STEP 1	第一段階で求めた「各人の課税価格」を合計して「課税価格の合計額」を計算する。
STEP 2	STEP 1 で計算した「課税価格の合計額」から「遺産に係る基礎控除額」を差し引いて、「課税遺産総額」を計算する。 このとき、「課税価格の合計額」が「遺産に係る基礎控除額[※]」以下であれば、相続税額がないため、相続税の申告は基本的に不要となる。
STEP 3	STEP 2 で計算した「課税遺産総額」を、各法定相続人が民法に定める法定相続分[1]に従って取得したものと仮定[2]して、各法定相続人の取得金額（千円未満切捨）を計算する。
STEP 4	STEP 3 の法定相続人ごとの取得金額に税率を乗じて税額を計算し、これを合計して「相続税の総額」（百円未満切捨）を求める。

（※）　遺産に係る**基礎控除額**の計算式は次のとおりである。

遺産に係る基礎控除額＝30,000千円＋6,000千円×法定相続人の数

遺産にかかる基礎控除額を計算するときに用いる法定相続人数の留意点

●相続の放棄をした人がいる場合
基礎控除額を計算する場合の法定相続人の数は、相続の放棄をした人がいても、その放棄がなかったものとした場合の法定相続人の数をいう。

●法定相続人の中に養子がいる場合
①　被相続人に実子がいる場合 　　養子のうち 1 人までを法定相続人に含める。 ②　被相続人に実子がいない場合 　　養子のうち 2 人までを法定相続人に含める。

●実子として取り扱う場合
次の者については、被相続人の実子とみなすため、すべて法定相続人の数に含まれる。 ①　特別養子縁組により被相続人の養子となった者 ②　配偶者の連れ子で被相続人の養子となった者 ③　被相続人の実子、養子または直系卑属が既に死亡しているか、相続権を失ったため、相続人となったそれらの者の直系卑属

　実際に、相続税の総額を計算するにあたっては、法定相続分に応ずる各法定相続人の取得金額（＝課税遺産総額×各法定相続人の法定相続分）を次の図表の相続税の速算表にあてはめて計算し、算出された金額が相続税の総額の基となる税額となる。

1　遺産にかかる基礎控除額を計算するときに用いる法定相続人の数に応じた相続分。

2　実際の遺産分割の状況により税負担に大幅な差異が生じることを防止する趣旨。

図表3-2-4　相続税の速算表と計算例

① **課税遺産総額**（遺産総額2億円、妻と子2人）
遺産総額2億円
－基礎控除額（3,000万円＋600万円×3人）
＝1億5,200万円
② **法定相続分に応ずる取得金額**
妻）課税遺産総額1億5,200万円×法定相続分1/2
　＝7,600万円
子）課税遺産総額1億5,200万円×法定相続分1/4
　＝3,800万円
子）課税遺産総額1億5,200万円×法定相続分1/4
　＝3,800万円
③ **相続税の総額**（相続税の速算表を用いる）
妻）7,600万円×30％－700万円＝1,580万円
子）3,800万円×20％－200万円＝560万円
子）3,800万円×20％－200万円＝560万円
1,580万円＋560万円＋560万円＝<u>2,700万円</u>

■相続税の速算表

法定相続分に応ずる取得金額	税率	控除額
1,000万円以下	10％	－
1,000万円超3,000万円以下	15％	50万円
3,000万円超5,000万円以下	20％	200万円
5,000万円超1億円以下	30％	700万円
1億円超2億円以下	40％	1,700万円
2億円超3億円以下	45％	2,700万円
3億円超6億円以下	50％	4,200万円
6億円超	55％	7,200万円

③　第三段階　各人の算出相続税額の計算

　第三段階では、相続税の総額を各相続人等が取得した財産の額（割合）に応じて配分し、各相続人等の算出相続税額を計算する。

各人の算出相続税額の計算

$$
相続税の総額 \times \frac{各人の課税価格}{課税価格の合計額} = 各人の算出相続税額
$$

④　第四段階　各人の納付すべき相続税額の計算

　第四段階では、各相続人等の算出相続税額から各種の税額控除額を差し引いて、各相続人等の納付すべき税額を計算する。

図表3-2-5　各人の納付すべき相続税額の計算

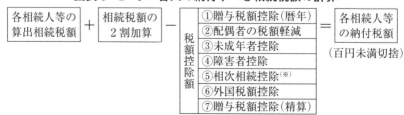

（※）　相続人が相続等により財産を取得した場合、当該相続（第二次相続）に係る被相続人が当該相続の開始前10年以内に開始した相続（第一次相続）により財産を取得しているときは、第一次相続において課せられた相続税のうち、一定額につき税額控除の適用がある。

　ただし、次の者以外の相続人等^(※)については、税額控除を差し引く前の相続税額にその相続税額の2割に相当する金額が加算される。

（※）　2割加算の対象外
・被相続人の1親等の血族
・第1順位（子）の代襲相続人
・被相続人の配偶者

（留意点）
・孫を養子にした場合は、2割加算の対象となる（代襲相続人である孫を除く）。
・相続放棄をした代襲相続人である孫が、遺贈により財産を取得した場合[3]は、2割加算の対象となる（第3章第2節5「生命保険契約」(5)②参照）。

⑤　相続税の申告期限までに遺産が未分割である場合の取扱い

　相続税の申告期限までに遺産が未分割である場合、未分割の財産を法定相続分に従って取得したものとして、課税価格を計算し、仮の申告をする。

　遺産が未分割の状態では、遺産を納税資金に充てることが基本的にできないうえに、次の制度の適用を受けることができない。

未分割の場合に適用を受けることができない制度	期限後適用の可否
小規模宅地等の特例	可・要件あり
配偶者の税額軽減	可・要件あり
非上場株式等・農地等についての納税猶予・免除制度	不可
物納	不可

⑥　相続税・贈与税の納税義務者の区分と課税財産の範囲

　相続税または贈与税の納税義務者は、原則として、相続または遺贈もしくは贈与により財産を取得した個人である。相続税および贈与税の納税義務者については、国籍、住所等の基準に応じて**無制限納税義務者**、**制限納税義務者**、**特定納税義務者**の3つに区分される[4]。

---

[3]　みなし相続（遺贈）財産である死亡保険金や死亡退職金を取得した場合も含まれる。
[4]　納税義務者等の詳細については国税庁タックスアンサーNo.4102「相続税がかかる場合」を参照。

相続税・贈与税の納税義務者の区分と課税財産の範囲

住所等による区分	相続税・贈与税の課税財産の範囲
（居住・非居住）無制限納税義務者	すべての取得財産（国内・国外両方）
制限納税義務者	国内財産のみ
特定納税義務者	相続時精算課税適用財産

(2) 債務控除

① 債務控除の概要

　相続税は、簡単にいうと、被相続人のプラスの財産からマイナスの財産である債務を控除した後の正味財産に対して課税される税金である。相続税の計算上、差し引くことができる債務は、原則として、相続開始の際に現に存するもの（準確定申告による所得税、未払いの固定資産税などを含む。ただし、非課税財産に関する債務（墓地の購入未払金等）は対象外）で、かつ、確実と認められるものに限られている。相続手続きに伴う費用（遺言執行費用、弁護士費用、税理士報酬）は**債務控除**の対象とならない。なお、葬儀・通夜費用（飲食代含む）や戒名料・お布施などは、被相続人の債務ではないが、被相続人の死亡に伴い必然的に発生するものであるため、控除が認められている（法会費用や香典返しなどは債務控除の対象とならない）。

② 適用対象者

　被相続人の相続人または包括受遺者は、債務控除の適用を受けることができる。一方で、相続を放棄した者および相続権を失った者については、債務控除の適用はない。

図表3-2-6　適用対象者および債務控除の可否

承継方法	承継者
相続	相続人
包括遺贈	包括受遺者
特定遺贈	相続人
	相続人以外

○：控除可　×：控除不可

相続人・包括受遺者	放棄者失権者	債務	×
		葬式費用	
	上記以外	債務	○
		葬式費用	

（前提：無制限納税義務者）

　なお、特定遺贈のみによって財産を取得した相続人以外の者が、被相続人の債務および葬式費用を負担した場合においても、債務控除の適用を受けること

はできない。

2　課税財産とみなし相続財産

(1)　課税財産

相続税法では、相続または遺贈[5]により取得した財産の全部に対し、相続税を課す旨を規定している。

ここでいう「財産」とは、金銭に見積もることができる経済的価値のあるすべてのものをいう。

(2)　みなし相続財産

民法上の相続財産には該当しないが、相続税法により相続または遺贈により取得したとみなし、相続税の対象となるもの。

①　生命保険金等

被相続人の死亡により支払われた生命保険金等（生命保険契約の保険金または損害保険契約の保険金）で、その保険料の全部または一部を被相続人が負担していた場合には、相続財産とみなされ、相続税の課税対象となる。

生命保険金等の評価

課税要件	●被相続人の死亡により生命保険金等を取得した場合（被保険者＝被相続人） ●保険料負担者＝被相続人（全部または一部を負担）
課税対象者	保険金受取人
課税金額	保険金の額[※] × $\dfrac{被相続人が負担した保険料の金額}{相続開始時までの払込保険料の全額}$

（※）　保険金とともに支払われた剰余金、割戻金、前納保険料を含む。

②　退職手当金等

被相続人の死亡によって、被相続人に支給されるべきであった退職手当金等で、被相続人の死亡後3年以内に支給が確定したものは、相続財産とみなされ、相続税の課税対象となる。

---

[5]　前頁相続または遺贈の意義は民法の規定に従うところではあるが、相続税法では、当該遺贈には死因贈与を含むと規定している。

退職手当金等の評価

課税要件	被相続人の死亡により退職手当金、功労金等（実質上退職手当金として支給される金品）の支給を受けた場合
課税対象者	退職手当金等の支給を受けた者^(※)
課税金額	退職手当金等の額

（※）　退職給与規程等により支給を受ける者が具体的に定められていない場合には、各相続人が被相続人の退職手当金等を各人均等に取得したものとして扱う。

　なお、被相続人の死亡により相続人等が受け取る弔慰金等で、実質上役員退職金等に該当すると認められないものについては、通常相続税の対象ではないが、次の金額を超える部分については、相続税の課税対象となる。

課税されない弔慰金等の金額

業務上の死亡の場合	賞与以外の普通給与（月額）×36カ月（3年分）
業務上の死亡でない場合	賞与以外の普通給与（月額）×6か月（半年分）

(3)　非課税財産

　生命保険金や退職手当金の一定金額、墓所などの財産は、相続税の課税価格に算入しない。

①　生命保険金等の非課税金額

　被相続人を被保険者とする死亡保険金については、次のとおり、一定の金額が非課税とされる。なお、相続人以外の者が支給を受けた場合には、非課税の適用はない。

生命保険金等の非課税金額

対象者	相続人のみ（相続を放棄した者および相続権を失った者は除く）
非課税限度額	500万円×法定相続人の数^(※) （※）　遺産にかかる基礎控除額を計算する時に用いる法定相続人の数と同じ扱いとなる。
非課税金額	①　相続人の取得した生命保険金等の合計額が非課税限度額以下 　　その相続人の取得した生命保険金等の金額 ②　相続人の取得した生命保険金等の合計額が非課税限度額超 　　生命保険金等の非課税限度額 × その相続人の取得した生命保険金等の金額／相続人の取得した生命保険金等の合計額

②　退職手当金等の非課税金額

　相続人が取得した被相続人の退職手当金等のうち、被相続人の死亡後 3 年以内に支給が確定したものについても、一定の金額が非課税とされる。

退職手当金等の非課税金額

対象者	相続人のみ（相続を放棄した者および相続権を失った者は除く）
非課税限度額	500万円×法定相続人の数[※] （※）　遺産にかかる基礎控除額を計算する時に用いる法定相続人の数と同じ扱いとなる。
非課税金額	①　相続人の取得した退職手当金等の合計額が非課税限度額以下 　　その相続人の取得した退職手当金等の金額 ②　相続人の取得した退職手当金等の合計額が非課税限度額超 退職手当金等の非課税限度額 × その相続人の取得した退職手当金等の金額／相続人の取得した退職手当金等の合計額

⑷　名義財産

①　名義財産とは

　名義財産とは、一般に、被相続人に帰属する財産であるにもかかわらず、被相続人以外の名義になっている財産のことをいう。例えば、名義財産には、次のようなものがあるが、ここでは、名義預金を中心に説明する。

名義財産の例

●他人名義（家族名義を含む）で所有する預貯金等
●財産の取得後に、名義書換をしていない株式等
●財産の取得後に、その取得に係る登記をしていない不動産等
●契約者と保険料負担者が異なる保険契約等

②　税務調査で特に問題となる名義預金

　国税庁によると、申告漏れ相続財産のうち現金・預貯金等の占める割合は、全体の33.1％[6]にも及ぶ。税務調査において、特に申告漏れの指摘を受けることが多い財産が名義預金である。名義預金とは被相続人の名義ではないものの、被相続の財産とみなされる預金のことをいう。

---

[6]　国税庁「令和元事務年度における相続税の調査等の状況」（2020年12月）p. 6

③　相続税の課税対象と名義財産の帰属

　財産の名義人と実質の所有者が一致しているのが通常であるが、単に名義の
みで形式的に財産の帰属が決まるわけではない。名義にかかわらず、<u>実質的
に</u>[7]被相続人に帰属する財産（相続財産）であれば、相続税の課税対象となる。
なお、相続税の申告後に、税務調査を受けて名義財産が指摘されると、名義財
産の金額に係る相続税本税に加えて、延滞税や加算税（過少申告加算税または
重加算税）が賦課されることに留意が必要である。

④　名義預金の判定

　預金口座の名義が被相続人以外である場合、その預金（例えば、相続人名義
の預金）が名義預金に該当するか否かの判定は、課税実務上、次のような手順
で行われる。

図表3-2-7　名義預金の判定手順

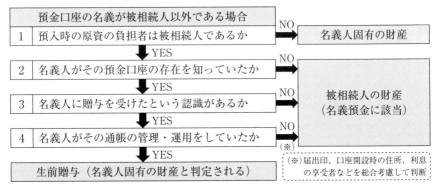

⑤　贈与の事実認定

　贈与の事実認定については、原則として、課税庁側に立証責任があるため、
相続開始前に被相続人から贈与を受けた相続人等は、贈与の事実を示す証拠を
保管しておくことが肝要になる。

　前述したとおり、贈与は諾成契約であるため、あげる側（贈与者）ともらう
側（受贈者）双方の合意によって成立する。例えば、親に贈与の意思があった
としても、子に受贈の意思がなければ、当該贈与は成立しない。贈与が成立し
ていなければ、親がいかなる証拠（贈与契約書や贈与税の申告書等）を残した
としても、それは実態の伴わない形式的文書に過ぎない。つまり、贈与の成立

7　課税処分は、原則として、実体法上の権利関係に基づいてされるべきものであり（所
　　得税法第12条参照）、この実質課税の原則は、相続税法にも適用すると解される。

を前提として、その証拠を残すことが必要となる。

生前贈与の証拠を残す対策例

● 受贈者が贈与の事実（いつ贈与を受けたか）を認識する。 　双方の合意がなければ、贈与は成立しないことを理解しておく。
● 贈与契約書を作成する。 ・贈与者および受贈者本人が自署し、別々の印鑑（認印可）で捺印する。 ・公証役場にて確定日付を付す。
● 贈与の履行の記録（預金の移動履歴）を残す。 ・贈与者の預金口座を通じて、既存の受贈者の預金口座に振り込む。 ・贈与契約書に記載されている日付に振込をする。 ・金融機関が発行する振込証明書を契約書に添付して保管する。 ・振込先の預金口座開設時の届出印は、贈与者と別の印鑑を使用する。 ・振込先の預金口座開設時の届出住所は、受贈者の住所を記載する。
● 贈与税の申告をする。 ・年間110万円を超える贈与については、受贈者が贈与税の申告をする。 ・贈与税の申告書の控えは、受贈者が保管する。
● 通帳等は受贈者が管理する。 ・通帳、キャッシュカード、印章（届出印）等の管理は、受贈者が行う。

3　税額控除等

(1)　相続税の税額控除[8]

相続税の税額控除は、次の順序で適用する。

図表 3 - 2 - 8　　相続税の税額控除の適用順序

税額控除	①贈与税額控除（暦年課税分）	【STEP 1】①から⑥の順で控除する。
	②配偶者の税額軽減	控除後の相続税額がゼロまたはマイナスになった場合には、後順位の税額控除を差し引くことなく、その者の納付すべき相続税額はないものとされる（相続税額から控除しきれない金額があっても還付を受けることはできない）。
	③未成年者控除	
	④障害者控除	
	⑤相次相続控除	
	⑥外国税額控除	
	⑦贈与税額控除（相続時精算課税分）	【STEP 2】最後に⑦を控除する。

⑦の相続時精算課税の贈与税額を、相続税額から控除しきれない場合（税額がマイナスとなる場合）には、還付を受けることができる。

---

[8]　各種税額控除の詳細は国税庁タックスアンサー「相続税の計算と税額控除」を参照。

⑵　贈与税額控除（暦年課税分）

相続開始前3年以内に被相続人から贈与を受けた財産の価額を相続税の課税価格に加算する場合、当該贈与財産については、贈与税と相続税が二重に課税されることになってしまう。二重課税防止の観点から、その贈与税額（本税のみ）[9]を相続税額から控除することができる。

⑶　配偶者の税額軽減

被相続人の配偶者が相続または遺贈[10]により財産を取得した場合、配偶者の納付すべき相続税額については、次の算式による税額軽減が行われる[11]。

①　配偶者の税額軽減額

相続税の総額 × $\dfrac{Ⓐ、Ⓑいずれか少ない金額}{相続税の課税価格の合計額}$

Ⓐ　相続税の課税価格の合計額×配偶者の法定相続分（1億6千万円と比較していずれか多い金額）

Ⓑ　配偶者に係る相続税の課税価格

被相続人の配偶者が相続または遺贈により取得した財産は、最低1億6千万円までは相続税が課税されない。1億6千万円を超える場合であったとしても、配偶者の法定相続分相当額以下であれば、相続税は課税されない。

なお、原則として配偶者の税額軽減は、被相続人の配偶者が、遺産分割や遺贈により実際に取得した財産に基づいて計算するため、相続税の申告期限までに未分割の財産については、適用対象外となる。

②　配偶者の税額軽減の有利判定

a　二次相続の相続税負担が重くなる要因

一般的に、二次相続の遺産の額が一次相続の際と同程度である場合には、主に次の要因により、一次相続よりも二次相続の税負担が重くなる。

---

[9] 相続開始年分に被相続人から贈与を受けた財産で、相続開始前3年以内の生前贈与加算の対象となるものについては贈与税が課税されない。この場合、相続税と贈与税の二重課税はないため、贈与税額控除の適用はない。

[10] 被相続人の配偶者が相続を放棄した場合であっても、遺贈により取得した財産があれば、配偶者の税額軽減の適用を受けることができる。

[11] 配偶者の税額軽減の適用を受ける場合には、一定の書類を添付して申告しなければ、適用を受けることができない。なお、宥恕規定（災害などのやむを得ない事情がある時に例外的な対応を認める規定）はある。

- 配偶者相続人がいないため、配偶者の税額軽減の適用がない。
- 法定相続人の数の減少により、基礎控除額が下がる。
- 法定相続人の数の減少により、死亡保険金や死亡退職金の非課税限度額が下がる。
- 法定相続人の数の減少により、相続税の按分割合が高くなるため、乗ずる率（超過累進税率）が高くなる。

b　二次相続の税負担を考慮した配偶者の税額軽減の有利判定

　配偶者の税額軽減（以下、本制度）は、たしかに節税効果の高い制度であるが、二次相続までを踏まえると、次の設例のように、本制度の適用を受けない方が有利になることがある。

（設例）配偶者の税額軽減の適用を受けると不利になる場合

一次相続　①被相続人：父　②相続人：母、子2人　③父の遺産：1億円

二次相続　①被相続人：母　②相続人：子2人　③母の遺産：母固有の財産1億円に一次相続取得分を加算した額とする。④一次相続から10年を超えた時点で二次相続が開始したと仮定する。

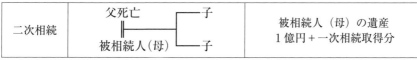

前提	・相続税額は、2022年4月1日現在法令等による。 ・税額控除等は、配偶者の税額軽減のみ考慮する。 ・子はそれぞれ均等に相続するものとして計算する。

127

（単位：円）

配偶者取得割合	一次相続		二次相続	一次と二次の税額合計
	配偶者の税額	子の税額	税額	
0%	0	6,300,000	7,700,000	14,000,000
10%	0	5,670,000	9,600,000	15,270,000
20%	0	5,040,000	11,600,000	16,640,000
30%	0	4,410,000	13,600,000	18,010,000
40%	0	3,780,000	15,600,000	19,380,000
50%	0	3,150,000	18,400,000	21,550,000
60%	0	2,520,000	21,400,000	23,920,000
70%	0	1,890,000	24,400,000	26,290,000
80%	0	1,260,000	27,400,000	28,660,000
90%	0	630,000	30,400,000	31,030,000
100%	0	0	33,400,000	33,400,000

　この設例では、一次相続において、被相続人の配偶者が相続財産をすべて取得した場合、配偶者の税額軽減により、相続税はかからないが、一次相続と二次相続の相続税の合計額をみると、最も相続税の負担が大きい。

　一方で、一次相続において、被相続人の配偶者が相続財産を全く取得しない場合は、一次相続における相続税の負担は最も大きいが、一次相続と二次相続の相続税の合計額をみると、最も相続税の負担が少ない。

　配偶者の税額軽減の有利・不利判定は、家族構成、配偶者固有の財産、小規模宅地等の特例等の影響を受けるため、実際に二次相続のシミュレーションをしたうえで、配偶者の取得割合を検討すると良いだろう。

【2】　財産評価の基礎
1　相続税法上の時価

　相続税法第22条では、「相続、遺贈または贈与により取得した財産の価額は、当該財産の取得の時における時価による」と定めている。ここでいう時価については、次のように財産評価基本通達（以下「評基通」という）に定められている。

財産評価基本通達における時価

	相続、遺贈又は贈与により財産を取得した時点[12]の時価	
いつの時価か	区分	財産を取得した時点とは
	相続又は遺贈の場合	相続開始の時
	贈与　書面の場合	契約の効力が発生した時
	口頭の場合	履行の時
時価とは（評基通1）	時価とは、課税時期において、それぞれの財産の現況に応じ、不特定多数の当事者間で自由な取引が行われる場合に通常成立すると認められる価額をいい、その価額は、評基通の定めによって評価した価額による。	
	課税実務	特別の事情がない限り、あらかじめ定められた評価方法により画一的に評価することとされている。
	趣旨	・個別に評価する方法をとると、その評価方法、基礎資料の選択の仕方等により異なった評価額が生じ、課税庁の事務負担が重くなる。 ・あらかじめ定められた評価方法により画一的に評価する方が、納税者間の公平、納税者の便宜、徴税費用の節減の見地からみて合理的である。

　相続、遺贈または贈与により取得した財産の価額は、原則として評基通に定める評価方法により評価する。なお、評価方法の定めのない財産の価額は、この通達に定める評価方法に準じて評価する。

2　相続税法上の評価

　ここからは、評基通が定める評価方法について確認しよう。

⑴　家屋の評価

　家屋の評価単位は、原則として、1棟の家屋ごとに評価する。家屋の価額は、評価対象となる家屋の状態に応じて、次のように評価する。

---

[12]　評基通では、この取得の日を「課税時期」という。

図表3-2-9　家屋の評価方法

区分	評基通の定めによる評価方法	
自用家屋	固定資産税評価額^(※)×1.0（一定倍率） （使用貸借による貸家は、自用家屋として評価）	
貸家	自用家屋評価額×（1－借家権割合×賃貸割合）	
	借家権割合	全国において30％とされている。
	賃貸割合	$\dfrac{\text{Aのうち賃貸している各独立部分の床面積の合計}}{\text{当該家屋の各独立部分の床面積の合計（A）}}$
建築中の家屋	費用現価×70/100	
	費用現価	課税時期までに投下した費用の額を課税時期の価額に引き直した額の合計額。

（※）　増改築等を行った家屋で、課税時期において固定資産税評価額に増改築等による価値上昇分が反映されていない場合の相続税評価については、実務上、当該増改築等にかかる部分の再建築価額から課税時期までの償却費相当額を控除した価額の70％に相当する金額を加算して評価する。

(2)　土地の評価

①　土地の評価上の区分

　土地の価額は、宅地、田、畑、山林、原野、牧場、池沼、鉱泉地、雑種地の地目別[13]（図表3-2-10「判定STEP」(A)）に評価する。

②　評価単位

　このうち宅地の価額は、1筆（土地登記簿上の1個の土地）ごとではなく、1画地の宅地（利用の単位となっている1区画の宅地）ごとに評価する。

図表3-2-10　宅地等の評価単位の判定ステップ

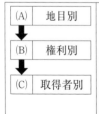

(A)　地目別 ↓ (B)　権利別 ↓ (C)　取得者別	土地の評価単位は、原則として、遺産分割後の取得者ごと（「判定STEP」(C)）に区分した後、利用の単位となっている土地ごとに判定した評価単位を基に評価すべきである。 　この評価単位とは、その土地を取得した者が、その土地を使用、収益および処分をすることができる利用単位又は処分単位である。原則として、①所有者による自由な使用収益を制約する他者の権利（原則として使用貸借による使用借権を除く。）の存在（「判定STEP」(B)）の有無により区分し、②他者の権利が存在する場合には、その権利の種類および権利者の異なるごとに区分して、それを1画地として評価するのが相当である。

---

[13]　登記簿上の地目ではなく、課税時期の現況によって判定する。

　評価単位の判定は、実務上難しい作業の一つのため、地目別、権利別、取得者別の順で土地の評価単位の判定を行うと考えれば理解しやすいだろう。

　実際に、次の事例で、評価単位の判定ステップを確認してみよう。

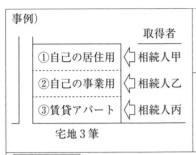

事例)	
	取得者
①自己の居住用	相続人甲
②自己の事業用	相続人乙
③賃貸アパート	相続人丙
宅地3筆	

[A] 地目別　①～③の地目は、現況が宅地である。土地の評価単位は、原則として地目別に評価するため、この段階では、①＋②＋③を1画地と考える。

[B] 権利別　③賃貸アパートの入居者に借家権という権利が存在する。他者の権利が存在する場合、その権利の種類および権利者の異なるごとに区分するため、この段階では、①＋②を1画地、③を1画地と考える。

[C] 取得者別　遺産分割後に、①と②は相続人甲と乙で別々に取得することになったため、①と②と③は、それぞれ1画地として評価する。

(3)　宅地の評価方法

宅地の評価方式（評基通11）

区分	評価方式
市街地的形態を形成する地域にある宅地	路線価方式
上記以外の宅地	倍率方式

①　路線価方式

　路線価方式とは、その宅地の面する路線に付された路線価[14]を基礎として、一定の加算減算（画地調整）を行った上で、評価対象地の地積を乗じることにより計算した金額によって評価する方法をいう。

　なお、複数の路線に接する宅地を評価するときは、正面路線を決める必要がある。正面路線は、原則として、その宅地の接する各路線の路線価に奥行価格補正率を乗じて計算した金額の高い方の路線となる。

---

[14]　毎年1月1日を評価時点として、売買実例価額、公示価格、不動産鑑定士等による鑑定評価額、地価事情精通者の意見価格等を基として国税局長がその路線ごとに評定した1平方メートル当たりの宅地の価格をいう。この路線価は、各国税局が定める「財産評価基準書」（毎年更新）に示されている。

図表 3 – 2 –11　路線価方式による評価

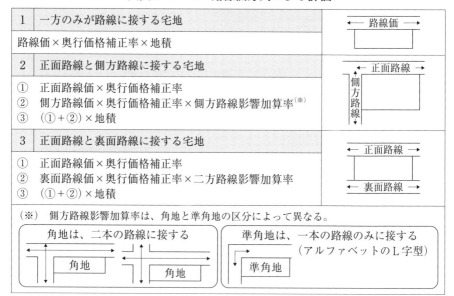

1	一方のみが路線に接する宅地
路線価×奥行価格補正率×地積	

2	正面路線と側方路線に接する宅地
①	正面路線価×奥行価格補正率
②	側方路線価×奥行価格補正率×側方路線影響加算率[※]
③	(①＋②)×地積

3	正面路線と裏面路線に接する宅地
①	正面路線価×奥行価格補正率
②	裏面路線価×奥行価格補正率×二方路線影響加算率
③	(①＋②)×地積

(※)　側方路線影響加算率は、角地と準角地の区分によって異なる。

角地は、二本の路線に接する

準角地は、一本の路線のみに接する（アルファベットのL字型）

②　倍率方式

倍率方式とは、固定資産税評価額を基に、所定の倍率を乗じて計算した金額によって評価する方式をいう。固定資産税評価額は、敷地の形状等による補正が行われており、倍率方式では、原則、補正は行わない。

倍率方式による評価

固定資産税評価額×評価倍率＝相続税評価額

⑷　小規模宅地等の特例

①　制度概要

被相続人等[15]の事業の用または居住の用に供されていた宅地等のうち最小限必要な部分については、相続人等の生活基盤の維持のために欠くことのできないものであり、これを処分することに相当の制約を受けることが通常であるため、一定の要件[16]を満たす場合には、その宅地等の評価額を大幅に減額するこ

---

[15]　この制度において被相続人等とは、被相続人または被相続人と生計を一にしていた親族をいう。

[16]　小規模宅地等の特例の詳細な要件については、国税庁タックスアンサーNo.4124　「相

とができることとした。

　この特例の適用対象となるのは、相続開始の直前において、被相続人または被相続人と生計を一にしていた親族の、事業用、居住用または貸付事業用の宅地等で建物または構築物の敷地の用に供されていたものである。

図表3-2-12　小規模宅地等の特例の概要

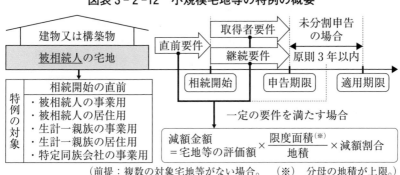

（前提：複数の対象宅地等がない場合。　（※）　分母の地積が上限。）

②　限度面積および減額割合

限度面積および減額割合

利用状況	特例対象宅地等の区分	限度面積	減額割合
事業用	特定事業用宅地等[※]	400㎡	80%
	特定同族会社事業用宅地等[※]	400㎡	80%
居住用	特定居住用宅地等	330㎡	80%
貸付事業用	貸付事業用宅地等	200㎡	50%

（※）　不動産貸付業、駐車場業その他一定のものを除く。

③　特例対象宅地等が複数ある場合の選択

　特例対象宅地等が複数ある場合、納税者が有利になるように限度面積の範囲内で最も減額金額が高い宅地等から優先的に特例を適用する。

　なお、「特定事業用宅地等または特定同族会社事業用宅地等」と「特定居住用宅地等」は完全併用が可能であるが、選択した宅地等に「貸付事業用宅地等」が混じる場合には、次のように限定併用となる。

続した事業の用や居住の用の宅地等の価額の特例（小規模宅地等の特例）」を参照。

図表3-2-13　特例対象宅地等が複数ある場合の併用ルール

完全併用
次の組合せであれば、最大730㎡（400㎡＋330㎡）まで選択が可能 ・特定事業用宅地等（400㎡）＋特定居住用宅地等（330㎡） ・特定同族会社事業用宅地等（400㎡）＋特定居住用宅地等（330㎡）
限定併用（選択した宅地等に貸付事業用宅地等が混じる場合）
選択した宅地等に貸付事業用宅地等が混じる場合、次の調整計算が必要 $$\left(\begin{array}{l} \text{特定事業用・特} \\ \text{定同族会社事業} \\ \text{用宅地等の面積} \end{array} \times \frac{200}{400} + \begin{array}{l} \text{特定居住用} \\ \text{宅地等の面積} \end{array} \times \frac{200}{330} \right) + \begin{array}{l} \text{貸付事業用} \\ \text{宅地等の面積} \end{array} \leqq 200㎡$$

④　特定居住用宅地等の要件

　被相続人に持ち家がある場合に、検討すべきなのが特定居住用宅地等の特例である。特定居住用宅地等は、次のように取得者が限定されている。被相続人または生計一親族の居住の用に供されていた宅地等で、その被相続人の配偶者が取得した場合は、無条件に特定居住用宅地等に該当する。

　また、実際に居住している者を優先的に保護すべく、配偶者以外の親族が取得した場合においても、一定の要件の下、当該特例の適用対象とする。

図表3-2-14　特定居住用宅地等の適用要件

区分	相続開始直前の宅地等の要件	取得者要件	申告期限までの継続要件	
			所有	居住
A	被相続人の居住の用に供されていた宅地等	配偶者	－	－
		同居親族	継続	継続
		家なき子[※]	継続	－
B	生計一親族の居住の用に供されていた宅地等[17]	配偶者	－	－
		生計一親族	継続	継続

（※）　被相続人の同居親族が、転勤等により別居して賃貸暮らしをしている間に相続が発生した場合に、その者の将来の居住を保護する趣旨のものである（家なき子特例）。

---

[17]　同居親族や家なき子が、生計一親族の居住用宅地等を相続しても適用なし。

3　評価引き下げの仕組み

(1)　貸宅地および貸家建付地の評価

①　借地権および貸宅地の評価

　土地の所有者が、建物の所有を目的とする地上権または土地の賃借権の設定を行った場合には、原則として、その土地の使用収益権である**借地権**が発生し、賃借人がその借地権を取得することになる。一方で、土地所有者にとっては、その土地の自由な使用収益が制約される。この借地権の目的となっている宅地のことを貸宅地という。

図表 3-2-15　借地権および貸宅地の評価

	評価算式
普通借地権	自用地評価額×**借地権割合**[※1]
貸宅地	自用地評価額×（1－借地権割合）

（※1）　借地権割合は、国税庁が公表する路線価図または倍率表に記載されている。

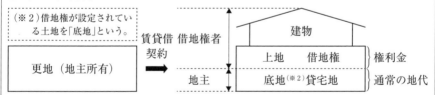

　借地権の設定に際し、通常権利金その他の一時金（以下「権利金」）を支払う取引上の慣行のある地域において、通常支払うべき権利金の収受があり、通常の地代（その地域において通常の賃貸借契約に基づいて通常支払われる地代）が授受されている借地権または貸宅地の相続、遺贈または贈与があった場合には、この評基通が定めた算式により評価する。

　借地権は、常に財産的価値があるとは限らない。借地権の取引慣行がないと認められる地域[18]にある借地権（上地）の相続税評価額はゼロとなる[19]。

---

[18]　路線価図では、路線価の数字の後に借地権割合を示すアルファベットが付されていない地域、倍率表では、借地権割合の欄が「－」となっている地域が該当する。

[19]　借地権の取引慣行がないと認められる地域に所在する貸宅地（底地）の評価は、借地権割合を20％として計算する。

②　自己が所有する宅地の上に存する建物の賃借

　借家権の目的となっている家屋（貸家）の敷地の用に供されている宅地を**貸家建付地**という。言い換えると、土地の所有者が、自己が所有する宅地の上に建物を建て、賃貸（使用貸借を除く）している場合のその宅地のことを貸家建付地といい、土地の所有者は、借家人の有する敷地に対する権利の分、その土地の自由な使用収益が制約される。

図表3-2-16　貸家建付地の評価

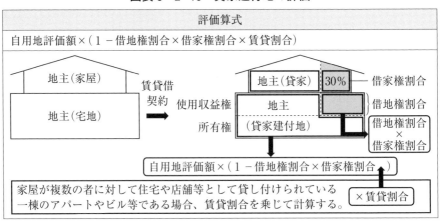

(2)　賃貸不動産の評価引き下げの仕組み

　所有財産を相続税評価額の低い財産に組み替えることにより、相続税対策をする手法として、次のように賃貸不動産が活用されることがある。

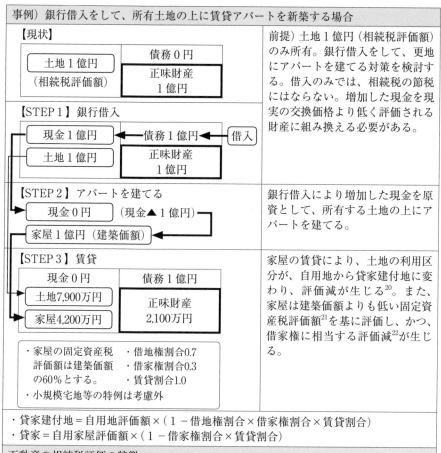

事例）銀行借入をして、所有土地の上に賃貸アパートを新築する場合	
【現状】 土地 1 億円 （相続税評価額）　債務 0 円 正味財産 1 億円	前提）土地 1 億円（相続税評価額）のみ所有。銀行借入をして、更地にアパートを建てる対策を検討する。借入のみでは、相続税の節税にはならない。増加した現金を現実の交換価格より低く評価される財産に組み換える必要がある。
【STEP 1】銀行借入 現金 1 億円　◀ 債務 1 億円 ◀ 借入 土地 1 億円　正味財産 1 億円	
【STEP 2】アパートを建てる 現金 0 円　（現金▲ 1 億円） 家屋 1 億円（建築価額）◀	銀行借入により増加した現金を原資として、所有する土地の上にアパートを建てる。
【STEP 3】賃貸 現金 0 円　債務 1 億円 土地7,900万円 家屋4,200万円　正味財産 2,100万円 ・家屋の固定資産税評価額は建築価額の60％とする。　・借地権割合0.7　・借家権割合0.3　・賃貸割合1.0 ・小規模宅地等の特例は考慮外	家屋の賃貸により、土地の利用区分が、自用地から貸家建付地に変わり、評価減が生じる[20]。また、家屋は建築価額よりも低い固定資産税評価額[21]を基に評価し、かつ、借家権に相当する評価減[22]が生じる。
・貸家建付地＝自用地評価額×（1 －借地権割合×借家権割合×賃貸割合） ・貸家＝自用家屋評価額×（1 －借家権割合×賃貸割合）	

不動産の相続税評価の特徴

・実勢価額よりも低い路線価、固定資産税評価額を基に評価がなされる。
・基本的に、（収益性ではなく）権利の制約があると、評価が下がる。
・土地に関しては、大幅な減額特例（小規模宅地等の特例）がある。

4　金融資産その他財産の評価

(1)　証券市場に上場されている株式（上場株式）の評価

　上場株式は、次の①から④のうち、最も低い価額で評価する。

---

[20]　1 億円×（1 － 0.7×0.3×1.0）＝7,900万円
[21]　固定資産税評価額は建物の建築価額の 5 〜 7 割程度が目安となる。
[22]　固定資産税評価額（建築価額の 6 割）6,000万円×（1 － 0.3×1.0）＝4,200万円

①	課税時期の最終価格（終値）
②	課税時期の属する月の最終価格（終値）の月平均額
③	課税時期の属する月の前月の最終価格（終値）の月平均額
④	課税時期の属する月の前々月の最終価格（終値）の月平均額

↓

上記①から④のうち最も低い価額[23]	×	取得株式数	=	評価額

(2)　預貯金等・貸付金債権・ゴルフ会員権の評価

　預貯金等、貸付金債権、ゴルフ会員権は、次のように評価する。

	評価算式
定期預金等	預入高＋既経過利子の額[24]×（1－源泉徴収税率20.315％）
普通預金等	預入高（定期預金等以外で既経過利子の額が少額なもの）
貸付金債権	元本の価額＋課税時期現在の既経過利息の額
取引相場のあるゴルフ会員権	課税時期における通常の取引価格×70/100[※] （※）　取引価格に含まれない預託金等があるときは、上記評価額と預託金等の返還可能額の合計額で評価する。

(3)　証券投資信託の受益証券の評価

　証券投資信託の受益証券は、次のような区分に従い、それぞれ課税時期において解約請求または買取請求（以下、解約請求等）により、証券会社等から支払を受けることができる価額により評価する。

①	日々決算型受益証券（中期国債ファンド、MMF、MRF等）
	課税時期の1口当たりの基準価額 × 口数 ＋ 再投資されていない未収分配金 ×（1－源泉徴収税率 20.315％）－ 信託財産留保額及び解約手数料（消費税等含む）
②	日々決算型以外の受益証券（上場されていないもの）
	課税時期の1口当たりの基準価額 × 口数 － 課税時期において解約請求等した場合に源泉徴収されるべき所得税等の額に相当する金額 － 信託財産留保額及び解約手数料（消費税等含む）
③	金融商品取引所に上場されている証券投資信託の受益証券
	上場株式の評価方法に準じて評価する。

---

[23]　課税時期に最終価格がない場合は、課税時期の前日以前の最終価格または翌日以後の最終価格のうち、課税時期に最も近い日の最終価格。課税時期に最も近い日の最終価格が2つある場合は、その平均額で評価する。

[24]　既経過日数は、預入日から課税時期の前日までの日数にする。

(4)　定期金（給付契約）に関する権利の評価（給付事由未発生）

　いわゆる民間の個人年金保険のような生命保険契約以外の定期金給付契約について、定期金給付事由が発生する前に、掛け金または保険料の負担者である被相続人が死亡した場合には、その定期金給付契約の契約者（被相続人以外の者）が、当該契約に関する権利を相続または遺贈により取得したものとみなされる。この定期金に関する権利の価額は、解約返戻金を支払う旨の定めの有無、当該契約の掛け金または保険料が一時払いか否かによって評価が異なる。

(5)　給付事由が発生している定期金（給付契約）に関する権利の評価

　例えば、被相続人の死亡時に、すでに個人年金保険の年金を受給している場合のように、相続の開始時において、給付事由が発生している定期金に関する権利を取得した場合にも、生命保険金と同様に、相続または遺贈により取得したものとみなされる。この場合、有期定期金、無期定期金または終身定期金の態様に応じ、それぞれ次のように評価する。

次に掲げる1～3の金額のうち、いずれか多い金額により評価	
1	解約返戻金の額
2	定期金に代えて一時金の給付を受けることができる場合には、その一時金の額。
3	①　有期定期金の場合 $\left(\begin{array}{l}\text{給付を受けるべき金額}\\\text{の1年当たりの平均額}\end{array}\right) \times \left(\begin{array}{l}\text{残存期間に応ずる予定利率}\\\text{による複利年金現価率}\end{array}\right)$ ②　無期定期金の場合 $\left(\begin{array}{l}\text{給付を受けるべき金額}\\\text{の1年当たりの平均額}\end{array}\right) \div \text{当該契約に係る予定利率}$ ③　終身定期金の場合 $\left(\begin{array}{l}\text{給付を受けるべき金額}\\\text{の1年当たりの平均額}\end{array}\right) \times \left(\begin{array}{l}\text{終身定期金に係る定期金給付契約の}\\\text{目的とされた者の余命年数に応ずる}\\\text{予定利率による複利年金現価率}\end{array}\right)$

(6)　暗号資産（仮想通貨）の評価

　活発な市場が存在する仮想通貨については、外国通貨に準じて、相続人等の納税義務者が取引を行っている仮想通貨交換業者が公表する課税時期における取引価格によって評価する。

　一方で、活発な市場が存在しない仮想通貨の場合、その仮想通貨の内容や性質、取引実態等を勘案し個別に評価する。

例題 3 - 2 - 1

正しいものに○、誤っているものに×を付けその理由を説明しなさい。

1　退職手当金等の扱い

① 支給事由が業務上の死亡である弔慰金は、給与半年分まで非課税である。

② 退職手当金の非課税金額は、500万円×法定相続人数で計算する。

③ 退職手当金の非課税金額の計算上、法定相続人の数については、死亡保険金の非課税金額の計算と同じ扱いである。

④ 退職手当金については、被相続人が死亡してから3年以内に支給が確定したものも課税対象となる。

2　配偶者の税額軽減

① 本規定を利用することで、一次二次相続の納税額の合計がかえって増えてしまうケースもある。

② 軽減額の計算上、配偶者が取得する金額を1億6千万円として計算する。

③ 配偶者が相続で財産を取得しない場合でも、法定相続割合で計算した金額を税額控除できる。

④ 適用した結果、相続税がゼロとなる場合には、申告は不要である。

3　不動産の財産評価

① 路線価がない地域の土地の評価は固定資産税評価額を基準に倍率方式で評価する。

② 土地は登記上の1筆ごとに評価する

③ 倍率方式では、敷地の形状等により補正を行う。

④ 路線価は3年に一度更新され、財務省が公表する。

4　被相続人の所有するアパートの土地建物の評価方法

① 土地は貸家建付地として評価する。

② 建物は固定資産税評価額×（1－借家権割合×賃貸割合）で評価する。

③ 建築中の建物はその家屋の費用現価で評価する。

④ 借家権割合は0.3である。

5 金融資産の評価

① 取引相場のあるゴルフ会員権は通常の取引価格×70%で評価する。

② 上場株式は課税時期の終値または課税時期が属する月の終値の月平均額のうち、低い価額で評価する。

③ 取引所に上場されている不動産投資信託は、上場株式の評価に準じて評価する。

④ 個人年金保険で10年確定の年金支払期間中に受取人が死亡し配偶者が相続する場合、年金受給権は定期金に関する権利の評価に基づき評価する。

解答・解説

1

① × 支給事由が業務上の死亡である弔慰金は、給与3年分までが非課税となる。

② ○ 問題文の通り。

③ ○ 問題文の通り。

④ ○ 問題文の通り。

2

① ○ 問題文の通り。

② × 配偶者が取得した財産額を1億6千万円として計算するわけではない。軽減額の計算上、配偶者が取得した財産額が、1億6千万円以下の場合には、相続税が課税されず、1億6千万円を超える場合でも、課税遺産総額に対する配偶者の法定相続分相当額以下であれば、相続税は課税されない仕組みとなっている。

③ × この配偶者の税額軽減は、配偶者が遺産分割などで実際に取得した財産を基に計算されることになっている。したがって、配偶者が財産を取得しないときは適用がない。

④　×　配偶者の税額軽減の適用を受ける場合には、一定の書類を添付して申告しなければ、適用を受けることができない（宥恕規定はある）。

3
①　○　問題文の通り。
②　×　宅地の価額は、1筆ごとではなく、1画地の宅地ごとに評価する。
③　×　倍率方式では、固定資産税評価額を基に評価するが、この固定資産税評価額を計算するうえで、既に敷地の形状等による補正が行われている。したがって、倍率方式では、原則として、敷地の形状等による再度の補正は行わない。
④　×　路線価は、毎年更新される。

4
①　○　問題文の通り。
②　○　問題文の通り。
③　×　建築中の建物は、その家屋の費用現価×70％で評価する。
④　○　問題文の通り。

5
①　○　問題文の通り。
②　×　課税時期の属する月の前月および前々月の終値の月平均額についても、選択の対象となる。
③　○　問題文の通り。
④　○　問題文の通り。

第2節　贈与税の概要

【1】　贈与税の位置づけ

　贈与は「当事者の一方がある財産を無償で相手方に与える意思を表示し、相手方が受諾をすることによって、その効力を生ずる」と規定されている。すなわち、贈与者と受贈者双方の合意により成立する。

　なお、例えば、離婚時の財産分与については、「分与された財産の額が、婚姻中の夫婦の協力によって得た財産の額やその他総合勘案しても金額が多過ぎる場合」、「離婚が贈与税や相続税を免れる目的で行われたと認められる場合」は双方の合意がなくても贈与があったこととみなされ、贈与税の課税対象となる場合があるので留意が必要である。

1　贈与税と相続税の関係

　贈与税は、原則として、個人が個人から財産をもらったときに、その財産に対して課される税金である（法人からの贈与により財産を取得した場合には、所得税の課税対象となる）。一方で、相続税は、原則として、個人が被相続人から相続等によって財産を取得したときに、その財産に対して課される税金である。生前に財産を贈与した場合、本来相続の時に移転するはずの財産の金額は減ることになり、相続税の負担を軽減できるが、代わりに贈与税が課税されることになる。このことから、贈与税は、相続税の補完税としての機能があるといわれており、税負担は相続税よりも大きくなるような課税構造となっている。

	相続税	贈与税
役割	富の再配分 貧富の格差の固定化の防止	相続税の補完
移転先	制限あり（一定の親族関係）	制限なし
発生原因	被相続人の死亡	贈与者と受贈者の合意
税負担者	遺産を取得した相続人	受贈者
非課税枠	3,000万円 ＋600万円×法定相続人の数	年間110万円
税率	超過累進課税（10％～55％）	超過累進課税（10％～55％） 一般税率と特例税率がある

2　相続開始前3年以内の贈与と相続税

　相続開始前3年以内に被相続人が次表の「対象者」に生前贈与をした場合、その贈与した財産を、相続財産に加算する必要がある（これを「生前贈与加算」という）。しかし、次表の「対象者」にあてはまらない人物、例えば、相続または遺贈によって財産を取得しない孫への生前贈与については、相続開始前3年以内の贈与財産であっても加算する必要がないため、相続税の負担が軽減される。相続放棄をした者は、原則として、加算の対象者にならないが、その者が遺贈により財産を取得している場合または、みなし相続財産を取得している場合は、加算対象者になる。

生前贈与加算（相続開始前3年以内に被相続人から贈与を受けた財産）

対象者	相続、遺贈や相続時精算課税に係る贈与によって財産を取得した人（相続人等）。
対象の贈与	相続開始前3年以内の期間において被相続人から暦年課税による贈与によって取得した財産。
課税方法	贈与を受けた財産の贈与時の価額を、その相続税の課税価格に加算したうえで、相続税を算出し、加算対象の贈与財産の価額に対応する贈与税の額を、その加算された人の相続税の金額から控除する。

下記の金額は加算の対象外

・贈与税の配偶者控除の特例を適用した場合の配偶者控除額。
・住宅取得等資金の贈与の特例を適用した場合の非課税の適用額。
・教育資金の一括贈与の特例を適用した場合の非課税の適用額。
・結婚・子育て資金の一括贈与の特例を適用した場合の非課税の適用額。

【2】　贈与税額の計算

　贈与税の課税方法には、暦年課税と相続時精算課税の2種類がある。受贈者は、贈与者ごとにいずれかの課税方法を選択することになるが、相続時精算課税は、一定の要件を満たしていないと選択ができない。

1　暦年課税

　贈与税は、受贈者に対して課される税金であり、贈与税の課税方式の1つである**暦年課税**とは、受贈者が1年間（1月1日から12月31日）に受け取った財産（以下、贈与財産）の合計金額から、基礎控除額の110万円を控除した残額に対して、贈与税率を乗じることで負担すべき贈与税を算出する方法である。そのため、1年間の贈与財産合計額が110万円以下の場合は、贈与税の負担はない。

　暦年課税の税率は、一般税率と特例税率の2つに区分されており、特例税率は一般税率と比較して、贈与税の税負担が小さくなるように設定されている。直系尊属[25]からの贈与で、かつ、受贈者が18歳以上（贈与を受けた年の1月1日時点）の場合には、受け取った財産（以下、特例贈与財産）に対して、特例税率が適用される。一方、特例贈与財産に該当しない財産（一般贈与財産）に対しては、一般税率が適用される。

一般税率、特例税率の速算表

基礎控除前の課税価格	一般税率と控除額	特例税率と控除額
310万円以下	10%	10%
410万円以下	15%−10万円	15%−10万円
510万円以下	20%−25万円	
710万円以下	30%−65万円	20%−30万円
1,110万円以下	40%−125万円	30%−90万円
1,610万円以下	45%−175万円	40%−190万円
3,110万円以下	50%−250万円	45%−265万円
4,610万円以下	55%−400万円	50%−415万円
4,610万円超		55%−640万円

---

[25]　自身の直系の上の世代（父母、祖父母等）のことを指し、養父母や養祖父母も含む。一方、自身の配偶者の直系の上の世代は含まない。

2　暦年贈与の仕組み

(1)　贈与税と相続税の課税方式

贈与税および相続税の課税方式として、累進課税制度が採用されているため、贈与財産や相続財産の価額が高額になればなるほど、適用される税率が段階的に高くなる。

(2)　贈与の活用方法

将来多額の相続財産が生じる見込みである場合は、贈与により事前に自身の下の世代に財産を移転することで、全体（贈与税と相続税）の税負担を軽減させることができる。極端に言えば、贈与税の非課税枠を利用して、長い期間をかけて贈与をすることで、相続税および贈与税の負担なしで財産を移転させることも可能な場合もある。

図表3-2-17　贈与の活用のポイント

①相続発生までの期間	・被相続人の現在の年齢を基に、被相続人に相続が発生するまでの期間（贈与期間）を予測する。
②親族関係	・被相続人の親族関係を確認し、基礎控除額を予測する。 ・被相続人と受贈者の関係、年齢で贈与税率が変わることもあるため、誰に贈与するかも併せて検討する。
③相続財産の額	・相続財産の額を試算し、贈与する金額を検討する（贈与税の実効税率と相続税の限界税率の比較など）。

(3)　贈与税の実効税率と相続税の限界税率

節税効果の高い（相続人が将来負担すべき相続税率よりも低い贈与税率で資産を移転できる）生前贈与の金額や期間を検討するにあたり、贈与税の実効税率と生前贈与による財産の減少分に見合った**相続税の限界税率**を比較することが有用である。

相続税の限界税率とは、相続税速算表に記載されている累進税率を指し、法定相続分で按分した各人の相続財産の課税価格に対応する税率（最高税率）をいう。

贈与税の実効税率[26]（下記実効税率は小数点第 3 位を四捨五入している）

課税価格の合計額 （基礎控除前）	実効税率	
	一般贈与	特例贈与
100万円	0.00%	0.00%
300万円	6.33%	6.33%
400万円	8.38%	8.38%
500万円	10.60%	9.70%
600万円	13.67%	11.33%
1,000万円	23.10%	17.70%
1,500万円	30.03%	24.40%
2,000万円	34.75%	29.28%
3,000万円	39.83%	34.52%
4,000万円	43.49%	38.25%
4,610万円	45.01%	39.80%
5,000万円	45.79%	40.99%

相続税の限界税率（被相続人に配偶者がいない場合）

課税価格の合計額		10,000万円	20,000万円	30,000万円	50,000万円	100,000万円
相続人	子供 1 人	30.00%	40.00%	45.00%	50.00%	55.00%
	子供 2 人	15.00%	30.00%	40.00%	45.00%	50.00%
	子供 3 人	15.00%	30.00%	30.00%	40.00%	50.00%
※法定相続分で相続、税額控除なし、養子縁組なし						

---

[26] 実効税率とは、実質的な税負担率のこと（負担する贈与税額÷贈与財産価額を贈与税の実効税率という）。

(参考)生前贈与を実施しない場合と実施した場合の税負担は下記の通りである。

前提）被相続人の相続財産：預貯金20,000万円、相続人数：子供1名、受贈者：相続人である子供、3年以内の生前贈与加算は考慮外。

1 【生前贈与をしなかった場合】合計税額：4,860万円

① 贈与税：0円

② 相続税：(20,000万円－3,600万円)×40％－1,700万円＝4,860万円

2 【生前贈与を1年間実施した場合】合計税額：4,860万円

① 贈与税：(4,670万円$^{(※)}$－110万円)×55％－640万円＝1,868万円

② 相続税：(20,000万円－4,670万円－3,600万円)×40％－1,700万円＝2,992万円

(※)　生前贈与による財産の減少分に見合った相続税の限界税率と贈与税の実効税率が等しくなる生前贈与の金額の計算式（X：贈与額、Y：贈与税額）

a）（X－110万円)×55％－640万円＝Y

…贈与税の実効税率が40％となるのは、課税価格の合計額が4,610万円超5,000万円以下の範囲であり、それに対応する贈与税率は、贈与税の速算表における基礎控除前の課税価格4,610万円超に該当する部分の55％となる。

b）Y÷X＝40％とおいてY＝X×40％をa）に代入して、4,670万円を求める。

上記より、贈与する金額を4,670万円未満にすることで節税につながることがわかる。なお、贈与する金額4,670万円のうち1,610万円（特例贈与1,500万円＋基礎控除110万円）を超える金額は、相続税の限界税率40％を超えた贈与税率（45％以上）が適用されている。したがって、贈与税の限界税率が40％を超えない「1,110万円超～1,610万円」の金額の範囲内で暦年贈与をすることが最も節税効果が高いといえる。

3 【生前贈与を3年間実施した場合】合計税額：4,157.2万円

① 贈与税：(1,556万円$^{(※)}$－110万円)×40％－190万円＝388.4万円

388.4万円×3年＝1,165.2万円

② 相続税：2,992万円（上記2②と同様）

(※)　上記2①贈与する金額4,670万円を3年均等按分（1万円未満切捨）

上記2と3の計算結果より、長い期間をかけて贈与をすることでより節税につながることがわかる。

3　相続時精算課税制度

相続時精算課税を利用した生前贈与については、累計2,500万円までが非課税となる。累計2,500万円を超過した部分については、一律20％の贈与税が課税されるが、本制度に係る贈与者が死亡したときには、それまでの贈与財産（贈与時の価額）と相続財産の合計額を基に計算した相続税額から、既に納めた本制度に係る贈与税相当額が控除（精算）される。

本制度に係る贈与者からの生前贈与については、その贈与者が死亡した時に、それまでの贈与がなかったものとして精算され、すべて相続税の課税対象となる。つまり、課税の先送りをして、早期に次世代へ財産を移転するための制度であると考えてもらうと分かりやすい。

⑴　適用対象者

相続時精算課税制度を受けるためには、贈与者と受贈者がそれぞれ次の要件を充たす必要がある。

相続時精算課税制度の適用要件

贈与者	60歳以上の者（父母または祖父母など）
受贈者	18歳以上の受贈者のうち、贈与者の直系卑属である推定相続人または孫など。
（補足事項）	
・年齢は贈与をした年の1月1日時点で判定する。	
・贈与者の推定相続人とは、「その贈与をした人の相続人のうち、最も先順位の相続権（代襲相続権を含む）のある人」のことをいう。	
・推定相続人であるかは、その贈与の日時点で判定する。	
・直系卑属には、贈与日以前に養子縁組をしている者も含まれるが、養子縁組の解消がなされ推定相続人でなくなった場合においても、養子縁組の解消前の贈与について相続時精算課税の適用を受けている場合には、解消後の贈与についても相続時精算課税が適用される。	

⑵　適用対象財産等

贈与財産の種類、金額、贈与回数に制限はない。

⑶　適用手続き

相続時精算課税制度を選択しようとする受贈者は、贈与を受けた年の翌年2月1日から3月15日（贈与税申告書の提出期間）の間に、受贈者の納税地の所轄税務署長に対して、贈与税の申告書に「相続時精算課税選択届出書」を添付して提出する必要がある。なお、受贈者は、贈与者ごとに相続時精算課税制度の選択をすることができる。

⑷　**相続時精算課税制度のメリット**

①　**「相続税がかかる財産の額＜基礎控除額」の場合における贈与税節税効果**

　相続税がかかる財産の額が相続税の基礎控除額以下と見込まれる場合、2,500万円までの財産については、相続税・贈与税の負担なく、早期に移転させることができる。また、贈与の累計金額が2,500万円を超過した場合は、超過分について、贈与時に一律20％の贈与税が課税されることになるが、相続時精算課税制度を選択して納めた贈与税額が相続税額より大きい場合は、相続開始日の翌日から起算して5年以内に相続税の申告をすることで、既に納付した贈与税の還付を受けることができる。

②　**収益不動産の贈与で相続税の節税効果が期待できる**

　賃貸不動産など、収益を生み出す財産を贈与することで、賃貸不動産から得られる利益を事前に受贈者に移転することができるため、相続税がかかる財産の額を減らすことができる。

③　**価値の上昇が見込まれる財産の贈与で相続税の節税効果が期待できる**

　相続時精算課税制度を適用した贈与財産は、贈与時の評価額（時価）で相続税の課税価格に加算することとなる。したがって、贈与時から相続開始日までの期間において、贈与を受けた財産の価値が上昇すると見込まれる場合は、その上昇分に対して相続税の節税効果がある。

⑸　**相続時精算課税制度のデメリット**

①　**暦年課税との併用ができない**

　相続時精算課税制度を選択した場合、その後の撤回は認められないため、選択した翌年度以降、暦年課税制度に戻すことはできない。したがって、相続時精算課税を選択した贈与者と受贈者間の贈与については、翌年度以降、暦年課税の基礎控除額（年間110万円）を差し引くことができなくなり、すべて相続時精算課税が適用されることになるため、年間110万円以下の贈与がなされたとしても、贈与税の申告が必要となる。

　なお、相続時精算課税制度は、贈与者ごとに選択できるため、例えば、父親からの贈与は相続時精算課税、母親からの贈与は暦年課税と区別することは可能である。また、相続時精算課税制度と併用できる制度として、後述する「教育資金の一括贈与を受けた場合の贈与税の非課税制度」「住宅取得等資金の贈与を受けた場合の非課税制度」「結婚・子育て資金の一括贈与に係る贈与税の非課税制度」がある。

② **小規模宅地等の特例の適用を受けることができなくなる**

　小規模宅地等の特例の適用対象となる財産は、相続または遺贈によって取得した不動産（財産）であることが前提となる。そのため、相続時精算課税制度を適用して生前贈与した不動産については、小規模宅地等の特例の適用対象外となる。本来、小規模宅地等の特例の適用対象となる不動産であれば、一定の限度面積の範囲内で評価額を50％〜80％減額することができるはずだが、安易に相続時精算課税制度を利用して当該不動産を生前贈与すると、相続税の負担が重くなることがあるため、注意が必要である。

⑹ **留意点**

① **相続時精算課税選択届出書の提出が必要**

　相続時精算課税選択届出書を提出期限までに提出しなかった場合には、相続時精算課税の適用を受けることができない。

② **期限後申告をした場合、一律20％の贈与税が課税される**

　相続時精算課税制度における特別控除額の適用を受けるためには、期限内申告をすることが必要であり、期限後申告をした場合には、累計2,500万円を超えない場合であっても、その贈与財産について、一律20％の贈与税が課税されることになる。

4　贈与税非課税制度等の概要

⑴ **扶養義務者からの生活費や教育費の非課税贈与**

　扶養義務者から生活費や教育費として、必要な都度、直接これらの用に充てるために、贈与を受けた財産のうち「被扶養者の需要と扶養者の資力などを総合勘案して社会通念上適当と認められる範囲の財産」については、贈与税が非課税とされている。しかし、一括でまとまったお金の贈与を受けた場合は、必要な都度に該当しないため、贈与税の課税対象となる。このため、贈与税の非課税措置の活用が検討に値する[27]。

⑵ **教育資金の一括贈与に係る贈与税の非課税措置**

　教育資金の一括贈与に係る贈与税の非課税措置は、直系尊属が金融機関に子供や孫名義の口座等（教育資金贈与専用口座）を開設して、教育資金を拠出した場合において、一定の要件のもと1,500万円まで贈与税を非課税とする制度である。

---

[27]　以下に紹介する措置の詳細は、財務省「贈与税に関する資料」を参照。

⑶　住宅取得等資金に係る贈与税の非課税措置

住宅取得等資金に係る贈与税の非課税措置は、直系尊属から住宅取得等の資金の贈与を受けた子や孫が、自己の居住用に供する家屋の新築、取得または増改築等の対価に充てた場合において、一定の要件のもと、非課税限度額までの金額について、贈与税が非課税となる制度である[28]。

⑷　結婚・子育て資金の一括贈与に係る贈与税の非課税措置

結婚・子育て資金の一括贈与に係る贈与税の非課税措置は、直系尊属が金融機関に子供や孫名義の口座等（結婚・子育て資金贈与専用口座）を開設して、結婚・子育て資金を拠出した場合において、一定の要件のもと1,000万円まで贈与税を非課税とする制度である。

⑸　夫婦の間で居住用の不動産を贈与したときの配偶者控除

婚姻期間が20年以上の夫婦間で、居住用不動産および居住用不動産の取得のための金銭の贈与が行われた場合、贈与税の基礎控除（年間110万円）のほかに、最大で2,000万円まで控除できる特例である。

なお、本特例の適用により、必ずしも贈与税と相続税の合計金額を抑えることができるとは限らない。例えば、相続人が配偶者のみで、かつ、居住用不動産（相続税評価額2,000万円）を含めた被相続人の財産の価額が、1億6,000万円以下の場合においては、相続税の税額控除の1つである配偶者の税額軽減（本章第1節【1】3⑶）の適用を受ければ、相続税はかからない。この場合、本特例を利用して、生前に無税で当該居住用不動産を配偶者に移転したとしても、相続税を節税する効果は得られない。

また、不動産を相続した場合、不動産取得税はかからないが、贈与により不動産を取得した場合は、不動産取得税がかかるため、本特例を利用して居住用不動産を贈与すると、かえって税負担が大きくなることも考えられるため、適用に際しては十分な事前検討が必要となる。

5　みなし贈与財産

低額譲受け、債務免除等で経済的利益を享受した場合、当該利益相当額の贈与を受けたものとみなして贈与税の課税対象とされる場合がある。

---

[28]　詳細は国税庁タックスアンサーNo.4508を参照。

例題 3－2－2

正しいものに〇、誤っているものに×を付けその理由を説明しなさい。

1　相続時精算課税制度

① 本制度の特別控除額は2,500万円であり、それを超える部分は一律25％の税率で贈与税が課税される。

② 本制度を一度利用すると、暦年課税制度に戻すことができない。

③ 本制度の受贈者は贈与者の推定相続人である。

④ 贈与者が死亡した時には、本制度で受けた贈与財産について相続時の評価額で相続財産に算入する。

2　贈与税と相続税の関係

① 相続で財産を取得していない被相続人の孫に相続開始前3年以内に贈与した金銭は相続財産に持ち戻して計算する。

② 通常必要な範囲で、祖父から孫へ渡した教育費は贈与税の対象である。

③ 贈与税の配偶者控除は基礎控除と別に計算される。

④ 相続人が相続を放棄した場合、その者が相続開始前3年以内に受け取った財産は相続財産に含まれる。

3　贈与税の取扱い

① 離婚による財産分与は贈与税の対象である。

② 時価より著しく低い価額でした不動産の譲渡は、契約自由の原則により、贈与税は課税されない。

③ 贈与税は、原則、個人間の贈与が対象である。

④ 扶養義務者相互間の金銭の贈与は、金額に関係なく贈与税は課税されない。

解答・解説

1
① ×　特別控除額を超える部分は20%の贈与税が課される。
② ○　問題文の通り。
③ ×　原則、18歳以上の直系卑属である推定相続人または孫である。
④ ×　贈与時の評価額で相続財産に算入する。

2
① ×　相続、遺贈や相続時精算課税による贈与によって財産を取得した人が対象である。
② ×　扶養義務者から通常必要な範囲で贈与される生活費や教育費は非課税である。
③ ○　問題文の通り。
④ ×　相続を放棄した場合は、相続財産に含まれない（相続、遺贈や相続時精算課税による贈与によって財産を取得している場合を除く）。

3
① ×　原則として、贈与税はかからない。
② ×　みなし贈与として贈与税が課税される場合がある。
③ ○　問題文の通り。
④ ×　通常必要と認められる範囲を超える場合は、贈与税の対象となる。

本章のまとめ

- ●遺産分割において相続人の間で争いがあり、相続税の申告期限内に遺産分割協議がまとまらない場合に適用を受けることができない制度であることを理解しておく。

- ●債務控除の対象となる債務や葬式費用などを見落とすと、本来支払うべき相続税よりも多く納税することになってしまうため、きちんと把握することが重要である。

- ●みなし相続財産のうち、死亡保険金と死亡退職金については、それぞれ「500万円×法定相続人の数」という非課税枠が設けられている。ここでいう法定相続人の数は、遺産に係る基礎控除額を計算するときに用いる法定相続人の数と同じ扱いになることに留意する。

- ●名義預金は、相続税の申告漏れが発生しやすい項目であり、税務調査で問題となりやすいため、預貯金等の帰属に係る一般的な判断基準を理解しておくことが重要である。

- ●配偶者の税額軽減は、節税効果の高い制度であるが、二次相続において税負担が重くなる可能性があることを押さえておく。

- ●財産評価基本通達に定められた土地の評価額は、通常、実勢価格よりも低く評価されるため、その価格差を利用することが相続税対策のポイントのひとつになる。なお、土地評価は、実務上難しい作業の一つとなるため、適宜専門家のアドバイスを得ることが重要である。

- ●貸宅地と貸家建付地などの賃貸不動産の評価方法を理解して、借地権割合や賃貸割合が評価に与える影響を把握することが重要である。

- ●小規模宅地等の特例は、節税効果が高い制度であるため、厳しい適用要件が定められているほか、複数の土地を相続した場合、どの宅地から優先的に特例を適用させるか有利不利を判定する必要があり、計算も複雑になるため、適宜専門家のアドバイスを得ることが重要である。

- ●生前贈与は、相続税の節税対策の代表的な手法の一つであり、生前に財産の贈与をした分だけ将来の相続税の負担が軽減されるという関係であることから、贈与する金額やタイミングを検討しておくことが重要である。

- ●贈与税率は相続税率よりも高く設定されているため、贈与する金額を決める際には、贈与税の実効税率と生前贈与による財産の減少分に見合った相続税の限界税率を比較することが重要である。

●相続時精算課税制度を選択した場合、2,500万円まで非課税で贈与をすることができるが、一度選択すると撤回は認められないため、注意が必要である。

第3章　納税資金対策

第1節　想定納税額の確認

学習ポイント

●個人（ファミリー）のバランスシートから、相続税額の概算額を算出する方法を理解する。
●個人のバランスシートとライフイベント表、キャッシュフロー表を活用して、納税資金対策を検討する重要性を理解する。

1　個人バランスシート

⑴　個人バランスシートの作成意義

　相続税の**納税資金対策**を行う場合、個人財産の全体像を把握することが必要不可欠となる。企業の貸借対照表（バランスシート）と同じように、個人（家計）のバランスシートを作成すると、個人財産の全体像がよく理解できるだろう。個人バランスシート（個人B/S）とは、ある一定時点における家計の資産と負債の状況を示す表のことをいう。

⑵　個人バランスシートの作成方法

　個人バランスシートは、資産、負債、純資産からなり、図表3-3-1のように、資産合計と負債・純資産合計が一致するように作成する。

図表3-3-1　個人バランスシートの作成ポイント

【資産】		【負債】	
現金・預貯金		借入金	マイナスの財産
有価証券		その他負債	
生命保険金	プラスの財産	一次相続税	
退職手当金		二次相続税	
土地		（負債合計）　(B)	
建物			
自社株		【純資産】　(C)=(A)-(B)	差額
その他			
資産合計	(A)	負債・純資産合計　(D)=	(B)+(C)

左側に資産、右側に負債を記載する。

左と右の金額が必ず一致（資産(A)＝負債(B)＋純資産(C)）

相続税は、簡単にいうと、プラスの財産（資産）からマイナスの財産（債務）を差し引いた正味財産に課される税金であるため、上の図表の資産から負債を差し引いた純資産の金額が大きいほど、将来発生する相続税の負担が重くなると推し量ることができる。

2　想定納税額の計算

(1)　個人バランスシートの数値

　個人バランスシートの数値は、ある一定時点の家計の状況を把握するために、取得価額ではなく、時価で記載することになる。

　ただし、個人バランスシートを用いて、将来発生する相続税の概算額を計算する場合には、個人バランスシートの数値を相続税評価額に置き換えることが必要となる。

図表3-3-2　個人バランスシート（想定納税額の試算用）

【資産】		【負債】	
現金・預貯金		借入金	相続税評価額
有価証券		その他負債	
生命保険金		（負債合計）　(B)	
退職手当金	相続税評価額		
土地		相続税債務	概算額
建物			
自社株		【純資産】　(C)=(A)-(B)	差額
その他			
資産合計	(A)	負債・純資産合計　(D)=	(B)+(C)

(2)　個人バランスシートを用いた想定納税額の計算

実際に、個人バランスシートを用いて想定納税額を計算してみよう。

設例）次の資料に基づき、今一次相続が発生した場合に納付することになる相続税の試算額（一次相続税債務）を計算する。

【資料】

・推定相続人：妻、長男、長女の３名（相続放棄者はいない）

・相続割合：妻50％、長男30％、長女20％

・土地：小規模宅地等の特例(特定居住用宅地等)の適用対象(限度面積内)

・税額控除：配偶者の税額軽減のみ　　・葬式費用：考慮外とする。

■ファミリーの個人バランスシート（時価ベース）

（単位：万円）

【資産】			【負債】		
区分	被相続人	妻	区分	被相続人	妻
現金・預貯金	1,500	1,000	借入金(※4)	1,700	－
有価証券	1,500	－	その他負債	300	－
生命保険金(※1)	2,000	－	（負債合計）	2,000	－
退職手当金	5,000	－			－
土地(※2)	10,000	－			
建物(※2)	1,800	－	【純資産】	30,000	1,000
自社株(※3)	10,000	－			
その他	200	－			
資産合計	32,000	1,000	負債・純資産合計	32,000	1,000

（※1）解約返戻金相当額（想定納税額の計算時において保険事故未発生）
（※2）実勢価格　（※3）M&A株価　（※4）うち住宅ローン残高（団信加入済）1,000

■被相続人の資産・負債の相続税評価額(※5)

（単位：万円）

有価証券	上場株式の相続税評価額1,000	1,000
生命保険金	死亡保険金2,500－非課税枠500×３人＝1,000	1,000
退職手当金	死亡退職金5,000－非課税枠500×３人＝3,500	3,500
土地	相続税評価額8,000×（1－0.8)＝1,600	1,600
建物	固定資産税評価額1,000×1.0＝1,000	1,000
自社株	非上場株式の相続税評価額6,000	6,000
借入金	住宅ローン残高1,000については、団体信用生命保険より保険金が支払われ、住宅ローンが消滅するため、相続税の債務控除の対象外となる。	700

（※5）　上記表に記載がない資産、負債については、時価と相続税評価額が同じ金額であったものとする。

【解答】

①　時価を相続税評価額に置き換え、正味の遺産額を求める

■被相続人の個人バランスシート

(単位：万円)

【資産】	時価	相続税評価額	【負債】	時価	相続税評価額
現金・預貯金	1,500	1,500	借入金	1,700	700
有価証券	1,500	1,000	その他負債	300	300
生命保険金	2,000	1,000	（負債合計）	2,000	1,000
退職手当金	5,000	3,500			－
土地	10,000	1,600			
建物	1,800	1,000	【純資産】	30,000	14,800
自社株	10,000	6,000			
その他	200	200			
資産合計	32,000	15,800	負債・純資産合計	32,000	15,800

②　課税遺産総額を求める

正味遺産額1億4,800万円－（基礎控除額3,000万円＋600万円×3人）

＝1億円

③　相続税の総額の計算

法定相続分に従って取得したものと仮定して、相続税の総額を計算する。

	法定相続分に応ずる取得金額	税額計算（相続税の速算表にあてはめる）
妻	1億円×1/2＝5,000万円	5,000万円×20％－200万円＝800万円
長男	1億円×1/4＝2,500万円	2,500万円×15％－50万円＝325万円
長女	1億円×1/4＝2,500万円	2,500万円×15％－50万円＝325万円
		相続税の総額1,450万円

■相続税の速算表

法定相続分に応ずる取得金額	税率	控除額
1,000万円以下	10％	－
1,000万円超3,000万円以下	15％	50万円
3,000万円超5,000万円以下	20％	200万円
5,000万円超1億円以下	30％	700万円
1億円超2億円以下	40％	1,700万円

④　各相続人等の算出相続税額の計算

相続税の総額を相続割合：妻50％、長男30％、長女20％に応じて配分し、各相続人等の算出相続税額を計算する。

妻：相続税の総額1,450万円×50％＝725万円

長男：相続税の総額1,450万円×30％＝435万円

長女：相続税の総額1,450万円×20％＝290万円

⑤　各相続人等の納付すべき相続税額の計算をする

妻：相続税の納付税額725万円－配偶者の税額軽減725万円(※6)＝0円

(※6)　配偶者が取得した財産額が法定相続分以下であるため、全額軽減

長男：相続税の納付税額435万円

長女：相続税の納付税額290万円

∴妻0円＋長男435万円＋長女290万円＝725万円（相続税債務の金額）

■一次相続税債務計上後のファミリーのバランスシート（単位：万円）

【資産】			【負債】		
区分	時価	相続税評価額	区分	時価	相続税評価額
	ファミリー	被相続人		ファミリー	被相続人
現金・預貯金	(※7)2,500	1,500	借入金	1,700	700
有価証券	1,500	1,000	その他負債	300	300
生命保険金	2,000	1,000	一次相続税債務	725 ←税額試算	
退職手当金	5,000	3,500	（負債合計）	2,725	1,000
土地	10,000	1,600			
建物	1,800	1,000	【純資産】	30,275	14,800
自社株	10,000	6,000			
その他	200	200			
資産合計	33,000	15,800	負債・純資産合計	33,000	15,800

(注)　ファミリー欄の数値：被相続人および妻の個人バランスシート合計額

(※7)　被相続人1,500＋妻1,000＝2,500

【補足】

　上記の個人バランスシートに示されるとおり、土地や建物のように、時価と相続税評価額の金額に大きな開きがある資産があるほか、生命保険金や退職手当金のように、相続税法上、非課税限度額が設けられている資産もある。相続税を引き下げるには、こうした時価と相続税評価額の金額に大きな開きがある資産に組み替えることが一つの手段となる。

3　ライフプランに基づく納税資金対策の重要性

「人生100年時代」と言われるようになり、相続実務の現場においても、老後資金に大きな関心が寄せられている。死亡のリスクに備えるだけでなく、長生きにも備える必要があるため、ライフプラン（生涯の生活設計）に基づく資金計画をもとに、納税資金対策を行うことが重要となる。

ライフプランの立案をする際には、ライフイベント表、キャッシュフロー表、前述した個人バランスシートの3つが利用される。

⑴　ライフイベント表

いわゆる人生の三大資金とは、住宅購入資金、子の教育資金、老後の生活資金の3つを指すが、それ以外にも結婚、出産など、将来発生する予定や希望（「ライフイベント」という）にいくら資金がかかるか事前に把握しておくと、将来の漠然とした不安が和らぐだろう。

ライフイベント表とは、顧客本人またはその家族のライフイベントおよび必要資金を時系列に表したものである。

図表3-3-3　ライフイベント表の例

経過年数	現在	1	2	3	4		13	14	15
西暦	2023	2024	2025	2026	2027		2036	2037	2038
本人の年齢	50	51	52	53	54		63	64	65
妻の年齢	45	46	47	48	49		58	59	60
子の年齢	17	18	19	20	21		30	31	32
イベント	車買い替え	子大学進学	子大学2年	子大学3年	子大学4年			本人退職	本人年金受給
必要資金	1,500	275	211	211	211				

⑵　キャッシュフロー（CF）表

キャッシュフロー表とは、現在の収支状況およびライフイベントごとの必要資金を基に、毎年の収支と貯蓄残高を予測して表にまとめたものである。キャッシュフロー表に決まった形式はないが、一般的には、次のような項目を盛り込むべきである。

必要項目	留意点
年間収入	年収から社会保険料や税金の負担を差し引いた可処分所得を記入する。
年間支出	一般的には、次の項目に分けて記入する。

記載項目	内容の例示
基本生活費	食費、公共料金等
住居関連費	家賃、住宅ローンの支払い等
教育費	学校の授業料、塾の費用等
保険料	生命保険料、損害保険料等
その他の支出	上記記載項目に分類されない支出
臨時的な支出	主に、ライフイベント表のイベントにかかる必要資金[※]を記入する。

必要項目	留意点
年間収支	年間収入から年間支出を差し引いた金額を記入する。
貯蓄残高	毎年の収支を反映した貯蓄残高を記入する。 (当年の貯蓄残高＝前年の貯蓄残高±当年の年間収支)

[※]　一般的に、ライフイベント表の数値は、現在価値で記入されるが、キャッシュフロー表の数値は、将来価値に直して記入する。また、項目ごとに変動率を設定して、将来価値の数値を求める。

図表 3 - 3 - 4　ライフイベント表の数値を将来価値に直す例

(単位：万円)

経過年数	現在	1	2	3	4
西暦	2023	2024	2025	2026	2027
イベント	車買い替え	子大学進学	子大学2年	子大学3年	子大学4年
必要資金　現在価値	1,500	275	211	211	211
必要資金　将来価値（変動率2％）	1,500	280	219	223	228

変動率 2 ％（仮定）で
3 年経過している場合

$$211 \times (1 + 0.02)^3 = 223.914\cdots$$

将来の金額＝現在の金額×（ 1 ＋変動率)^{経過年数}

163

例えば、図表3-3-4のライフイベント表を基に、キャッシュフロー表を作成すると次のようになる。

図表3-3-5　キャッシュフロー表の例

（単位：万円）

	経過年数		現在	1	2	3	4		14	15		50
ライフイベント表	西暦		2023	2024	2025	2026	2027		2037	2038		2073
	本人の年齢		50	51	52	53	54		64	65		100
	妻の年齢		45	46	47	48	49		59	60		95
	子の年齢		17	18	19	20	21		31	32		67
	イベント		車買い替え	子大学進学	子大学2年	子大学3年	子大学4年		本人退職	本人年金受給		本人逝去
		変動率										
キャッシュフロー表	本人給与収入	1.0%	3,000	3,030	3,060	3,090	3,121		3,448	0		0
	その他	1.0%	500	505	510	515	520		8,574	780		1,086
	収入合計	–	3,500	3,535	3,570	3,605	3,641		12,022	780		1,086
	基本生活費	1.0%	1,000	1,010	1,020	1,030	1,040		1,149	1,160		1,578
	住居関連費	0.0%	900	900	900	900	900		300	300		300
	教育費	2.0%	200	280	219	223	228		0	0		0
	保険料	0.0%	100	100	100	100	100		0	0		0
	その他の支出	1.0%	200	202	204	206	208		229	232		315
	臨時的な支出	2.0%	1,500	0	0	0	0		0	0		0
	支出合計	–	3,900	2,492	2,443	2,459	2,476		1,678	1,692		2,193
	年間収支	–	▲400	1,043	1,127	1,146	1,165		10,344	▲912		▲1,107
	貯蓄残高	1.0%	29,600	30,939	32,375	33,844	35,347		65,860	65,606		44,200

上記キャッシュフロー表における死亡時の貯蓄残高は、その額面通りに相続財産（預貯金）となる。

個人バランスシート						（単位：万円）
【資産】	時価	相続税評価額	【負債】	時価	相続税評価額
現金・預貯金	44,200	➡ 44,200	借入金	× ×	× ×
有価証券	× ×	× ×	その他負債	× ×	× ×
生命保険金	× ×	× ×	**相続税債務**	**概算額**	◀計算

このように将来の収支を「見える化」して、老後資金の必要額や想定納税額を把握したうえで、納税資金等の対策を講じることが、顧客ニーズに応えることにつながるだろう。

第2節　納税資金の準備

> ### 学習ポイント
>
> ●手元資金や運用状況など、流動性の確保について理解する。
> ●保有資産の処分が見込まれる場合の留意点を理解する。
> ●自己株式による納税資金対策のメリット・デメリットや買取り手続きの
> 　概要を知る。
> ●取得費加算の特例、相続により取得した非上場株式を発行会社に譲渡し
> 　た場合の課税の特例の概要を知る。
> ●死亡退職金の課税上の取扱いを理解する。
> ●非課税限度額の活用等税務面も考慮した生命保険の活用方法を理解する。

1　資金準備状況の確認

　相続税の納税は、相続の開始があったことを知った時の翌日から10か月以内
に、所轄の税務署または金融機関にて、現金で一括納付することが原則である。
そのため、納税資金を現金で用意することができない場合には、納税するため
に、次のような対応をとることになる。

・保有財産の処分
・代償分割
・融資
・相続税を年賦により分割で納付する延納の選択。
・延納が困難な場合は相続した財産そのもの（不動産など）を納める物納の選択。

　また、延納も物納も利用するためには、厳しい条件があり、必ずしも、すべ
ての相続人が利用できるわけではない。相続税の納付期限に間に合わなければ、
ペナルティとして**延滞税**（納税金額に一定の税率を乗じて算定）が課せられる
ことになり、無駄な出費をすることになる。この項では、納税資金の過不足を
把握する方法や納税資金対策について説明する。

延滞税の概要

前提）相続税申告期限内に申告した場合

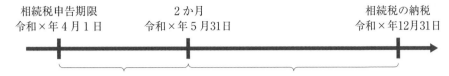

(1)　相続税の納税資金の過不足分析

　相続税の納税資金の過不足を把握するために、予測される相続税額に対して、換金が容易な（以下、流動性の高い）相続財産と相続人固有の財産がどのくらい準備されているのかを次表の計算式にて判定する。一般的に、この比率が100％より低い場合は、納税資金が不足していることになるため、対策をとる必要がある。なお、下記の判定式は、相続人１人の場合において有効であり、相続人が複数人いる場合は、個々に遺産分割考慮後の金額にて判定することとなる。更に、被相続人の配偶者が存命の場合は、２次相続を考慮した納税資金も想定しておくことが重要である。

納税資金の過不足判定式

$$\frac{流動性の高い相続財産＋流動性の高い相続人固有の財産}{予測される相続税額}$$

　個人バランスシート上で、上記「納税資金の過不足判定式」を示すと次のようになる。

図表3-3-6　個人バランスシート（納税資金の過不足分析）

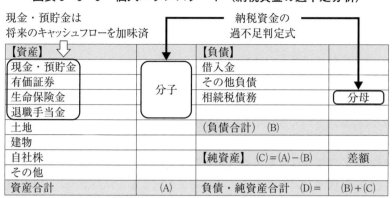

企業が貸借対照表を基に流動比率[1]を算出して、その企業の短期的な支払能力を確認するように、個人バランスシートにおいても、様々な数値の割合を求めて分析を行うことができる。個人バランスシート上で、流動性の高い資産（主に金融資産）と将来発生する相続税債務の割合を見て、納税資金の過不足分析をすると分かりやすいだろう。

(2)　相続税の納税資金に不足がある場合の対策

納税資金が不足していることが判明した場合は、相続開始後に納税が可能となるような対策を生前に行っておくことが重要である。具体的な生前の納税資金対策および相続開始後の納税資金の捻出方法については、次の図表のようになる。それでもなお、納付期限までに納税資金不足を解消できないときは、延納制度や物納制度を利用することも考えよう。

図表3-3-7　納税資金対策

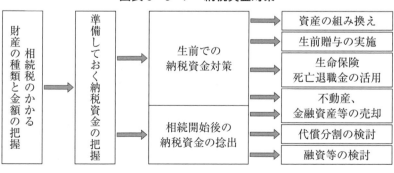

---

[1]　流動資産を流動負債で除したもの。

2　保有資産の処分

　保有資産を譲渡して納税資金を確保する場合、譲渡する時期に応じて留意すべき点が異なる。保有資産を換価（現金化）して納税資金の捻出を検討する際に、どのような点に留意すべきかをみていこう。

(1)　生前に保有資産を譲渡する場合の留意点

　生前に保有資産を譲渡する場合、相続財産の中で流動性の高い財産（金融資産）の占める割合が大きくなるため、遺産分割協議が成立しやすくなるが、以下の留意点がある。

①　相続税の評価額は実勢価格（実際の譲渡価額）を下回る場合がある

　相続税の評価額は、実際の譲渡価額よりも低くなる傾向がある。例えば、土地の相続税評価額は、路線価を基に計算することになるが、路線価は、公示地価の80％程度とされており、上場株式の相続税評価額は、相続が開始した日を含めた4つの株価のうち最も低い株価で評価し、取引相場のあるゴルフ会員権の相続税評価額は、原則として、取引価額の70％で評価することとされている。したがって、譲渡時から相続開始日までの相場変動を考慮しなければ、相続税の評価額は、実際の譲渡価額より低く計算されることになるため、納税資金に余裕があれば、生前に譲渡しないほうが相続税の節税につながることが多い。

②　取得費加算の特例の適用ができない

　相続または遺贈により取得した土地や建物、株式などの財産を相続開始のあったことを知ったときの翌日から相続税の申告期限の翌日以後3年を経過する日までに譲渡した場合、取得した相続人が負担した相続税額のうち一定金額を譲渡資産の取得費に加算することができる特例がある。そのため、譲渡益が見込まれる保有資産については、生前に譲渡しないほうが、譲渡所得税の負担が軽減される可能性がある。

(2)　相続開始後に保有資産を譲渡する場合の留意点

　相続開始後に保有資産を譲渡する場合、特に納税資金が足りずに相続税の申告期限までに譲渡するときの留意点は、以下の通りである。

①　相続財産（不動産）の遺産分割協議が成立している必要がある

　遺産分割前の相続財産は、原則として相続人により共有される。不動産を共有すると、相続人全員の同意がなければ、その不動産全体を売却することができない。相続財産中に不動産がある場合、その不動産を譲渡することにつき、予め合意が取れているときは、他の相続財産に先立って遺産分割協議を成立させておくことが望まれる。

② **小規模宅地等の特例の要件の確認をする**

　相続税の大幅な節税効果が期待できる小規模宅地等の特例では、宅地等を特定（同族会社）事業用宅地等、貸付事業用宅地等、特定居住用宅地等の利用形態ごとに区分したうえで、各々の適用要件を設定している。例えば、「相続税の申告期限まで宅地等を保有していること（保有継続要件）」を充たす必要がある場合、相続税の申告期限前に宅地等を譲渡してしまうと、小規模宅地等の特例の適用を受けることができなくなる。

③ **不動産を譲渡するときは売り急ぎに注意する**

　不動産を譲渡する場合は、譲渡するまでに長期の日数と手続きを要する。相続により取得した不動産譲渡の流れは、一般的に「不動産の相続登記、不動産仲介会社と媒介契約の締結、土地の確定測量・境界確定、売却方法の選択（売却時期、売却希望金額など）、購入希望者との交渉、売買契約の締結、決済、引渡し」となる。そのため、生前から土地の確定測量をするなど譲渡を見据えて準備をしておくことが重要である。また、納付期限までに譲渡手続きが完了しない可能性もあるが、納税資金確保のために焦って相場よりも安い金額で譲渡することが得策ではないことがある。そのため、金融機関からの借入、延納、物納等、取り得る選択肢から慎重に検討すべきである。

⑶ **代償分割を選択した場合の相続税の課税価格の計算**

　代償分割を選択した場合における相続税の課税価格は、下記のように計算する。

代償財産を交付した人の課税価格	代償財産の交付を受けた人の課税価格
下記「①－②」の金額 ①　相続または遺贈により取得した現物の財産の価額。 ②　交付した代償財産の価額。	下記「①＋②」の金額 ①　相続または遺贈により取得した現物の財産の価額。 ②　交付を受けた代償財産の価額。

3　自己株式と税務上の特例

　自己株式とは、例えば、会社が発行した株式を会社自ら買い戻すことにより、自社で所有する株式のことである。

⑴ **自己株式の活用による納税資金対策**

　相続財産の中に、非上場会社の株式がある場合、相続人は、被相続人が保有していた非上場株式を取得することになるが、毎年利益を出している会社の株価は一般的に高くなる傾向がある。そのため、相続が発生し、換金性や流動性

に乏しい非上場株式の価額が相続財産のうちの大部分の金額を占めることになると、相続税の納税資金不足が生じる可能性がある。そこで、相続税の納税資金対策として、非上場株式を発行会社に譲渡する方法が有効な対策となる場合がある。

(2)　自己株式の取得による課税関係

　原則として、非上場株式を発行会社に譲渡した場合には、発行会社が積み上げてきた利益の分配と、発行会社へ拠出した資本金の払い戻しの2つの側面から所得税が課税されることになる。

　まず、発行会社が積み上げてきた利益の分配の側面での課税についてである。具体的には、会社の買取り金額が、その株式に対応する会社の資本金等の額を超えている場合に課税され、超えている部分の金額は、配当所得（**みなし配当**）として総合課税の対象になる。総合課税とは、給与所得や事業所得などの所得金額を合算した合計金額に対して、所得税率（超過累進課税方式であり、所得金額が大きくなればなるほど税率が上昇し、最高税率は45.945%、住民税と合わせ55.945%）を乗じて所得税額を算出する方法である。

　次に、会社へ拠出した資本金の払い戻しの側面での課税についてである。具体的には、譲渡する株主の取得価額（被相続人の取得価額を引き継ぐ）が、その株式に対応する会社の資本金等の額を下回っている場合に課税され、下回っている部分の金額は株式譲渡所得として、申告分離課税（株式の譲渡所得）の対象になる。申告分離課税とは、他の所得とは合算せずに、所得税率（一律15.315%、住民税と合わせ20.315%）を乗じて所得税額を算出する方法である。

(3)　相続により取得した非上場株式における税制上の優遇措置

　相続または遺贈により取得した非上場株式については、「相続により取得した非上場株式を発行会社に譲渡した場合の課税の特例」という税制上の優遇措置が講じられている。この適用を受けることができる場合、2つの税務メリットがある。

　1つ目のメリットとして、上記(2)でみなし配当とされた部分は総合課税の対象にはならず、申告分離課税（株式の譲渡所得）の対象になるため、非上場株式を譲渡した者の総合課税の所得金額が多いときは、所得税の負担が軽減される（総合課税の所得金額が少ないときは、メリットがないこともある）。

　2つ目のメリットとして、非上場株式による譲渡所得金額の計算において、非上場株式に対応する相続税の金額を取得費（取得価額）に加算することができる。つまり、譲渡益を抑えることで所得税の負担が軽減される。

　一方で、非上場株式の取得にあたっては会社の預貯金をもとに取得すること
になるため、会社の資金繰りを悪化させる要因になる等のデメリットもある。

図表3-3-8　原則の課税関係（左）と適用条件を充たした時の課税関係（右）

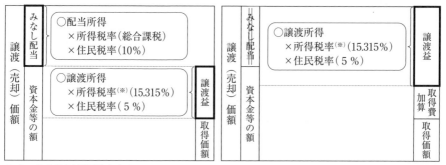

（※）　復興特別所得税率を含む

　本特例の適用を受けるためには、下表に掲げる条件を充たす必要がある。な
お、非上場株式を生前に発行会社に譲渡した場合は、本特例の適用を受けるこ
とはできない。

適用条件

・非上場株式を取得した相続人が、相続等により納付すべき相続税の額があること。
・相続税申告期限の翌日以後3年を経過するまでの間に譲渡すること。
・譲渡する時までに「相続財産に係る非上場株式をその発行会社に譲渡した場合のみなし配当課税の特例に関する届出書」を発行会社に提出し、発行会社を経由して、発行会社の所轄税務署長に提出すること。

4　死亡退職金等

(1)　退職手当金等の支給の確定時期による課税の違い

　被相続人の死亡により、相続人その他の者が当該被相続人に支給されるべき
であった退職手当金、功労金その他これらに準ずる給与（以下、退職手当金等
という）で、被相続人の死亡後3年以内に支給が確定したものの支給を受けた
場合、当該退職手当金等を受けた者は、退職手当金等を相続または遺贈により
取得したものとみなされる。

図表 3 - 3 - 9　支給確定時期による課税される税金の違い

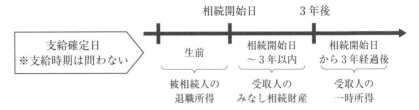

(2)　**遺産分割協議**

　退職手当金等は、その法人の就業規則や退職慰労金規程に基づき支給されることになり、一般的に規則や規定において、受取人の範囲・順位について明確な定めがある場合は、遺族の生活保障を目的としていることから受取人の固有の財産となり、遺産分割協議の対象とはならない。

(3)　**納税資金対策への活用**

　被相続人が従業員や上場会社の役員の場合は、勤務先の就業規則や退職慰労金規程等、退職手当等に関する支給基準や支給金額、受取人の範囲・順位等について事前に確認することで、退職金額を把握し、各相続人に将来の納税資金として過不足がないか把握することが重要である。

　一方、同族会社で経営している会社の役員の場合は、自身の役員報酬を比較的柔軟に変更することができる。そのため、納税資金対策として、役員退職慰労金の原資を会社に貯蓄し、退職時の支払いに備えることが重要である。なお、役員退職慰労金を支給するためには、原則として、定款または株主総会の決議が必要となるため、支給までに時間を要する可能性がある。この点も踏まえて納税資金を準備する必要がある。また、死亡の時まで会社に在籍していた場合は、死亡退職金が受取人に支給されることになる。この際の死亡退職金については、死亡保険金と同様に非課税限度額（500万円×法定相続人の数）が設けられている。

(4)　**弔慰金**

　被相続人の死亡により、会社から弔慰金（弔慰金、花輪代、葬祭料等）が支給された場合、死亡時における普通給与を基準として算定された一定の金額までは相続税が非課税とされている。

5 生命保険契約

(1) 生命保険契約の契約形態による課税関係

　生命保険契約は、保険者が人の生存または死亡に関し一定の金銭での保険給付を行うことを約するものをいい、契約形態すなわち「保険料の負担者、被保険者、保険金受取人」の違いにより、相続税、所得税、贈与税のいずれかの課税対象になるため、納税資金対策として生命保険契約をする場合は契約形態を考慮する必要がある。

図表 3 - 3 - 10 　契約形態による課税関係

ケース	保険料負担者	被保険者	保険金受取人	税区分
1	A	A	B	相続税
2	B	A	B	所得税
3	B	A	C	贈与税

A：被相続人　B：相続人　C：A、Bと異なる者

(2) 遺産分割協議の対象外

　生命保険契約の被保険者を被相続人、保険金受取人を相続人とすることで、被相続人の死亡に伴い、相続人は自身の固有の財産として、遺産分割協議をすることなく死亡保険金を受け取ることができる。また、一般的に、死亡保険金の請求手続きは、預金の解約手続き等と比較して簡易な手続きであり、かつ、受け取るまでの期間が短いので、納税資金対策の1つとして活用されていることが多い。

(3) 契約形態による課税の違いと納税資金対策への活用

① 被相続人を保険料負担者・被保険者、相続人を保険金受取人とする契約

　図表 3 - 3 -10のケース 1 の契約形態であるが、この場合、被相続人の死亡を保険事故として、相続人が現金で受けとった死亡保険金を、納税資金に充てることができる。また、現金を相続するときは現金の額面がそのまま相続税の課税対象財産となるが、死亡保険金には非課税限度額(500万円×法定相続人の数)が設けられているため、被相続人が現金を残す代わりに当該契約形態により生命保険に加入していれば、相続税の課税対象財産を減らすことができる。したがって、納税資金対策と節税対策の両面で有効な契約形態である。

② 相続人を保険料負担者・保険金受取人、被相続人を被保険者とする契約

　図表 3 - 3 -10のケース 2 の契約形態であるが、この場合も相続人が現金で受

け取った死亡保険金を納税資金に充てることができる。また、推定相続人が自己資金で保険料を負担できない場合は、被相続人が、保険料相当額の金銭を生前贈与することが考えられる。推定相続人がその現金で被相続人を被保険者とする生命保険に加入すれば納税資金対策と節税対策の両面で有効な契約形態となる。

⑷　契約形態の検討方法

　まずは、相続税における非課税限度額まで、上記⑶①の契約形態で生命保険契約を締結することが有効である。次に、被相続人が保険料相当額の現金を推定相続人に生前贈与して、上記⑶②の契約形態の生命保険契約を締結するべきか、現金として相続財産に残しておくべきか検討することにする。検討にあたり、相続税の限界税率と所得税および住民税の実効税率を比較することが有効である。⑶②の形態で受け取った死亡保険金は、受取時に一時所得として扱われ総合課税の対象となる。一時所得の金額は、（受取保険金の額－既払込保険料－特別控除額（50万円））となる。一時所得にかかる税額は、（一時所得金額×1/2×総所得金額に応じた税率）で計算する。従って、所得税と住民税を合わせた実効税率は、最大でも27.9725％（55.945％×1/2）で済む。なお、被相続人が贈与する金額が年間110万円を超過する場合は、その超過分にかかる贈与税の負担額も検討に加える必要がある。その他に、⑶①の形態で契約している生命保険契約の死亡保険金の額が非課税限度額を超過することが見込まれる場合には、保険料の支払いの途中で、保険料負担者を被相続人から相続人に変更することも検討に値する。その場合、相続税と所得税の課税対象になる死亡保険金額については、次の図表のとおり算定することになる。

図表3-3-11　保険料負担者が異なる場合の課税対象

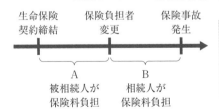

⑸　生命保険契約を活用する際の留意点

①　課税関係は、保険料負担者で判断する

　生命保険の契約者を相続人、被保険者を被相続人とした保険契約であっても、

保険料負担者が被相続人である限り、死亡保険金は相続税の課税対象となる。前述5(1)で契約形態による課税関係について触れたが、死亡保険金の課税関係については契約者ではなく、実際の保険料負担者で判断することになる。

② **相続人ではない者を死亡保険金受取人にした場合、相続税の課税対象者になる**

代襲相続人ではない孫を死亡保険金受取人に指定している場合において、被保険者である被相続人が死亡したときは、代襲相続人ではない孫が死亡保険金を遺贈により受け取ったとみなされる。そのため、以下の3点に注意する必要がある。

第1に、代襲相続人ではない孫が、相続開始前3年以内に被相続人から生前贈与を受けた財産についても相続税の課税対象となる（相続開始前3年以内であれば贈与税がかかっていたかどうかに関係なく、基礎控除額110万円以下の贈与財産や死亡した年に贈与されている財産の価額も加算する）。

第2に、死亡保険金の非課税枠を適用できるのは相続人のみであるため、代襲相続人ではない孫が死亡保険金を受け取った場合、死亡保険金の額そのものに相続税が課税されることになる。

第3に、代襲相続人ではない孫が負担すべき相続税額については、その相続税の額の2割に相当する金額が相続税に加算されることになる。

例題 3 - 3 - 1

正しいものに○、誤っているものに×を付けその理由を説明しなさい。

1　納税資金対策を検討する手順

① 財産目録を基に相続税の概算額を算定し、金融資産や処分可能資産額と比較し過不足額を把握する。

② 処分可能資産のうち不動産については、公示価格や近隣の取引事例を参考に処分可能価格を検討した。

③ 相続税の概算額の総額が、金融資産の総額の範囲内にあるので、特にそれ以上の分析は行わなかった。

④ 相続税の概算額については、一次相続に加え、二次相続も見据えて計算しておくべきである。

2　相続税の納税資金対策

① 相続開始後に不動産を売却するときは売り急ぎに注意する。

② 納税資金対策として少しでも資金を増やすため、ハイリスク・ハイリターンの運用をした。

③ 不動産は隣地との境界確定等で売却に時間がかかることがあり、生前から準備を進めることが重要である。

④ 生命保険金を納税原資と考える場合、納税資金が不足する人を受取人とする契約にする必要がある。

3　相続により取得した非上場株式を発行会社に譲渡した場合の課税の特例「譲渡対価の全額を譲渡所得の収入金額とする特例」

① 相続等により取得した非上場株式を相続開始日の翌日から3年の間に発行会社に譲渡することが特例の適用要件の1つとされている。

② 非上場株式を取得した相続人が、相続等により納付すべき相続税の額があることが特例の適用要件の1つとされている。

③ 相続等により取得した非上場株式を譲渡する時までに、「相続財産に係る非上場株式をその発行会社に譲渡した場合のみなし配当課税の特例に関する届出書」を発行会社の所轄税務署長に提出することが特例の適用要件の1つとされている。

④ 相続により取得した非上場株式を発行会社に譲渡したものの「譲渡対価の全額を譲渡所得の収入金額とする特例」の適用を受けない場合、譲渡所得の他に配当所得として課税されることがある。

4　死亡退職金を相続税の納税資金に充当する場合

① 死亡退職金は相続財産なので、遺産分割の対象となる。

② 死亡退職金の受取の順位は規定されていることがあり、納税資金が不足する相続人が受領できないことがある。

③ 役員退職金規定で定められている役員退職金が、税務上適正かどうか、納税資金として十分かどうか検討しておく必要がある。

④ 死亡退職金の支給を株主総会で決める場合には、支給までに時間を要することがあり、納税時期等のスケジュール計画が重要となる。

解答・解説

1

① ○　問題文の通り。

② ○　問題文の通り。

③ ×　全体で納税資金の不足がなくても、財産の配分方法により個々人のベースでは過不足が生じる可能性がある。

④ ○　問題文の通り。

2

① ○　問題文の通り。

② ×　ハイリスク運用をすることは、納税資金不足となる可能性もあるのでリスクテイクは慎重に判断する。

③ ○　問題文の通り。

④ ○　問題文の通り。

3

① ×　申告書提出期限の翌日以後3年を経過する日までの間に発行会社に譲渡する。

② ○　問題文の通り。

③ ○　問題文の通り。

④ ○　問題文の通り。

4

① ×　生活保障等の事由で受給権者が指定されている場合、原則、相続財産ではなく受給権者の固有財産となる。

② ○　問題文の通り。

③ ○　問題文の通り。

④ ○　問題文の通り。

本章のまとめ

●個人財産の全体像を把握したうえで、効果的な納税資金対策を行うことが重要である。個人（ファミリー）のバランスシートは、個人財産の全体像を把握するために役立つツールであるため、その見方や構造を理解することが重要である。

●納税資金対策においては、相続税の納税資金を確保しながら、自己の老後資金を備えることが必要となるため、ライフプランに基づく資金計画をもとに納税資金対策を行うことが重要である。

●相続財産や相続人固有の財産の中に、手元資金や有価証券、生命保険金などの換金が容易な資産がどれだけあるかを確認したうえで、納税のために最低限必要な流動性の確保をしておくことが重要である。

●納税資金の捻出のために保有資産の処分が見込まれるときは、処分する時期によって適用できる所得税の特例や相続税の特例などが変わるため、慎重に判断する必要がある。

●非上場株式を相続するとき、発行会社に譲渡して得た資金を納税資金に充当することが考えられるが、一般的に譲渡対価にかかる課税が大きな負担となることから、税務上の優遇措置が設けられている。

●死亡退職金や生命保険金には非課税の限度額が設けられており、その範囲内であれば相続税の負担がないため、現金のまま納税資金を残しておくよりも節税効果がある。また、生命保険は契約形態によって課税される税区分が異なるため、納税資金対策として生命保険契約を活用する場合には、目的に応じた契約形態を選択することが重要である。

第4章　信託を活用した資産の管理と成年後見制度

第1節　信託の概要

学習ポイント

- ●顧客の資産管理・承継に必要な信託の特徴を理解する。
- ●信託の成立要件、信託財産の要件や、債務の扱いを理解する。
- ●受託者の役割を理解し、受託者として執行する事務を理解する。
- ●受託者の善管注意義務等を理解する。
- ●受託者への監督制度（信託監督人、受益者代理人、信託管理人）を理解する。
- ●自益信託と他益信託、受益者および受益権等について理解する。
- ●遺言代用信託、受益者連続信託の仕組みを理解する。
- ●信託終了事由、終了時の信託財産の帰属先について理解する。
- ●民事信託を顧客ニーズに合わせ組成するポイントを理解する。
- ●民事信託を活用した不動産の有効活用と管理、認知症対策、株式等の資産管理の仕組みを理解する。

【1】　信託の組成と六つの基本要素

1　制度と六つの基本要素

⑴　制度背景

　戦後、経済成長とバブルの生成崩壊を経て、日本人、中でも著増した中間層は、格差はあっても、資産を蓄積してきた。しかし、成長期はとうに終わり、日本経済社会のここ10年の最大の構造変化は、明治以来3.5倍になった人口が急激に縮小過程に入ったことだ。少子高齢化に伴う認知症と身寄りのない「おひとり様」著増と相まって、生前の資産（財産）の運用管理と死後の次世代への承継が社会問題となっている。

　認知症は生前に、死亡は死後に、いずれも保有者が資産（財産）管理を自分でできなくなることを意味している。生前にせよ、死後にせよ、自らできない

ときに、誰かを信じて資産（財産）の運用管理を「託する」ニーズが、日本社会には広くある。例えば、認知症には75歳以上の４分の１がなっているが任意後見では生前しか対応できず、その後法定相続になると病気の子供の財産管理が常にできる保障はないという福祉的ニーズ、経営する中小企業の株式は専務の次男から長男の優秀な孫に継がせたいというような世代を越える財産承継ニーズ、複数者の財産管理法人を作るまでもなく管理者に任せたいという事務管理ニーズ、がある。そうしたときに家族や親族更に信頼できる第三者を受託者とする信託契約を締結して、生前死後の財産管理について安心安定を得ることができる。

　富裕層には上記のニーズがより強くあり、海外の富裕層では、パナマ文書などの例にみられるように信託を活用して、財産の管理、運用、承継をしていくことが多い。信託の組成や管理・運用には、手間とコストがかかるほか、特にわが国においては事例、判例の集積が始まったばかりでリスクも伴うが、民法による相続では実現できないメリットがある。

　富裕層に限らない、上記のニーズにどのようにプライベートバンカーは応えていくのか？　以下、暫く制度説明が続き退屈と思われるが、ここを理解したうえで、後半の具体的な事例学習で、より制度を深く理解し、信託をコーディネートする場合（特に資格は不要であるが、士業者でしか法律上できない業務を含む内容の信託を組成する場合には、専門家の知見も借りて連携することが重要である）の勘所を押さえることにより、長持ちする信託を組成、また、他者の組成した信託スキームの問題点を指摘できる能力が身につくようになる。制度は、一読して理解できなくても、何度も事例を想定して読み返し理解を深めることが必要である。後は事例にぶつかり、場数を踏むことである。そうすることで、信託の組成によるメリットとそのための手間とリスクも含めて十分な顧客への説明ができるようになる。

⑵　財産管理を託し、託される制度、六つの基本要素

　財産管理を誰かに委ねることは日常でもありうるが、信託とは、
- ・「**委託者**」が、特定の目的「**信託の目的**」を予め決めて掲げ、
- ・目的達成に必要な管理運用者である「**受託者**」と契約し（「**信託行為**」の一つ）、または自ら宣言し（「**信託行為**」を信託宣言または遺言で行う）、
- ・受託者に対して自らの財産を支配する権利（典型的には所有権、債権者の地位等）を移転して、管理運用を託し、
- ・移転した財産（「**信託財産**」という）の管理運用を託された受託者から管

理運用の成果である信託の利益を受け取る権利（信託受益権という）を持つ「受益者」を決める、

　仕組みで、法律[1]により制度化されている。鍵となるのは、「信託の目的」、枠組みを決める「信託行為」、委託者から受託者に移転される「信託財産」、「委託者」、「受託者」、「受益者」の六つの基本要素である。

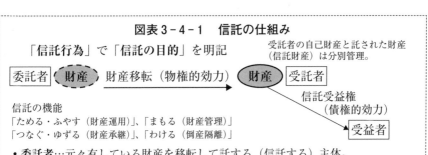

図表3-4-1　信託の仕組み

「信託行為」で「信託の目的」を明記

受託者の自己財産と託された財産（信託財産）は分別管理。

委託者　財産　財産移転（物権的効力）　→　財産　受託者

信託受益権（債権的効力）

信託の機能
「ためる・ふやす（財産運用）」、「まもる（財産管理）」
「つなぐ・ゆずる（財産承継）」、「わける（倒産隔離）」

受益者

- **委託者**…元々有している財産を移転して託する（信託する）主体。
- **受託者**…託された財産を、管理・運用する主体。
- **受益者**（恩恵を受ける人）…財産から生じる利益を得る権利を持つ主体。

　信託を組成する法律行為を信託行為と言い、信託行為は、信託契約（委託者・受託者の二者）、委託者の遺言（単独行為）[2]、委託者＝受託者の**信託宣言**（単独行為、公正証書等による、「**自己信託**」という）の三方式のいずれかによらなければならない。

---

[1]　2006年に84年ぶりに抜本改正された新信託法が施行された。1923年に施行された旧信託法は、不健全な業者が信託と称して営業するので消費者被害抑制の観点から信託業法と相まって規制色の強い法律ができ、事実上、商事の信託は信託銀行以外営めず、資産流動化など経済ニーズに柔軟に合わせるための様々な類型の信託における委託者、受託者、受益者の関係の任意的な規律によって、信託を組成するには不十分な法制度となっていた。新法では自己信託（委託者が受託者を兼ねる）、限定責任信託（受託者の固有財産では信託財産にかかる債務を支払う必要がない）、受益者の定めのない信託、後継ぎ遺贈型の受益者連続信託、などが認められることが明確となるなど、経済ニーズに合わせて、信託を組成することが可能となった。

[2]　これは遺言によって信託行為をするという意味であり、「遺言による信託」である。混同しやすいのは信託銀行や信託免許を有する地域銀行（以下、「銀行等」という）などが提供している「遺言代用信託」や「遺言信託」である。いずれも「遺言による信託」とは別物である。違いは本章第3節3「遺言信託（学術上、実務上）、遺言代用信託の仕組み」を参照。

(3)　信託契約の例

　信託契約の簡単な例をあげると、病気で寝たきりの長女、他に長男、次女がおり、自らも認知症の気味がある高齢者（委託者）が、経営しているアパート（不動産）を、次女（受託者）と信託契約して、委託者死亡後の長女（受益者）に生涯、長女の生活の安定と福利厚生を図ることを目的として、次女に管理運用を託する。これによりアパートの所有権は次女に移る（ただし、信託財産としてであり、自己財産と分別管理が必要）。何も手を打たなければ高齢者の死後、アパートは相続財産となり、遺産分割協議となり、法定相続なら長女の取り分は3分の1になる。また他の相続人と遺族間紛争もあり得る。信託契約で、長女死亡を信託終了事由と定め、信託の終了後、残余財産は次女またはその相続人が所有すると決めておくことができる。ただし、注意すべきことは、信託は、財産管理と承継のための道具、制度であって、要は金銭面からの解決を図るにすぎず、身上保護の配慮は可能ながら信託目的とすることはできず、後見制度と組み合わせるなどして、長女の実際の看護は、家族や親族、病院、社会福祉施設などが行う分野だということである。信託だけが社会生活で単独してある訳ではなく、金銭面の安全安心と物理的（事実行為）なケアが組み合わさって関係者のニーズに沿うスキームが実現できる。

(4)　委任、信託、会社の比較

　ここで信じて託する信託と、委ね任せる委任と、（現物を含め出資して選んだ）経営者に委ねる会社とを比較して、信託の特長を説明する。いずれも動機は、

図表3-4-2　委任、信託、会社の比較

	委任	信託	会社
動機	事務的傾向	Aは自らできない ⇒	投資的傾向
当事者	委任者A 受任者B	委託者A 受託者B（＝A可） 受益者C（＝A可）	株主A　Aの総会 会社B 取締役会E、監査役D
Bの仕事の成果受領者	A	C	A
Aの財産移転	なし	あり（Bへ）	あり（Bへ）
Bの監視者	A	A、C、信託監督人、受益者C代理人等	Aの総会、Eの取締役会、D
法的枠組	委任契約 （民法が規律）	信託契約等 （信託法が規律）	出資等 （会社法が規律）

起点となる者、設定者（委任者、委託者、株主）が自らはできないことを他人に任せてしてもらうための仕組みである。

　その他人に任せた仕事の成果を、当然に第三者（委託者が受益者を兼ねることはできる）に得させるのが信託の特徴である。委任でも第三者にその成果を得させることは、第三者のためにする契約の形式をとれば可能であるが、当該第三者が受益の意思表示をする必要がある点、財産移転がない等の点で信託とは異なる。信託では設定者は財産を移転することが必要になる（信託の財産管理機能、倒産隔離機能）。会社設立の場合でも、金銭や現物出資により株主は財産を移転するが、動機は財産管理よりも事業による収益動機が強くなる。一方で株式会社制度は、出資の形で財産移転を受けた会社の執行部が、期待通りの働きをするような監視が組織化（株主総会、取締役、監査役等）され、その実現へ向けて組織形態が定まっている。逆に言えば、信託は契約内容（会社なら定款）を柔軟に設定、変更が可能であるほか、監視も契約で決めることができる高い柔軟性を持っている。信託の受託者、会社の取締役はいずれも善良な管理者の注意義務を負うだけでなく、委託者（出資者）の犠牲で、自己や第三者の利益を図ってはならないという忠実義務を負い、このため受益者（株主）が託して利益を得られることを確保する仕組みとなっている点に特徴がある。更に信託は、終了後の信託財産の受取人である残余財産受益者や帰属権利者を決めることで財産の承継機能を持つ点で、管理と承継が一つの仕組みで可能なことが、委任や出資にはない特徴である。

　信託法は、委任でもなく、会社でもない方法で、委託者から財産を分離して倒産隔離機能を持たせ、受託者を監視する仕組みをいろいろ選択することができる方法として、信託目的の内容次第でその達成に資するよう、組織のない法的枠組みを用意することで、委託者の願う目的実現を確保しようとしている。各制度の特徴を知り、ニーズに合わせて組成、併用していくことも可能であり、ニーズをしっかり把握して、慎重に検討することが求められる。

(5)　信託の目的の重要性

　信託契約（信託行為の1つ）も契約である以上、起こり得るケースを想定して、場合分けをして詳しく書くことが考えられるが、具体的なあらゆるケースをすべて書き込むことは不可能である。このため信託契約の定めで最も大切な条項は、具体的な受託者の行為や受益の内容を定める条項の解釈指針になる「信託の目的」条項である。資産蓄積の下、財産をどう管理運用、承継するか各人に多様なニーズがある。金融機関等の出来合い商品ではなく、オーダーメイド

で目的に叶う仕組みを作る、そのための出発点が「信託の目的」である。自ら
の認知症への対応や病気や障害のある子供のための財産管理なのか、中小企業
の事業承継のためなのか、意図した財産管理や承継（子、孫、趣味の会、社会
貢献、財団等）なのか、いずれにせよ仕組みに関与する当事者の行動規律の軸
となるのが「信託の目的」であって、具体的に定めることが求められる。前述
の例でいえば、受託者である次女の行動は、長女の生活の安定や福利厚生に反
することはできないし、反する行為は後述のように受託者を監視する信託監督
人や受益者である長女の代理人（受益者代理人）から原状回復請求などがあり
得る（信託法第92条各号）。信託は、一定期間継続する仕組みであり、その担
い手の権利義務を明確化する制度だけに組成、維持にコストがかかる、それに
見合う効果を挙げていくためにも当事者（少なくとも委託者と受託者、可能な
ら受益者も）の間で目的について認識が揃っていることが極めて重要である。
逆に言えば、目的が明確でない信託は、却って紛争のリスクが高くなる。「信
託の目的」を当事者が事前に意識合わせすることは不可欠である。

(6)　**コンサルティングの必要性**

　信託の組成には、当事者は当然だが、弁護士や登記のために司法書士、最適
課税とするために税理士など士業への委任が必要になる。しかし重要なのは、
何を目的とするかであり、例えば、後継ぎ遺贈型受益者連続信託のように何代
にもわたる財産の維持管理、更に物理的なケアが必要な委託者や受益者に対し
て福祉のための対応も同時に手配できているか考慮、確認するなど、ニーズを
委託者から聞き取り、それを形にする想像力であり、創造力である。そのとき
にプライベートバンカーの聞き出す力やまとめる力が重要であり、腕の見せ所
がある。

(7)　**信託が法制度である理由**

　目的やニーズに対してはいかようにも信託という仕組みは対応でき、また後
継ぎ遺贈型受益者連続信託や自己信託など幾つかの特定の型についてそれらが
可能であることを2006年の信託法改正は明確にした。利用する側に選択肢が大
いに広がった。

　元来契約には制約はないにもかかわらず信託法で信託が制度化されている理
由、すなわち制度化の眼目は、信託の目的の実現のために、受託者が信託財産
を食い物にすることなく、受益者に財産管理運用の利益を確実に得させるため

の、受託者への規制[3]である。更に移転した財産は、委託者の財産ではなくなるほか、受託者の固有財産とも分別管理されるので、委託者や受託者の倒産時に委託者や受託者の債権者のための破産財団等を構成しないという点で倒産隔離機能を持つ。この点、委託者の財産拠出による倒産隔離機能、受託者の管理に対する制度によるチェック（ガバナンス）は、法人格はないものの、法人設立と経済的に類似する面がある。

　この点をとらえて、信託行為は、経済的には機関（総会、取締役、監査役）のない会社設立と言われる。

(8)　民事信託契約、商事信託契約、家族信託契約

　これまで「信託」と書いてきたが、受託者が、営業（反復継続して、収益を得る業として行う場合）として受託する場合には信託免許または登録を受けた信託会社であることを要し、この場合の信託を**商事信託**と言う。それ以外を**民事信託**と言う。受託者を委託者の家族や親族またはそれらが関与する法人（財産管理会社など）とする場合を「**家族信託契約**」と言うことがある（「家族信託」という言葉には商標権がある点に注意）。受託者が法人であることは民事信託でも可能である。もっとも株式会社が受託者となる場合には、定款に信託の引き受けが記載されている場合で、1回限りでも営利目的と解され、商事信託として信託業法による免許または登録が必要という考え方がある。このため実務上は営利性が否定される一般社団法人を受託者とすることが行われている。

　プライベートバンカーは、信託の当事者によりニーズや背景が異なること、また適用される法やルールが異なることを意識しておく必要がある。以下では、民事信託を基本とする説明をするが、プライベートバンカーが組む相手として、受託者が信託銀行を含む信託会社となる場合もありうる。言葉遣いとしては、「信託契約」の語を用い、商事信託特有の問題があるときは、「商事信託」と特記する。また受託者が、家族の場合も多いが、それに限られないことから、「家族信託契約」の用語も説明上必要な場合に限って使用する。

　民事信託契約では民法の相続編（相続法）では取扱えない仕組みが可能である（本章第1節【3】「後継ぎ遺贈型受益者連続信託」参照）ほか、信託法の定めの多くは**任意規定（デフォルトルール）**であるため、別段の定め（委託者等に種々の権限付与することができるなど）が可能であるほか、委託者と受託者との合意で契約締結後に信託の変更をすることもできる。当事者は契約関係

---

[3]　信託とは、専ら受託者の利益を図る目的は除かれる。受託者は、受益者として利益を享受する場合を除き、信託の利益を享受できない。

があるのみで、法人格がないことから、すこぶる簡易で柔軟な対応ができる仕組みである。それゆえに、予め定めがない場合には、目的達成に脆弱であるほか、受託者や監督者に適任者を得ない場合には、悪用・トラブルの可能性が高い。また、改正信託法の施行後20年に満たず、相続法、他の法令（特に税法）と交錯する分野であるものの、民事信託の判例が類型化され判例法理となるほどにはまだ蓄積されていない、といった点には留意する必要がある。

⑼　プライベートバンカーの役割

　プライベートバンカーは、民事信託や、信託会社等の遺言代用信託を用いるコンサルティングにおいて、次のような点を考慮して対応し、また専門家と協働しつつ、信託当事者の理解を確認して、仕組みを組成するオルガナイザーの役割を果たすことが求められる。

- ・本人および承継させたい家族など関係者が、仕組みの意義とリスクを踏まえて信託当事者の職責を理解し、利害関係者にも合理的な選択であると納得させる。
- ・民事信託契約の歴史は、ここ20年弱であり、もともと民法、税法等とも交錯する分野である中で、民事信託の判例は下級審で見られ始めているが、上級審の判例は少ない。また、デフォルトルールである信託法の解釈や信託行為で別段の定めをした場合の解釈にも議論がある。
- ・民事信託の長所は、簡素で柔軟性があり、工夫次第では依頼者のニーズに沿った仕組みができる点にある。ただし、実務手続は今後の運用による部分もあり、受理できない登記、対応しない専門家や信託会社も多い。
- ・このため信託を組成するには、必ず各専門家と協働して、法務、税務、財務、諸手続きが終了するまで、当事者、財産、経費支出をどのように行うかをシミュレーションすることが必要となり、プライベートバンカーは関係者のコーディネーターの役を務めることが期待される。

2　信託財産の範囲

⑴　信託の効力発生時期

　信託を組成する信託行為は、信託契約、委託者の遺言（単独行為）、信託宣言（単独行為）の三方式のいずれかによらなければならない。信託の成立は、契約による場合は合意時、遺言による場合は遺言の効力発生時すなわち遺言者の死亡時、信託宣言は公正証書作成時または確定日付がある証書による場合には受益者への通知時に効力を生じる。停止条件や始期があれば条件成就や期限

到来により有効になる。

⑵　信託財産と対抗要件

　委託者から受託者に移転する財産を「信託財産」という。信託できる財産の種類や内容には制度上特に制限はなく、預貯金や株式、投資信託等の有価証券、土地・建物など、金銭的価値のあるものであれば信託することができる。信託財産とできるものに種類の制限は信託法上はない。もっとも、信託財産は委託者から受託者に移転するため、他の法律や契約で譲渡が禁止されているものは対象とできない。

　譲渡については**対抗要件**（第三者に移転したことを法的に主張できる要件）を備えることを要する。登記や登録が第三者対抗要件の財産（不動産、知的財産、上場株式等）が信託財産であることの公示（**信託目録**）を各法の定めにより登記・登録しなければならない。モノであれば占有移転が必要になる。例えば、不動産が信託財産である場合の登記は、委託者から受託者への権利変動の**移転登記**申請と受託者が単独で行う**信託登記**申請の２つを同時にする必要がある。また不動産の場合、信託目録により所定の信託事項を公示することになり、信託目録に記載すべき内容次第では効力、今後の登記手続き、プライバシー等に影響を与え、信託行為を添付情報とすると閲覧対象となるのでこうした点にも配慮のうえ慎重な検討を要する。

　信託財産が不動産、例えば、アパート等の収益物件である場合には、信託契約による場合には当事者（委託者と受託者）は、現状、登記、借入と担保権の有無、賃貸借の有無と内容、敷金の管理状況、修繕と積立金の実績、損害保険の状況、管理委託契約などを確認し、目的が達成できるかのシミュレーションをする。また、担保がある場合には融資者である金融機関の承諾を要する。未上場株式の場合には、会社の定款等で譲渡制限がないか、名義書換の要否の確認が不可欠となる。株式についての扱いの詳細は、本章第4節【3】事例4-3の解説を参照されたい。

⑶　預金の扱い

　信託財産が、不動産である場合に、管理運用にあたり金銭出納（家賃・管理費入金、修繕費支払、税金支払等）が必要になるため預金も信託財産とすることが多い。ところが預金は金融機関が**譲渡禁止特約**を付けている。このため信託財産目録には解約後の現金を念頭に「金銭　○○○万円」と書く必要がある。銀行名、預金口座名義、口座番号を書くことは不可となる。そのうえで、委託者の普通預金は一旦現金化して改めて受託者名義の口座（受託者固有名義でな

く信託財産の受託者としての名義、明示する場合には信託口口座と言われる）を開設することが適当である。信託に組み込みたい定期預金や外貨預金は解約する時期を考え追加信託とするなどを検討し工夫する。

⑷　債務の扱い

委託者の債務、例えば、信託財産であるアパートに担保権を設定した借入債務も、信託財産が負担する債務とできる。受託者が、委託者が負っている債務を債務引受（民法上の）して、それを信託契約の内容で信託財産責任負担債務とすることができることが信託法に明記された。逆に言うと信託財産が前提となるため、債務だけを信託財産とすることはできない。信託財産をもって弁済に充てる場合には、信託行為で信託財産責任負担債務とする旨の定めを要するし、債務を引き受けると受託者の固有財産も責任財産となる。また債務の移転には、委託者が債務者として残る**併存的債務引受**の場合は、委託者と受託者の契約に加え、債権者に対抗するためには債権者の承諾を要する。また委託者が債務者に残らない**免責的債務引受**の場合には、債権者と受託者の契約＋債権者から委託者への通知か、または委託者と受託者の契約＋債権者から受託者への承諾が必要になる。いずれにせよ債権者である金融機関の関与は不可欠となる。併存的債務引受だけだと委託者が認知症になると債務の諸変更の同意が得られなくなる点に留意する。

⑸　信託契約作成時の注意点

信託契約は、ひな型があっても信託目的や信託財産、更に信託目的を最も効率かつ効果的に実現するための受託者への制限、受託者や受益者の後継、信託終了事由などをしっかりと決める必要があり、弁護士等の専門家が作成するオーダーメイドが必要になる。また不動産の対抗要件具備には司法書士等による登記が、また信託財産管理のための信託口（預金）口座を開設する場合には金融機関の審査が必要になる。信託契約は委託者の意向を踏まえ目的が実現できるよう、法制度の制約をクリアするとともに委託者自身がリスクを認識して慎重に作成される必要がある。また、委託者の意思能力があっても日常的に事理弁識能力がない場合には契約当事者になれず、法定後見を付けざるを得ない状況であれば信託契約を結ぶことはできないと考えられる。それゆえ、信託契約は、公正証書で作ることが、紛失リスクがなく、信託口口座を開設する金融機関から求められることも多い。

【2】　受託者の権限と義務
1　受託者の資格と権限
⑴　受託者の権限と責務

　信託された財産は、受託者のもとで受益者のための財産として管理・運用することになる。受託者の役割は、「信託の本旨に従い、信託事務を処理」することである。信託の本旨とは、信託行為の信託目的の定めとその背後にある委託者の意図であり、目的達成のために必要な範囲で信託財産の管理運用処分を行う裁量の権限を有し、義務（信託事務遂行義務）を負う。このように受託者は、形式的な財産の名義人となり強大な権限を持つが、権限の範囲の指針として目的に簡潔にその範囲を示し、重要な制限を課すこともできる。信託法は受託者にその範囲で必要な義務を課すことで信託目的の実現を図っている。

⑵　受託者の法定義務

　受託者は**善管注意義務**（その職業や地位にある者として通常要求される程度の注意、専門家と素人では注意の程度が異なる点に留意する）、**忠実義務**（**競業避止義務、利益相反行為禁止義務**など）を負う。信託財産が不動産の場合、修繕を怠ったり、家賃収入の回収を怠ったりすることは善管注意義務違反にあたるほか、受託者の固有の利益と受益者の利益が相反する取引をすることは原則としてできない。信託財産を市場価格より安い価格で、自らが買い受けることは法に違反する行為となる。

⑶　分別管理方法、信託口口座

　受託者は、信託財産を自己の財産と混同させてはならない**分別管理義務**を負う。分別管理方法は、信託法に定めがあり、登記登録できる財産は「登記登録」、出来ない財産は、動産は「外形上受託者の固有財産と区別できる方法」、金銭は「その計算を明らかにする方法」である。不動産は登記、株式は株主名簿記載とともに株券があれば区別できるように保管することで足りる（別の貸金庫など）。問題になるのは預金であり、実務では金融機関に受託者固有名義ではなく、信託財産の管理者としての受託者名義、すなわち**信託口口座**を設けることが適切とされる。中でも受託者が、委託者の家族親族であって財産管理のプロでない場合には、受託事務を効率かつ安全に行うためにも信託口口座を設けることが望まれている[4]。もっとも現実に信託口口座開設を受入れる体制を整

---

[4]　日本弁護士連合会は、民事信託で信託の当事者や関係者が家族や家族が運営に関与している法人または知人等により構成されている信託を対象として（従って受託者がプロである商事信託や民事信託一般は対象外）、2020年9月10日に「信託口口座開設等

えた金融機関は、信託契約や信託財産の確認、信託終了事由と口座解約事由の確認の手間、信託の顧客管理事務負担などの大きさから、まだまだ限られており、民事信託（特に家族信託契約。本節【1】1(8)参照））の拡大にとって課題となっている。

(4)　受託者財産の差押

受託者の債権者は、受託者固有財産の差押えはできるが、信託口口座の預金の差押えはできない。一方で信託財産が負担する債務（「**信託財産責任負担債務**」という、例えば、信託財産が不動産と預金である場合の不動産の修繕にかかる工務店への修繕代金債務）が未払の場合、債権者（例えば、工務店）は、信託行為に信託財産だけが負担するとの定めと登記がされている場合（「**限定責任信託**」という）、または受託者との間で信託財産だけが責任を負う旨の特約（「**責任財産限定特約**」という、いずれの場合も受託者が負う負債のことを「**信託財産限定責任負担債務**」という）がある場合を除き、受託者の固有財産である預金債権を差し押さえることも可能である。このため受託者となった場合、信託財産が負担する債務が生じる場合があるので、目的に沿うための必要資金、借入の返済計画、資金収支を合理的に試算し、必要な金銭の追加受入れ、借入の条件、信託条項等の変更等を金融機関および委託者等と協議しその対応、信託条項への変更を検証する。金融機関が信託口口座を開設し、信託財産を担保として融資資金を振り込むという実務が必ずしも広く行われていないのはこうした未経験の事務負担、次世代受託者の担保能力・信用力の不安という理由がある。

(5)　受託者の信託事務

受託者が遂行する信託事務としては、**信託財産にかかる帳簿**等（財産・債務の状況、出納、受益者への給付状況などの記録や、領収書、振込明細書や預金通帳などの証拠）の作成・保管（10年間）、毎年1回財産状況開示資料（財産目録か貸借対照表や収支計算書か損益計算書等）の作成と保存、またそれらの受益者への報告、閲覧等が法定されている。信託の計算書と合計表は翌年1月31日までに、受益者別の調書は信託の効力発生月の翌月末までに税務署に提出する必要がある（ただし、信託財産の収益額や評価額等により提出不要となる場合がある）。また、不動産の固定資産税等は受託者に賦課され、火災保険契

に関するガイドライン」（後述本章第3節2(3)）を発表し、弁護士や金融機関に分別管理の方法として信託口口座の開設を広く促し、また解約等における金融機関の免責についての取扱いを示している。

約者も受託者となり信託財産から保険料を支払うか、または受託者が固有財産から支払い、信託財産から償還を受ける。また信託が終了した場合には清算受託者は清算事務（債権の取り立て、弁済、受益者への弁済、残余財産の給付）を行う。こうした事務を素人の受託者が全部自分で行うことができない場合であって、信託行為に定めがある場合や信託目的から相当と判断される場合には、受託者は第三者に信託事務の一部を事務委託できる。信託の組成の段階でどこまで信託事務を担い、専門家に何を託するのか等の対応を協議して定めることが賢明である。

(6) 受託者の報酬

受託者は、信託行為に定めがある場合に限り信託財産から報酬を受け取ることができる。信託行為で報酬受領時期を定めていない場合には、受益者にその額、根拠を通知し、合意することができる。ただし、信託終了まで受け取れないことに注意が必要である。実際どの程度が妥当かは、信託事務の負担の重さや複雑さによる。家族が受託者になる場合には無報酬という場合も多いが、長期にわたり職務を担うことから課税上の扱いも含めて信託の組成時に協議して定めている。

信託報酬以外に、専ら受託者の利益を図る目的で信託はできず、また受託者は、受益者として信託の利益を享受する場合を除き、何人の名義をもってするかを問わず信託の利益を享受することはできない。

2 受託者に対する監督

信託法は、信託目的の達成のために、受託者がきちんと役割を果たしているかを監督する仕掛けを作っている。信託事務を適切に遂行しているか、義務違反をしていないかをチェックし、違反している場合に是正措置を定めている。

まずは委託者が信託契約に反していないか自らチェックするほか、受益者も受益権を持つ立場から受託者に対して受け取るべき給付の請求などができる。家族信託契約の場合には、委託者が高齢者である場合や、信託目的からして受益者がケアを要する場合、未成年である場合が想定される。そこで委託者、受益者に任意後見人を選任することも行われるが、別に信託法では信託監督人、受益者代理人および信託管理人という制度を設けている（図表3-4-3）。

信託監督人は、受益者が年少者、高齢者や障害者である場合のように受益者自身が受託者の事務を適切に監督することが期待できないような場合において、信託行為の定めまたは裁判所の決定によって選任され、受益者のために自己の

名において受益者が有する受託者に対する信託法第92条各号（一部除く）の監督権限を行使する。

　受益者代理人は、受益者が頻繁に変動する場合や複数ある場合など受託者の監督が事実上困難である場合において、信託行為の定めにより選任され、受益者の全部または一部のために受益者の代理人として、受益者が信託法上有する権利を行使する。信託監督人は受益者全部のために自らの名前で受託者に対する監督権限を行使するが、受益者代理人は、代理する受益者のために代理人として受益権の権限を行使するので、受益者代理人が選任された場合、受益者の権利行使は信託法および信託行為で定めた行為（単独受益者権等）以外はできなくなる点に注意が必要である。受益者代理人または信託監督人の権限は、受益権の範囲に限られ、信託行為に基づいて受託者が遂行する事務が適正か等の管理を行う。一方、受託者から給付された財産および、受益者の他の財産の管理等は後見人等が対応する。

　信託管理人は、受益者が現存しない場合（例えば、将来生まれてくる子孫など）、将来の不特定な受益者（出入りがある従業員全体を受益者とする年金信託などである）に代わって、受託者を監督するほか受益者が有する権利を行使する権限がある（信託法は「信託管理人は、受益者のために自己の名をもって受益者の権利に関する一切の裁判上または裁判外の行為をする権限を有する」と定めている）。

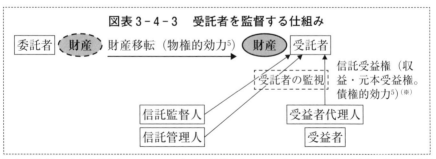

図表3－4－3　受託者を監督する仕組み

（※）「収益・元本受益権」について、次項に記載されているが、そのように区分できない受益権もあることに留意する。

5　物権は、すべての人に対して権利を主張できる絶対的な財産支配権であるのに対し、債権は、特定の人に要求する権利で第三者には権利を主張できない相対的な請求権である。

【3】　受益者および受益権の性質

1　受益者の権利と受益権の定義

(1)　受益権と受益債権

　信託法は、「「**受益権**」とは、信託行為に基づいて受託者が受益者に対し負う債務であって信託財産に属する財産の引渡しその他の信託財産に係る給付をすべきものに係る債権（以下「**受益債権**」という）および、これを確保するためにこの法律の規定に基づいて受託者その他の者に対し一定の行為を求めることができる権利をいう」と規定する。受益権とは受託者やその他の者に行為を求める権利であり、受益債権とは信託財産にかかる給付を求める債権である。受益債権でない受益権としては、受託者の権限違反行為の取消権、受託者に対する帳簿閲覧請求権、受益者による信託行為に違反する受託者の行為の差止請求権等があり、信託行為によって行使を制限することはできないものもある。

　また、受益権は信託行為で禁じているときや性質上それを許さないときを除いて譲渡、質入の対象になる。

(2)　自益信託と他益信託

　委託者自らが受益者となる委託者と受益者が同一人物の信託を「**自益信託**」といい、委託者と受益者が異なる信託を「**他益信託**」という。委託者と受益者が同一人物である「自己信託」（信託宣言、公正証書作成時、または確定日付がある証書による場合には受益者への通知時に効力が生じる）と用語が紛らわしいので注意を要する。自益信託は、委託者＝受益者、自己信託は、委託者＝受託者、である。

(3)　元本受益権と収益受益権

　受益権を**元本受益権**と**収益受益権**に分けて受益者を信託行為で定めることができる（**受益権複層化**という）。例えば、アパートを信託財産とする場合に、家賃収入など信託財産の管理および運用によって生ずる利益を受け取る権利を収益受益権、信託終了時にアパートなど信託財産自体を受け取る権利を元本受益権として、それぞれ別の受益者を設定できる。また、中小企業の株式を、配当受領権を収益受益権とし、株式受領権を元本受益権とすることも行われている。この場合、中小企業オーナーである委託者が共益権である議決権の**指図権**を手許に留保しつつ、配当受領権（収益受益権）を委託者であるオーナーが受益者として持ち、信託終了後の株式の元本受領権（元本受益権）を後継者である長男とすることも実務で見られる。オーナーが、いずれ長男に株式を譲渡するが、当面は議決権行使の指図による実質的な行使、配当受領とも継続し、経

営権を持ち続けるケースがこれにあたる。

　元本受益権と収益受益権の区別は信託法に定めはないほか、減価償却資産の扱い等税法上の規定もなく取扱いも明確ではない部分があるが、財産評価基本通達では、元本受益者と収益受益者が異なる場合、収益受益権を推算可能な（一定の信託期間に応じる基準年利率による複利原価率を乗じて計算した）金額で評価し、元本受益権の価額を課税時期における信託財産の価額から収益受益権の価額を控除した価額として財産評価する扱いとなっている。例えば、受益者連続型信託でない信託の場合、中小企業オーナーが年利３％（妥当性がある金利）で資金を会社に貸付、当該貸付債権を20年で信託し、オーナー自身を収益受益者、後継者の長男を元本受益者とすることを信託契約で定めることで、信託設定時に子に元本の複利現価価値に対して贈与税課税（後述のように信託はパススルー課税の考え方により、信託設定時に受益者の受益の価値が委託者から受益者への贈与とみなされる）がなされるが、オーナーの相続時には収益受益権の残余だけが相続税課税の対象となる。なお、信託行為の定め方により否認されている事例があるので留意する。

⑷　信託と遺留分侵害

　信託行為により委託者の財産は受託者に移転するが、相続人の遺留分を侵害することはできないというのが通説であり、判例もある[6]。その後の民法相続編の改正により、遺留分減殺請求権でなく侵害額請求権にその法的性質を変え、遺留分侵害分に対する金銭債権とされた。侵害額請求を受益者だけでなく、信託財産を管理する受託者にもすべきであるという学説もある。プライベートバンカーの立場から信託組成に際して、信託行為が遺留分を侵害することになるかの確認、および侵害している場合の対応について専門家に必ず相談することをアドバイスする（更に信託行為に特に定める事項があるか等も検討する）。

2　後継ぎ遺贈型受益者連続信託

　子や孫の生活保障に必要なことであり、また世代を越えて中小企業経営者を確保していくためには、中小企業の株式を信託財産として、配当や元本を受け取る受益者を子弟など１人だけとせず、世代を越えて受益権の承継を予め定めておくことが考えられ、経営者の高齢化に伴ってそのニーズが大きくなってい

---

[6]　2018年９月12日の東京地裁の判決では、受益権を対象に遺留分減殺請求の対象になるとして、信託行為のうち経済的利益がないと判断された受益権が遺留分を潜脱しているとし、その部分を一部無効と判示した。

る。

　信託契約で、受益者が有する受益権に期限の定めがない場合には、受益権は財産権であるため相続の対象となり、例えば、法定相続分で分割してしまうと財産は分散して、委託者の意図が達成されない。

　こうした中、世代を越える財産承継を決める遺言、いわゆる後継ぎ遺贈を民法は認めていない（無効）と解されていた。そこで2006年改正により、信託法は、信託行為により、受益者を連続させることを正面から認め、こうしたニーズに応える信託行為、「**後継ぎ遺贈型受益者連続信託**」が可能となった。

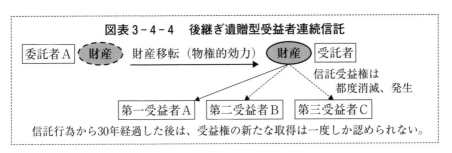

図表3-4-4　後継ぎ遺贈型受益者連続信託

委託者A　財産　財産移転（物権的効力）　財産　受託者

信託受益権は都度消滅、発生

第一受益者A　第二受益者B　第三受益者C

信託行為から30年経過した後は、受益権の新たな取得は一度しか認められない。

　中小企業株式を信託財産とする信託契約では、自社株式の円滑な承継という信託目的達成のために、受益者の死亡により信託は終了するか、または受益者の死亡により受益権は消滅し、第二受益者が新たな受益権を取得する、と定めることが多い。いずれの定めによっても受益権は一旦消滅するため相続の対象とはならない。受益者の死亡により第一受益者の受益権が消滅し、第二受益者が新たに受益権を取得する旨の定めが信託行為に書かれている信託を「後継ぎ遺贈型受益者連続信託」と呼ぶ。信託法では、信託の存続期間は、当初信託が設定された時から30年経過以後に現に存在する受益者が受益権を取得した場合には、その受益者が死亡するまで、またはその受益権が消滅するまでと定めることができることが規定された。信託法上、有効期間の制限はないが、後継ぎ遺贈型受益者連続信託の信託期間を無制限とすると、ある世代の人が将来の長期間にわたる財産の承継や利用の在り方を自由に定め、次世代以降の人がこの定めに拘束され続けることになれば、時代の変化に応じた有効な財産の利用を阻害したり、先々の世代の人の財産や生き方にまでも影響を及ぼしたりしかねないおそれがあり不当ではないかという考え方と個人の財産設計の自由とのバ

ランスを取ったと立案担当者は説明している[7]。

　例えば、第一受益者が委託者本人Ａ、第二受益者がＡの配偶者であるＢ、第三受益者がＡとＢの子であるＣ、と定めることができ、受益権はＡの死亡により消滅し、Ｂが新たに取得し、Ｂの死亡により、Ｃが新たに取得すると定めることができる（図表3-4-4）。Ａの死亡によるＢの受益権取得が、信託行為による信託設定時から30年経過以前であれば、その後のＢの死亡によってＣは受益権を取得できるが、30年経過後にＡが死亡した場合には、Ｃは受益権を取得できないことになる。寿命は事前にはわからないが、平均寿命からみて、30年以内に第一受益者が死亡する可能性が高いと見込まれるとき（例えば、信託設定時に第一受益者が70歳である場合など）には第二受益者だけでなく、第三受益者の設定が有効になる。信託設定時には、信託目的となるニーズに加えて、こうした委託者など当事者の年齢や健康状態も踏まえて考慮することが求められる。

3　信託の終了、残余財産受益者、帰属権利者

⑴　信託の終了

　信託は、信託行為により予め定めた**終了事由**または法定の終了事由の発生により終了する。信託契約などでは、信託目的が達せられたとき、委託者が死亡したとき、受益者が死亡したとき、特定の期間経過（５年後）などと定めることが多い。また、委託者と受益者の合意によっても終了させることができる。この場合、受託者の合意も必要といった別段の定めを信託行為ですることもできる。自益信託の場合には、委託者兼受益者一人の意思表示のみで信託を終了させることができる。

⑵　残余財産受益者と帰属権利者

　信託の終了事由が発生すると、信託は終了させるための清算の過程に入る。その事務を担当するのは受託者であるが、受託事務の内容に信託の終了に伴う諸事務を信託行為で明らかに定めておくことが適切である。また清算事務を行う受託者を**清算受託者**というが、別の受託者を指定することもできる。清算事務において重要となるのが、信託財産の帰属である。信託期間中から受益者として監督権を行使でき、残余財産を受益権の行使として自らに帰属させる**残余財産受益者**、または信託の清算過程終了後の残った財産を、受益権の行使の結

---

[7]　寺本昌広『逐条解説　新しい信託法』商事法務（2008）参照。

果ではなく、当然に帰属させる**帰属権利者**のいずれかを定めることができる。いずれにせよ、帰属権利者を定めておくことがスムーズな清算のために必要である。帰属権利者の定めがない場合には、信託法は、委託者またはその相続人その他の一般承継人を帰属権利者とする定めがあったものとみなすと規定している。

　帰属権利者として、受益者への配分後の信託財産を帰属させることを信託行為で決めることはできるが、帰属権利者は信託期間中においては受益者ではないので、信託終了後にしか財産を受け取ることはできず、信託行為時以降、受け取る権利が発生する残余財産受益者とは権利内容が異なる（図表３−４−５）。信託法は、**遺言代用信託**において、委託者が受益者変更をする権利を認めているほか、遺言による受益者指定権の行使を認めているため、残余財産受益者は、遺言代用信託においては、委託者の遺言によっても変更できる一方、帰属権利者は受益者でないため、委託者が指定の変更はできず、変更するためには信託行為に信託の変更の定めをすることが必要となる。

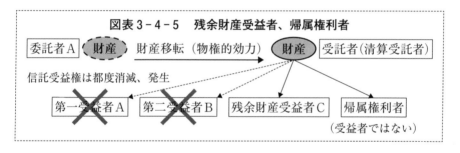

図表３−４−５　　残余財産受益者、帰属権利者

⑶　信託の清算とその回避

　清算受託者は、現在の事務を結了させ、信託財産にかかる債権を取り立て、債務を弁済し、受益債権にかかる債務を弁済し、残余財産の給付を行う。信託財産中に十分な資金がない場合には、信託財産を売却することも可能である。清算受託者は、信託債権にかかる債務を弁済した後でなければ、信託財産に属する財産を残余財産受益者または帰属権利者に給付することはできないと信託法は定めている。しかし、実務では、不動産とその建築や修繕のために借入れた債務残高がある場合など、信託財産と信託財産責任負担債務を残余財産受益者または帰属権利者に併せて給付するニーズがある。信託財産が不動産などの場合には、残余財産の給付を受けたものが引き続き収益をそこから上げることができるため、債務を返済する義務を負うことが考えられるためである。そう

でなければ債務を完済するために信託財産である不動産を売却せざるを得ないことになってしまう。

　信託財産の換価を避けるため、信託行為で「信託財産の換価を行わず、信託財産および信託財産責任負担債務を現状有姿で帰属権利者に帰属させる」などの条項が置かれることが多い。信託財産を換価し、信託財産責任負担債務をすべて弁済する必要がなく、信託財産と信託財産責任負担債務をそのまま残余財産受益者または帰属権利者に帰属させることができるといった条項も有効と解されている。ただし、信託行為だけでは、受託者がした契約の相手方や信託債権者の権利義務を変更することはできず、関係者との合意や同意を得て、契約関係の移転や債務引受などの法律行為を行い、第三者に対抗するためには対抗要件を備えることを要する。また信託行為にこうした現状有姿引渡しという**換価回避の定め**がなくとも、清算段階で関係者の合意で、換価処分を回避することも有効と解されている。金融機関実務では、受託者が、信託財産責任負担債務として借り入れを行う場合、金融機関審査のために信託契約の提出が求められ、審査は信託終了時の当該債務を誰が引き受けるかが重要な審査事項となり、残余財産が帰属する者の資力などが確認されると考えられる。

【4】　信託の機能と目的のパターン

　これまで民事信託契約を念頭に信託制度の概要を説明したので（商事信託や金融機関の役割については、本章第3節を参照）、そのまとめの意味から、以下では主たる信託の目的による分類を理解するために、信託の機能を説明し、各機能が信託目的の達成にどう役立つかを整理する。信託の目的は、個別具体性があるものだが、大きく分けると三つに整理される。もちろん主たる目的のほか、従たる目的があっても差し支えなく、むしろ目的が複数あることが普通である。その場合、目的間の優先関係を明確にすることが、信託設定後の紛争予防に役立つ。

1　信託の機能

　まず、信託の四つの機能を歴史も踏まえて説明する。大正期の信託会社の乱立と顧客の財産をだまして取り上げるような手口が横行したことの反省から、民事信託は事実上使われなくなった。戦後も信託銀行や投信委託会社（指図権を有する委託者）といった財産運用のプロが担う貸付信託や投資信託といった金融関連の商事信託のほか戦前からの特別法に基づく信託以外の信託は使われ

なくなっていった。2006年の信託法改正までは、信託の機能のうち受託者のプロ（反復継続して収益を上げる目的で受託者が受託する商事信託）としての能力を期待する収益動機の「**財産運用機能**」（市場の平均収益率を上回る利益を上げる）が重視されていたと言える。

　その後、2006年の信託法改正により、社会ニーズの拡大を受け、委託者が認知症で自ら財産を管理できない場合や受益者が未成年や病気などによって自分で委託者（親など）から財産を相続しても財産管理できない場合に、プロだけでなく、家族などが受託者として委託者が保有する不動産などを運用できる信託の要件効果が明確化され、信託の「**財産管理機能**」を活用して民事信託、中でも受託者を家族とするような家族信託の組成がし易くなった。

　加えて、信託法改正前は、民法における通説では後継ぎ遺贈（遺言で財産をもらう受遺者を連続して定める）が否定されていたため有効性に疑問があった受益者連続信託（受益者死亡後に第二次の受益者、更に第三次の受益者を予め決めて置く、後継ぎ遺贈型受益者連続信託という）の有効性が、その有効期間を明確に示して認められた。このため民事信託の「**財産承継機能**」（資産を受け継いで移転する）が機能として重視されることとなった。むしろ、このこと自体が少子高齢化、大相続時代における信託法改正の1つの眼目であった。プロの運用だけでなく、民事信託、中でも家族親族など地域社会における財産関係の維持と継続のための信託の設定によって、素人が管理、承継できる仕組みとして活用できるのではないかとの意識から法改正され、その後の社会ニーズにより家族による利用が増えつつある。

　また、もとより信託は、委託者が自らの固有財産から、信託の対象となる信託財産を分離して、所有権者や債権者の権利を失って、受託者にこれらを移転することから、委託者に対する債権者が、回収のあてにする責任財産から除かれること、逆に言えば、倒産した場合でも、債権者が回収を図ることができないという意味で、「**倒産隔離機能**」を持っている。信託法改正により、委託者が受託者を兼ねる自己信託[8]が認められたことにより、委託者は自己の財産の中に固有財産と受益者のための信託財産を持つことができるようになった。受益者が管理能力のない子である場合に親である委託者が自らの財産の中に信託財産を設け固有財産と分離することで、子に贈与しておけば万一の自己の倒産

---

[8]　自己信託は、債権者が回収を当てにする責任財産の減少を伴うため、書面および電磁記録によることや、公正証書によらない場合には確定日付のある証書による受益者への確定日付ある通知など手続的規制により執行免脱への配慮がなされている。

によって換価配当されることはなくなるため、受益者の収益期待を損なわず財産を維持できる利点がある。委託者が不動産など価値の高い財産の名義を自己以外の受託者名義に変更することに抵抗がある場合などに、まずは自己を受託者とすることもできる[9]。こうした委託者の自己財産からの分離による委託者倒産時の債権者からの倒産隔離機能は、会社設立に似て信託の本質的な機能である。

2　信託の目的と機能の関係

　一方で、信託の目的を資産の承継・管理という面から大別すると、

・委託者の認知症や親なき後の病気等の子の財産管理を行う**福祉型**（後見代用型と言う場合がある）

・中小企業経営者が自社株式や不動産の世代を越えた承継を決める**財産・事業承継型**（遺言代用型と言う場合がある）

・不動産（マンション）管理、相続事務管理などを託す**事務管理型**

　がある。これらは、必ずしも排他的ではなく、二重や三重の目的を持つこともありうる。こうした3つの信託目的の型と信託の機能との関係をマトリックスで表示すると図表3-4-6の通りである。

図表3-4-6　信託の機能と目的　○は関連性の強さを示す

機能	財産管理	財産承継	倒産隔離
組成する理由、目的	委託者（認知症、死亡）や受益者（病気、障害、未成年、紛争予防等）の実情に応じた財産管理	一度の相続や譲渡では実現出来ない複数世代移転	自己の債権者からの隔離による確実な財産保全による受益者保護
福祉型（委託者または受益者の福祉、後見代用型）	○○	○	○○
財産・事業承継型（遺言代用型）	○	○○（遺言代用信託、後継ぎ遺贈型受益者連続信託）	○
事務管理型	○○	—	—

---

[9]　もっとも当初の信託行為で、自己を受託者とした場合には、どの時点で受託者を第三者とするか、難しい判断と実務が伴う。

　福祉型は、委託者が自己管理できない状態となった場合、例えば、①認知症に備えて受託者に財産管理を委託する、または②委託者が認知症になった後、または死後に、自ら財産管理できない病気などの子のために受託者に対して財産管理を託する「財産管理機能」が重視される。それゆえ後述の「事務管理型」を包含している。もちろん受益者の変更（受益者連続型の場合等）や信託の終了についても信託契約に書く必要があるが、第一受益者の財産管理だけが問題であれば、受益者を連続させないで、第一受益者の死亡を信託終了事由とすることが多い。特定の受益者に対して、委託者の倒産如何にかかわらず受益を得させるという観点からは「倒産隔離機能」も重要である。①の委託者が認知症になったときに備えて信頼できる家族親族に生前に託することができる財産管理手法として、または②の法定相続や相続人の合意により破られるおそれのある遺言では、確実に受益者に財産から生じる収益や元本を得させることができないことへの対応として、いずれも家族信託契約の手法を取るニーズがある。

　財産・事業承継型では、誰が受益者になるのか、誰に信託終了時に信託財産を移転するのかが関心事項となる。委託者の主要財産が、収益のある不動産である場合や、オーナー経営者の自社株式である場合、経営権をどう承継して、財産や会社経営について世代を越えて維持するかが関心事項になる。この点、法定相続では、①相続人が多い場合には不動産は共有か売却される可能性が高いし、②株式保有の集中は図れない。委託者の死後の財産をどう世代を越えて順次承継していくのか、信託の「財産承継機能」が重視される。

　事務管理型では、委託者が特定の財産の特定の事務を委託することで、①自らが事務処理できない場合や②より効率的に事務処理できる場合に用いられ、「財産管理機能」が重視される。事務処理できない理由が、認知症などであれば、福祉型の要素も併せて持つことになる。③マンションの区分所有権保有者が、自らのマンションの管理や居住用マンション管理組合に認知症や高齢などで参画できない場合に、自らを委託者兼受益者として、居住を続けつつ、区分所有権を家族などに信託して、受託者となった同居家族が、マンションを管理したり、管理組合員の事務をしたりするケースがある。また、民法が定める法定後見人が選ばれた場合、法定後見人が居住用財産を除く全財産を処分できることになるが、法定後見人の悪用などが起こり得る中、本人の親族からみると全財産を法定後見人に委ねることにリスクを感じることがある。この場合、裁判所は、**後見制度支援信託**の利用を推奨している。この制度は後見制度による支援を受ける本人（委託者）の財産のうち、日常的な支払をするのに必要十分な金

銭を預貯金等として後見人が管理し、通常使用しない金銭を信託銀行等に信託する仕組みを言う。成年後見と未成年後見において利用することができ、信託財産は元本が保証され、預金保険制度の保護対象にもなる。後見制度支援信託では、信託財産を払い戻したり、信託契約を解約したりするためには、あらかじめ家庭裁判所が発行する指示書を必要とする。このような精緻な管理を受託者に委ねる場合には、信託の「財産管理機能」が重視される。

　こうした3つの型を念頭に、実務では信託目的を個別の事情に即して具体的に設定することが求められる。

　もちろんこれらに限らず、ニーズに合わせて、今までにない信託を組成することができる柔軟性があることが信託の特徴である。これらの可能性とスキームとしての不安定性（法務（判例）、税務面（税務当局の見解）、信託法にかかる解釈、研究などの蓄積の少なさ）を踏まえて、プライベートバンカーにとって最重要なのは、聞く力、形にする力、それを説明する力であり、その前提として法令・実務の理解は不可欠となる。

例題3-4-1

1　次の文章の空欄A〜Dを補充しなさい。

　信託とは、（A）が「信託の目的」を予め決めて掲げ、目的達成に必要な管理運用者である「受託者」と契約し（（B）の一つ）、または自ら宣言し（（B）を信託宣言または（C）で行う）、受託者に対して自らの財産を支配する権利を移転して、管理運用を託し、受託者から管理運用の成果である信託の利益を受け取る権利（（D）という）を持つ「受益者」を決める仕組みである。

2　次の文章の空欄A〜Dを補充しなさい。

　信託できる財産の種類や内容には制度上特に制限はなく、（A）のあるものであれば信託することができる。信託財産は委託者から受託者に移転するため、他の法律や契約で譲渡が（B）されているものは対象とできないし、また譲渡について（C）（第三者に移転したことを法的に主張できる要件）を備えることを要する。モノであれば（D）移転が必要になる。

3　受託者の義務と同じような法令上の義務を負う者は誰か、正しいもの
　　を選びなさい。
①　委任契約の委任者に対する受任者
②　株主に対する会社の取締役
③　預金者に対する銀行
④　依頼者に対する弁護士

4　次の文章の空欄A～Dを補充しなさい。
　　受託者は（A）義務（その職業や地位にある者として通常要求され
る程度の注意）、（B）義務（競業避止義務、（C）禁止義務など）を
負う。また、信託財産を自己の財産と混同させてはならない（D）義
務を負う。

5　次の文章の空欄A～Dを補充しなさい。
　信託監督人は、受益者自身が受託者の事務を適切に監督することが
期待できないような場合において、（A）の定めまたは裁判所の決定
によって選任され、受益者のために（B）において受益者が有する受
託者に対する信託法の監督権限を行使する。
　（C）は代理する受益者のために代理人として受益権の権限を行使す
るので、（C）が選任された場合、本人の権利行使は信託法および信
託行為で定めた行為以外はできなくなる点に注意が必要である。
　　信託管理人は、受益者が現存しない場合、将来の不特定な受益者に
代わって、受託者を監督するほか（D）が有する権利を行使する権限
がある。

6　委託者＝受託者＝受益者という信託契約は認められるか。

7　遺留分を侵害する信託契約は有効か、正しいものを選びなさい。
①　信託行為は、遺留分の制約を受けず、無条件に有効である。
②　有効だが、遺留分権利者から侵害額の請求を求められ得る。
③　侵害分は無効となる。

8　遺言等に関連した次の文章の空欄A～Dを補充しなさい。

　　信託法は、（A）において、委託者が（B）をする権利を認めているほか、（C）による受益者指定権の行使を認めているため、（D）を、（A）においては、委託者の（C）によっても変更できる一方、帰属権利者は受益者でないため、委託者が指定の変更はできず、変更するためには信託行為に信託の変更の定めをすることが必要となる。

解答・解説

1　A委託者　B信託行為　C遺言　D信託受益権
　第1節【1】1(2)「財産管理を託し、託される制度、六つの基本要素」参照

2　A金銭的価値　B禁止　C対抗要件　D占有
　第1節【1】2(2)「信託財産と対抗要件」参照

3　②が正解。第1節【1】1(7)の末尾に、信託は、機関のない会社設立に経済的には似ている面があると書いたことを想起されたい。委託者の財産拠出を受け、受託者は管理運用を託される、株主からの出資を受け、財産管理運用を行う取締役に似た義務（善管注意義務と忠実義務）と責任を負うことが法律上課されているのはこのためである。
　①受任者は、善管注意義務を負うとされているが、委任契約に定めがあれば格別、忠実義務は当然に負うとの法律上の定めはない。
　③銀行は行政上の監督指導などで、また④弁護士は自治ルールで忠実義務を含む信認義務の履行を求められているが、法令上の明文はない。

4　A善管注意　B忠実　C利益相反行為　D分別管理
　第1節【2】1(1)「受託者の権限と責務」参照

5　A信託行為　B自己の名　C受益者代理人　D受益者

第1節【2】2　「受託者に対する監督」参照

6　認められない。受託者と受益者は利益相反の関係にあり原則として兼ねることはできない（目的に沿っている場合に限り認められる）。ただし、受託者が受益者の相続人であるような場合など包括承継することはある。信託法は、信託の終了事由として受託者が受益権の全部を固有財産で有する状態が1年間継続したときと定めている。

7　②が正解。有効であるが、遺留分権利者は、受託者（および受益者双方）に対して、事後に、遺留分侵害の侵害額を請求できる（金銭債権）。このことから信託行為の前に遺留分権利者の同意をとるか、または遺留分相当額を請求されても支払うことができるだけの金銭の準備をすることが適当である。受託者は、委託者の財産全体を知らないため、遺留分侵害額を把握することができないことから、高齢の委託者の受託者となる場合には、注意を要する。また、信託目的等の定めにおいても、遺留分侵害額が請求されたとしても、目的を達成することができるのか、などを検討して記述することが必要となる。

8　A遺言代用信託　B受益者の変更　C遺言　D残余財産受益者
第1節【3】3(2)　「残余財産受益者と帰属権利者」参照

第2節　信託に関する税務

学習ポイント

●パススルー課税（受益者等課税）等信託の課税の原則を理解する。
●受益者連続型信託の課税の原則を知る。

　大事なことは、信託設定は節税目的のためにするのではない、ということであり、基本的な考え方として、税法は、相続税や贈与税の潜脱を抑止する観点等から、信託設定時に委託者から受益者に財産的価値が移転したとみなして贈与税、または死亡を原因とする信託財産の移転には相続税が課される等の仕組みとなっているということである。

1　信託税務の原則

　信託では、受託者が信託財産を所有することになるが、経済的利益を受けるのは、受益者であることから所得課税（法人税、所得税）および資産課税（相続税、贈与税等）においては、受益者の受益に対して課税がなされる（**受益者等課税**、**パススルー**＜受託者を通り抜けるという意味＞**課税の原則**）。消費税も同様の扱いである。信託財産からの収益に対しては所得課税が、受益権全体の受領に伴う利益は、贈与または遺贈（委託者や前の受益者の死亡を原因とする場合）とみなされ、贈与税または相続税がそれぞれ受益者に課される。具体的に信託の設定、継続、終了時点に場合を分けて、資産課税、所得課税について説明すると以下の通りである。

⑴　信託設定時

　受託者には課税はされない。また、委託者＝受益者（自益信託）の場合には、経済的利益の移転がないため、課税はされない。一方、委託者≠受益者（他益信託）の場合、受益者が贈与または遺贈を受けたものとみなされ、受益者には、受益権の内容により贈与税（遺贈の場合は相続税）が課される。例えば、信託契約により委託者が信託財産（不動産等）と信託財産にかかる借入金債務（不動産の建築に要した借入等）を受託者に移転し、受託者が信託財産責任負担債務を負った場合には、**負担付贈与**の扱いと同様に信託財産の時価評価額から債務額を差し引いた金額を課税価格として受益者に贈与税が課される。注意すべき点は負担付贈与同様、課税価格は信託財産の時価で評価される一方、負担が

ない場合には相続税評価額で評価されることである[10]。また信託財産が賃貸アパートの場合には、負担として敷金返還債務が認識され賃貸アパートの時価評価額（債務がなければ相続税評価額、債務があれば時価）から引き算できる（実務では、敷金相当の金銭も信託財産として引き受けている）。なお、委託者は、委託者≠受益者の債務を移転する場合には、著しく低い場合を除き時価評価額から債務額を差し引いた金額で譲渡したことになり、信託財産の時価評価額から債務額を差し引いた金額がマイナスの場合には、譲渡所得の損失を計上できる。この場合、受益者の取得価格は債務額であって（地方税である不動産取得税は課されない）、贈与税の課税価格である時価評価額から債務額を差し引いた金額とは異なることに注意が必要である。

(2) 信託継続中の受益者の変更

第二受益者や第三受益者は、受益者が変わるときに贈与または遺贈により受益権を取得したものとみなされて、贈与税または相続税が課税される。

(3) 信託終了時の残余財産の帰属

自益信託で、委託者兼受益者に帰属する場合には課税はないが、他益信託で受益者以外の残余財産受益者や帰属権利者が給付を受ける場合には贈与税または相続税が課される。

(4) 信託継続中の信託財産からの収益

受益者の所得として他の所得と合わせて所得課税される。事業税、住民税も同様の扱いとなる。受益者は信託にかかる経費を控除でき、また申告納付を行わねばならない。

信託財産が不動産である場合において、受益者の所得課税においては損益通算ができない。一般的には、不動産所得の金額は、その年中の不動産所得に係る総収入金額から必要経費を差し引いて計算する。このため、不動産所得の損失（赤字）の金額があるときは、他の黒字の所得金額から差し引くことができる（損益通算）。しかしながら、信託の受益者である個人の、その信託から生じた不動産所得の損失は、生じなかったものとみなされ、他の信託および他の

---

[10] 単純贈与と負担付贈与で、積極財産の評価額が、相続税評価額と時価で異なることの理論的な理由はそう自明ではない。強いて言えば、負担付であれば取引、負担がなければ恩恵と考えて贈与税額を別にするということであろうか。遺贈の扱いとの違いもあり、経済効果だけでは説明できず、偶発性のない恣意性がある贈与に、贈与税の負担を回避することになる、時価と離れた財産評価基本通達による評価は適用しない趣旨と言われている。

固有の不動産所得の黒字から差し引くことや他の不動産所得以外の所得との損益通算ができず、繰越控除（他の年度の利益や不動産所得との損益通算）もできない。大規模修繕の予定がある不動産を信託する時には留意する必要がある。

(5)　後継ぎ遺贈型受益者連続信託の扱い

　信託財産がアパートなどの場合、第二受益権の内容は、第一受益者の死亡と自らの死亡の間の収益（例えば、家賃）受益権であり、第三受益者が存在したり、帰属権利者が存在したりする場合には、経済的には自らが受益権を有する期間の家賃の経済価値を評価すべきであるが、税法は、すべての受益権について「信託の利益を受ける期間の制限その他の当該受益者連続信託に関する権利の価値に作用する要因としての制約」が付されていないとみなすと規定している。よって第二受益者は、上記の収益を受け得る期間に応じた信託財産の経済的価値ではなく、期間の制限などの制約が付されていないとみなした信託財産の全部の価額で贈与税または相続税が課されることになる。なお、最初から信託契約を締結せず、C（図表3－4－7）への財産的援助は委託者が生存中は扶養義務の範囲内で行い、委託者死亡に伴いCへ負担付きで相続（負担付き遺贈）させれば相続税は1回で済む。この点、後継ぎ遺贈型受益者連続信託では、第二受益者、第三受益者とその都度、贈与税または相続税がかかる。後継ぎ遺贈型受益者連続信託では、負担付き遺贈（受贈者が負担を履行するか否か確実ではないという点でリスクはある）に比べて、相続税が重くなることがあり得る。

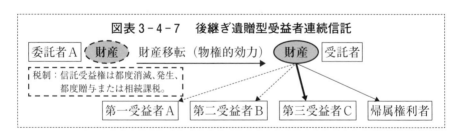

図表3－4－7　後継ぎ遺贈型受益者連続信託

2　その他の税

(1)　登録免許税

　委託者から受託者への所有権移転に伴う移転登記には、形式的な移転ゆえに移転登記に伴う登録免許税はかからないが、受託者への所有権移転登記と同時に信託財産である旨を公示する信託の登記を行う。この登記が第三者に対して信託財産であることを主張するための対抗要件となる。

　受益者等が変更された場合には、登記事項である信託目録の変更が生じるた

め、信託の登記の変更を要する。この点を利用して、相続に伴う登録免許税を節約するメリットも考えられる（もちろん、信託は目的が重要であり、それだけのために信託を組成することは適当でない）。信託登記を抹消する場合にも費用がかかる。なお、処分時、終了時の登記原因、登録免許税の扱いは、事案により異なるので、具体的な案件に即して、確認、説明をして、対処することが大切である。

(2)　不動産取得税

　信託の設定や受益権の移転は、担税力の変化がなく非課税である。設定時から元本受益者が委託者のみである信託において、信託終了とともに委託者が不動産を取得する場合にも非課税である。委託者の相続人が取得する場合も非課税である。委託者またはその相続人以外の者が、信託の終了時に信託財産である不動産を取得する場合には、不動産取得税が課される。

(3)　固定資産税、都市計画税

　毎年1月1日の不動産登記簿上の所有名義人に課税されることから、信託財産である不動産については、登記簿上の所有者として登記されている受託者に課税される（納税通知書には固有財産とともに信託財産が含まれる）。受託者は、課税分を信託財産に対して費用として償還を求めることができる。受益者は所得税申告において費用計上できる。

例題 3 - 4 - 2

1　次の文章の空欄A～Dを補充しなさい。

　　信託財産は、受託者が所有しているが、（A）を受けるのは受益者
であり、その受益に対して課税がなされる（受益者等課税または（B）
課税の原則）。受益者の信託財産からの収益に対しては（C）課税が、
受益権全体の受領に伴う利益は、受益者に（D）課税が課される。

2　次の文章の空欄A～Dを補充しなさい。

　　信託契約により委託者が信託財産と信託財産にかかる借入金債務を
受託者に移転し、受託者が（A）を負った場合には、（B）の扱いと
同様に信託財産の時価相当額—債務額を課税価格として受益者に贈与
税が課される。注意点は（B）同様、課税価格は信託財産の（C）で
評価される一方、負担がない場合には（D）で評価されることである。

解答・解説

1　A経済的利益　Bパススルー　C所得　D資産
　第2節1　「信託税務の原則」参照

2　A信託財産責任負担債務　B負担付き贈与　C時価　D相続税評価額
　第2節1⑴　「信託設定時」参照

第3節　信託における金融機関の関与

1　民事信託と商事信託の異同

　受託者が、受託者となることを反復継続して業（営業）とする場合を商事信託、反復継続しない非営業の場合を民事信託と区別することが多い[11]。受託者となることで報酬を得て営業する、いわゆる業とするものを信託業といい、信託業法では「信託の引受けを行う営業」と定義され、これを営む場合には内閣総理大臣の免許または登録を受ける必要がある。なお、民事信託の定義はなく、立案担当者は、民事信託のことを資産管理、資産承継のための信託と説明している。

　受託者が委託者の家族である場合、個人で営業していない一回きりの受託である場合などは民事信託である。

2　金融機関の民事信託と関係する業務

(1)　金融機関業務に対する規制と民事信託

　2006年の信託法改正によって法解釈として議論があった信託の類型（後継ぎ遺贈型受益者連続信託、自己信託等）について明確化が図られ民事信託を活用する法制度が整備された。金融機関（ここでは、預金取扱金融機関である銀行、信用金庫、信用組合等を指す）は、兼営法の認可を受けた商事信託だけでなく、民事信託においても様々な役割を果たせる可能性がでてきた。

(2)　兼営法の認可業務

　金融機関は預金を受け入れ貸付を行うほか、預金を利用した為替業務を行う免許を得ている一方で他業は原則禁止されている（銀行法や信用金庫法など）。原則禁止ながら、兼営法は、信託業法によらず内閣総理大臣の認可を受けるこ

---

[11]　法的に民事信託、商事信託を定義したものはない。学説によってその範囲は異なるが、要するに信託業法、兼営法その他業者規制が適用されるものを商事信託として一応区別することで、プライベートバンカーにとっては支障ないと考えられる。

とで金融機関が、業として受託者となり信託業やその関連業務を営むことを認めている。認可は、信託業務の種類および方法を定めてなされる。

　金融機関のうち信託銀行等はほとんどの種類の財産の管理について信託の認可を得ていると見られるが、都市銀行やいくつかの地域金融機関は、種類を限定した財産について信託認可を受けている。地域金融機関に多いのは、付随業務として遺言の執行が多く、信託銀行のように不動産を信託財産とする認可を受けている先は少ない。信託法および信託業法改正後15年以上を経た現在、従来認可を得ていなかった地域金融機関は、次々に遺言の執行にかかる信託兼営の認可を取り、この分野ではまさに信託戦国時代の様相を呈しているが、それでも管理・承継のための信託までを取扱う金融機関は、現段階では限られている。不動産を信託財産とする認可を新たに取得した地域金融機関の例は見当たらない。しかし、信託銀行ですら、不動産やその他財産の受託者に実際になる例は限定的とみられ、信託認可を使った業務で主たるものは、遺言の執行の認可を受け、遺言の執行や遺産の整理などが多いだけに、今後展開が期待されるところである。

(3)　兼営法認可が不要な信託口口座

　一方で、信託認可を取らなくても地域金融機関が、地域における顧客との密接なコミュニケーション、取引関係を有するという特色を踏まえると、これを活かして、民事信託に果たす役割は他にもある。第一には、民事信託契約において信託財産における金銭を預けるための、受託者の固有財産の預金と区別した、信託財産の受託者としての名義のある預金の受入である。これは金融機関の本業である預金業務でできる認可不要の固有業務である。分別管理のための預金を「信託口口座」という。しかし、実際に信託口口座を受け入れている金融機関は限られている。日弁連が「信託口口座開設等に関するガイドライン」（2020年9月10日）を出して、信託口口座が果たすべき要件について標準型を示した。「信託法上、受託者は、信託財産に属する預貯金を信託口口座により分別管理することまでは義務とされていないが、民事信託の実務においては、受託者に信託財産の分別管理を徹底させるため、信託行為に基づき、預貯金に関しては、受託者に信託口口座の開設を義務付けることが一般的な取扱いとなっている」（同ガイドライン）[12]とされている。もっとも金融機関側での民事

---

[12] 2021年9月17日の東京地裁の判決は、信託契約をサポートする司法書士が作成した条項は受託者の信託財産のための信託口口座を開くことができることが前提であったが、開設できなかったことから、リスク説明義務等があるとし、注意義務違反を認定して

信託への理解の深化や実務対応の検討は、一部先進金融機関を除いては今後の課題であり、現在、信託口口座を受け入れている金融機関はなお多いとは言えない。信託口口座の開設の前提は信託行為、特に信託契約があり、その条項が合法であり、また目的に沿った開設や廃止の条項が盛り込まれていることである。金融機関側にも相応の知識が求められるほか、家族親族間紛争に巻き込まれるリスクがないとも言えない。信託目的となる財産が不動産だけとしても、地代家賃の支払いや修繕その他金銭の出納は受託者の事務遂行上不可欠なので、信託財産として受け入れる現金や信託財産から生まれた金銭を受け入れ分別管理することが必要となる。受託者の固有財産の預金で出納すると、受託者の分別管理義務を果たしていないこと、万一、受託者の相続人に対し、また受託者の債権者に対して信託財産であることの立証が受益者として困難となる。スキームの組成にあたり、金融機関に対して、分別管理するための信託口口座の意義の理解が得られるように、プライベートバンカーや提携する事務委任を受ける弁護士等士業ほかの専門家は説明する必要がある。

　以下では、兼営法に基づく認可を受けた信託銀行や地域金融機関が提供する信託関係のサービスを解説する。プライベートバンカーは、具体的な商品については、銀行等に確認して知識を有しておくことが求められるほか、こうした商品を利用しつつ、民事信託契約を組成して、顧客の財産管理、承継のニーズに応える仕組みを、銀行等や専門家と連携して考えることが求められている。

3　遺言信託（学術上、実務上）、遺言代用信託の仕組み

　「**遺言信託**」は、学術上では、信託行為を遺言により行うことを指している。信託行為は、遺言か、契約か、自ら宣言する（信託宣言）の3通りのいずれかで行わねばならない行為である（本章第1節【1】1⑵）。しかし、実務上は、まったく違う意味で使われており、紛らわしい。金融機関が提供する「遺言信託」サービスは、遺言の存在を前提に、遺族の遺言の執行の手続的な援助（事前の遺言書作成相談、遺言書保管、登録など）や遺産整理を兼営法上の信託認可の付随業務として行う金融機関の商品を言っている（信託契約に基づくものではなく、事務委任である）[13]。

　信託法等に定める「遺言代用信託」は民事信託でもちろん組成できるが、信

不法行為責任を認めた。

[13]　金融機関は、遺言の執行を受託する点で、兼営法の遺言の執行の兼営認可が必要になる。

託銀行等が提供する商品名としての「遺言代用信託」は、受益者を変更できる点で、機能として遺言に代わる部分がある信託である（図表3-4-8）。生前に死後の財産移転のことも決めておくという意味で、遺言の代わりに委託者が銀行等を受託者として信託契約を締結し、金銭を信託し、生存中は自ら運用収益の支払いを受けるなどして（銀行等では元本保証タイプの遺言代用信託を提供し、預金保険の対象として1,000万円までの元本および利息が保証されることが多い）、委託者死亡により信託契約が終了し、残余財産受益者を指定する仕組みが多い。

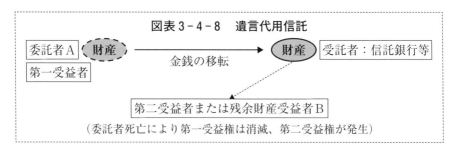

図表3-4-8　遺言代用信託

金融機関の中で、不動産その他の財産を受託する兼営法上の認可を取得している金融機関は限られている。信託口口座の預金受け入れであっても信託契約のチェックなどが必要であり、まして、兼営法上の認可を受けていたとしても、信託契約の当事者として商事信託を運営することには、不動産の所有者責任のリスクが大きく、規制も多く事務負担や人員育成の負担の大きさが考慮されているため、収益性も考慮のうえ、信託銀行ですら踏み込んではいない、と考えられる。

　一方で民事信託は顧客の財産管理や財産承継、倒産隔離が目的で、その継続性や柔軟性が重要である。金融機関にとっては信託口口座の開設や、アドバイザーの役割を果たすことで、顧客の全資産やニーズを把握し、関係強化や取引深耕に活用することができる。今後利用が拡大し、それにつれて金融機関は、信託口口座開設のみならず、顧客が求める相続や事業承継に関連する地域のニーズとそれに応じる地元の業者（病院、介護施設、ヘルパー、葬儀業、廃棄物処理業、不動産業など）の仲介者として、地域社会を維持・活性化する観点からの役割が期待される。

4　暦年贈与信託と信託契約の分割

　暦年贈与信託（特約付き金銭信託の場合）とは、贈与する委託者が、自らの財産である資金を信託銀行など商事信託の受託者となり得る金融機関を受託者として委託し、受託者は元本保証の金銭信託として運用し、毎年一定の期間に一度（1年に1度がほとんど）、委託者が都度受益者を指定し（複数名でも、毎年変更も可能）、都度指定した金額の受益権を受益者に都度受贈の意思を確認のうえ与える信託契約である。受益権を都度与える手続は、信託契約を分割の上、受益者を変更する手続きを取る点に留意すべきである。こうした毎年の手続きを約款として標準化することで、毎年110万円までは非課税[14]の範囲内で忘れずに贈与できるという利点がある。このスキームは、資金運用の内容は異なるが、民事信託契約によっても可能である。

5　教育資金贈与信託と税制

　2013年度税制改正において「教育資金の一括贈与に係る贈与税非課税」措置が取られた。2013年4月1日から2023年3月31日までの間に、30歳未満の孫等（受贈者）が、所定の手続きを行い、所定の教育資金に充てるため、①金融機関等との一定の契約に基づき、受贈者の直系尊属（父母や祖父母など、贈与者）から信託受益権を取得した場合、②書面による贈与により取得した金銭を銀行等に預入をした場合、または③書面による贈与により取得した金銭等により証券会社等で有価証券を購入した場合には、その信託受益権または金銭等の価額のうち1,500万円までの金額相当額については、取扱金融機関の営業所等を経由して教育資金非課税申告書を提出することによって、その年度に受贈者の贈与税が非課税となる。これを受けて信託銀行等では教育資金贈与信託を商品として提供している。父母世代はお金がないことが多いので余裕ある祖父母世代が、委託者として、信託銀行等を受託者として、金銭を信託財産として、孫等を受益者とする信託契約を結ぶ。孫等受益者は、信託銀行等に対して金銭の払出を請求できる。払出方法は、領収書等による方法（学校等から発行された支払済領収書等の提出を受け、受益者の口座に振込）と、請求書等による方法（学校等から発行された請求書・振込依頼書等で支払期限内のものを信託銀行等へ提出し、払出した金銭を直接学校等へ振込）の2つの方法があり、金融機関は

---

[14]　贈与税は、一人の人が1月1日から12月31日までの1年間にもらった財産の合計額から基礎控除額の110万円を差し引いた残りの額に対して課税される。1年間にもらった財産の合計額が110万円以下なら贈与税はかからない（贈与税申告も不要）。

いずれかの扱いを定めている。また、手続き等適用要件と課税の扱いが幾度か改正されている点に注意が必要である。

6　特定贈与信託

　特定贈与信託は、障害者の生活の安定を図ることを目的に、親族など委託者が、商事信託の担い手である銀行等や信託会社を受託者として金銭等の財産の管理、運用を託し、管理された財産は、受益者である特定障害者（重度の心身障害者（特別障害者）、中軽度の知的障害者および障害等級2級または3級の精神障害者等（特別障害者以外の特定障害者）が対象）の生活費や医療費等として定期的に金銭給付する仕組みである（図表3-4-9）。通常、1年間に贈与を受けた額の合計額が110万円を超えると贈与税がかかるが、特定贈与信託を利用すると、特別障害者の方については6,000万円、特別障害者以外の特定障害者の方については3,000万円を限度として贈与税が非課税となる。特定贈与信託では、必要に応じて定期的に金銭を交付する金銭の信託を金融機関は引き受けている。これに対し、配当がある株式、自宅を維持するために必要な資金および収益が確実な賃貸物件については、税制上認められているが、金融機関が引き受けた実績はない（2022年3月末時点）。

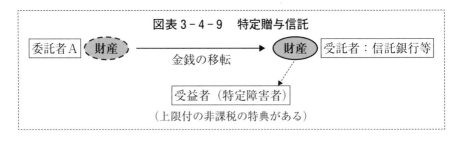

図表3-4-9　特定贈与信託

委託者A　財産　　金銭の移転　　→　　財産　受託者：信託銀行等

受益者（特定障害者）
（上限付の非課税の特典がある）

例題 3 − 4 − 3

正しいものに○、間違っているものに×をつけなさい。

① 信託銀行の提供する遺言信託サービスは、信託契約が前提にある。

② 遺言書があることが、遺言代用信託の前提となる。

③ 暦年贈与信託の受託者は、必ず信託業法上の免許が必要である。

解答・解説

① × 遺言を前提に、遺言の執行者として、また遺産整理をするサービスであって、信託法第3条に規定される信託契約や遺言による信託行為が前提ではない。

② × 遺言代用信託とは、生前のみならず、死後の財産の管理や承継などを信託契約で決めることから、遺言と同様の機能を果たす信託であり、遺言に基づく信託ではない。

③ × 民事信託でも類似の暦年贈与信託を受託者が行うことは可能である。また信託銀行が商事信託で行う場合は、兼営法に基づく認可によるのであって信託業法上の免許に基づくものではない。また、暦年贈与ができる類似の預金を扱っている金融機関もある。

第4節　信託契約の事例

【1】　信託契約の条項

　信託契約がどのような条項によって成り立つか、具体的な契約条項を知ることで、アドバイスをする際に、どういう点をニーズとして委託者である顧客に聞けばよいか、受託者や受益者としてどのような点に留意すべきかなどの参考になるとともに、ニーズ・意思が反映しているかを確かめることができる。

　信託契約は、信託当事者等の状況、目的、財産の種類により、受益者の変更、監督者や代理人、終了事由、残余財産受益者や帰属権利者の設定などに差が出る。具体的な事例に即して条項が作られるため、全部の条項が常にあるとは限らず、また各条項の書きぶりも一様ではなく、使われた文言の解釈に異論が出ないかに注意する。作られた条項に従う場合、事情変更を含め終了まで計画・目的に支障・リスクがないか、財務の試算、手続等を検証することが重要である。

　本章の補論として、信託契約書の事例と契約上の留意点を掲載している。実務に携わる気持ちで確認すると、信託契約に関する理解が深まるであろう。

【2】　福祉型信託契約

1　委託者の認知症と、後見および家族信託契約との関係

　高齢化社会では、認知症は誰でもなりうる。認知症の病因は人様々であり、進行の早遅も人による。しかし、認知機能が大きく低下し、記憶機能が失われるなどして、判断能力に欠けている状態が通常の状態となると、財産取引はできなくなる。その場合には、後見人を立てる必要がある（詳細は本章第5節参照）。しかし法定後見にせよ任意後見（認知症で判断能力が欠けることが常態となる以前の認知症前事務委任契約も併せて契約する場合を含む）にせよ、財

産管理はできるが、本人のため以外の目的での財産管理はできない。また死後の財産承継まで後見人が決めることはできない。死後にケアの必要な子女への財産的保障の確保や次世代経営者に過不足なく株式などを移転するためには、作成された遺言が遺族全員が合意した遺産分割協議で破られる可能性があるときは、委託者本人やその子女を受益者とし、厚い信頼がある兄弟姉妹など家族を受託者とする家族信託契約が最適解となり得る。同時に認知症の兆候がみられたら、判断能力を欠くことが常態となる前に任意後見契約を結んで生前の身上保護と財産管理を任意後見人に委ねつつ、家族信託契約を利用した重要な財産の管理と承継プランを検討することが考えられる。

〇事例4-1

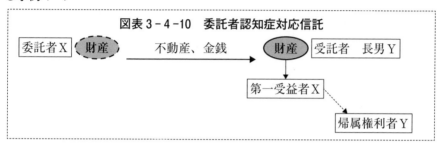

図表3-4-10　委託者認知症対応信託

不動産の家賃収入で生活をしている委託者Xは、認知症初期と診断され、不動産管理の実務に耐えられなくなってきた。そこでしっかり者で唯一の相続人であるYを受託者として信託契約を締結、信託財産を不動産と一定の金銭（1つの普通預金を解約）とし、受益者を自らとして、自らの死亡を信託終了事由として帰属権利者をYとした。

＜これまでの学習からわかる事項＞

・信託目的は不動産管理の効率化・安定化と円滑な財産承継が考えられる。より具体的に不動産の管理手法（アパート建て替え、隣地買収のうえ収益ビル建築等）を書き込むことも考えられる。こうした具体的な信託目的が、信託契約の他の条項の具体化や解釈指針となる。

・XとYには信託契約を結べる事理弁識能力[15]が必要である。信託契約は公正証書であっても、なくてもよいが、紛争予防には公正証書が推奨される。

・不動産の所有権はXからYに移転。不動産の所有権移転登記に加えて信託登

---

[15]　法律行為の結果を判断することができる精神能力のこと。

記が必要。Yは金融機関に金銭出納・運用のための信託口口座を開設する。不動産にかかる借入がある場合、負の信託財産としてこれも移転するか、建て替えのために借入をする場合、信託財産責任負担債務とするか、または、金融機関の同意を得て信託財産限定責任負担債務とするかを信託契約上明記する（本章補論2(3)参照）。

・受託者Yの不動産管理の内容については、どのように管理するか、売却を認めるかなど細かく規定することが考えられるが、全部を契約に書くことは難しいので、信託目的からみて重要な方法を漏らさず書いておくことが紛争予防になる。

・XとYに信頼関係がある場合には、受益者代理人や信託監督人は必ずしも必要ない。XYが仲たがいすることもありうるので、決めておく方がよいとも考えられる。

・YがXより先に死亡した場合、第二受託者を決めておく必要がある。または信託を終了させ、その場合、帰属権利者（例えば、Xなど）を別に定めておく必要がある。

・自益信託（委託者＝受益者）ゆえに、贈与税はかからない。Xの死亡時に、Yに他の相続財産と併せて相続税がかかる。

・認知症が進んだ場合に備えて、任意後見契約（本章第5節参照）などを同時に結ぶことが適当と考えられる。

＜応用事項＞

・Xに配偶者（Yの母）がいる場合どうするべきか？　Xと共に配偶者を第一受益者とし、X死亡後も信託を終了させず、受益者でありつづけ、配偶者死亡後、信託を終了させることが考えられる。

・Yに兄弟Zがいる場合に、こうした信託契約で相続財産から不動産と一部金銭が除かれることになる。これによりZの遺留分侵害はできない。信託契約はXとYの間で締結するとしても、契約内容についてXの配偶者の同意とともに遺言などで法定相続分がZに確保されるなどして、Zの同意を得ておくことも紛争予防のために不可欠である。

・Xが、不動産の家賃収入からZの子で孫であるWの教育資金を捻出したい場合には、Wを2人目の第一受益者として、Wの教育資金捻出を信託目的とする。不動産管理の目的との優先関係をX夫妻、Y、Zの間でよく話し合って書き込むことがよい。

2　受益者の福祉のための信託
〜委託者に死後のケアが必要な病気等の子がいるケース〜

　病気や障害ある子を持つ親の死後、法定相続により財産を分散させることなく、その子の生涯の財産的保障を確保するニーズがある。受益者の福祉のために信頼できる家族に委託者の死後も含めた財産管理と生涯給付を託することが、親の大きな安心となる。遺言や法定相続では、安定的な給付の財源が確保できないことがあり得るし、また当該子は自ら財産管理能力がない場合が想定される。そうした場合、当該子の兄弟姉妹を受託者として家族信託契約を結ぶことが考えられる。信託契約まで結ばなくても、次女は病気の姉の面倒はみると約束する可能性はあるが、兄弟姉妹が家庭を持つとその配偶者などとの関係で必ずしもその約束が履行されるとは限らない。信託契約として受益者代理人や信託監督人を立てることで受託者による給付の確実性を高めつつ、帰属権利者として受託者を定めることで、法定相続または遺言によらず受託者の任にあたった兄弟姉妹に報いることもできる。

○事例4−2

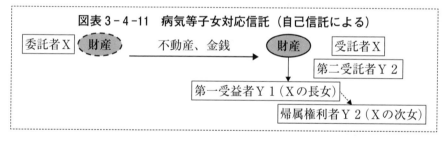

図表3−4−11　病気等子女対応信託（自己信託による）

委託者X　財産　　不動産、金銭　　財産　　受託者X
第二受託者Y2
第一受益者Y1（Xの長女）
帰属権利者Y2（Xの次女）

　不動産の家賃収入で生活をしている委託者Xは、自らの死後、病気（意思能力はあるが、寝たきりで自ら収入を得ることができないほか、不動産を管理する能力はない場合を想定）の長女Y1のXの死後の生活について心配している。病気のケアについては地元病院に託することができたが、そのための支払資金として不動産の家賃を長女の生涯にわたって充当したい。法定相続では不動産は長女と次女に二分される。次女の夫は金銭欲が強い。次女は長女のことをいつも心配しているが、実務能力が十分とは言えない。そこでXを受託者として信託宣言（自己信託）をし、信託財産を不動産と、一定の金銭（1つの普通預金を解約）として、受益者をY1として、Y1の死亡を信託終了事由として、帰属権利者をY2とした。Xが死亡したときには、Y2が第二受託者となり、

Ｙ１に対して安定的に生活資金を確保する体制を敷くこととした。なお、第二受託者をＹ２とする場合にはＹ２の同意が必要である。また、後継受託者への事由、手続き（登記等）の実務の扱いを確認し、Ｙ２とも共有しておくことが必要となる。

＜これまでの学習からわかる事項＞

・信託目的はＹ１の生涯の生活安定のための不動産の財産管理である。他の目的、財産の承継なども書いてもよいが、最優先は、Ｙ１の生活の安定、福祉を掲げ、これに反する行為を受託者はできないこととすることが適当である。

・自己信託は、信託法に定める厳格な要件を満たす必要がある。公正証書によることが多いと考えられる。

・不動産の所有権は移転しない。ただし、受託者がＸからＹ２に移る時点で所有権は移転する。設定時には、財産権の移転に伴う登記でなく「権利の変更」として、また財産が「信託財産」へと変化したことによる信託登記が必要とされている。Ｘは金融機関に金銭出納・管理のための信託口口座を開設する。実務では自己信託を扱うかを金融機関に事前に確認することも必要になる。不動産にかかる借入がある場合、負の信託財産としてこれも引き受けるか、建て替えの場合に借入する時、信託財産責任負担債務とするか、または、財産状況等によっては債権者（金融機関等）の同意が得られることを確認して信託財産限定責任負担債務とするかを信託契約上明記する。自己信託については、債権者（アパートローン残高がある場合の金融機関等）に対抗するためには確定日付のある証書による通知が必要である。Ｙ１の福祉の観点からは積極的な運用ではなく、不動産の管理方法として収入の安定に必要な限りでの改装や建て替えという範囲で権利と義務を設けることが適当である。火災保険などの付保も必須となる。

・Ｙ２の強欲な夫を警戒する場合には、Ｙ２が受託者になるに際して、弁護士などを受益者代理人や信託監督人に選任しておくことが考えられる。

・Ｘの死亡時に信託は終了しない。Ｙ１がＸより先に死亡した場合、信託を終了するか、第二受益者を決めておく必要がある。信託を終了させる場合には、帰属権利者をＸまたはＹ２とすることが考えられる。

・Ｙ１には贈与税がかかる。この点、信託財産責任負担債務がある場合には負担付き贈与による課税を試算して比較することで、世代を越えた税の負担を確認することが適当である。Ｙ１死亡時に、Ｙ２にはその時の時価で相続税

がかかる[16]。贈与税が相続税より高率であることに鑑みると、税の観点からは、Xの生前は、自己信託にせず、Xが扶養義務の範囲内でＹ１のために支出をすることが考えられる（税の損得は重要なポイントとなる）。または自己信託とせず、別に受託者を信託銀行等に頼み、自らは受益者となり、Ｙ１のために生活費を給付し、Xの死亡後、第二受益者にＹ１がなることが考えられる（その時点で贈与税ではなく、相続税がかかる）。

・信託会社や信託銀行が受託者となる商事信託による場合には、Ｙ１の障害の程度により一定程度（最大６千万円）まで贈与税の課税価格に参入しない特定贈与信託の制度がある。この制度は信託銀行等との契約の場合に限り非課税の適用がある。なお、不動産を引受財産とするかどうか等も信託銀行等により異なる。

＜応用事項＞

・Xに配偶者（Ｙ１とＹ２の母）がいる場合どうすべきか？　Xの死亡後の後継（第二次）受託者に、高齢だがとりあえず配偶者がなることが考えられる。

【3】　財産・事業承継型信託契約

　中小企業のオーナー経営者は、100％に近い株式を有しているケースが多い。こうしたケースで、事業をどう承継していくか、具体的には財産としての株式（未上場株）とその株式の議決権による経営をどう次世代に承継していくか、それとも第三者に譲るのか、廃業するのかは、オーナー家族だけでなく日本経済全体にとっても大きな問題となっている。法定相続によれば、株式保有が分散して後継者が思い切った経営ができなくなる。遺産分割協議によれば、仲がよくない家族の場合、経営主導権を巡る争いになりかねない。遺言は、遺族全員が同意した遺産分割協議で破られ得る。そこでオーナー経営者の解決策となるのが家族信託契約で、予め受益者や残余財産受益者、帰属権利者を決めておくことで、世代を越えて事業承継を差配することができる。

---

[16]　本章第2節1(5)「後継ぎ遺贈型受益者連続信託の扱い」を参照されたい。

○事例4-3　（株式の議決権行使・経営権を後継者に託すスキーム）

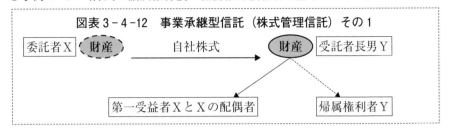

図表3-4-12　事業承継型信託（株式管理信託）その1

委託者X　財産　　　　　自社株式　　　　　財産　受託者長男Y

第一受益者XとXの配偶者　　　　　帰属権利者Y

　中小企業の100％株式保有オーナーの委託者Xは、認知症の不安もあるほか、次世代へのスムーズな事業承継のために、自社株式を後継者である長男Yを受託者として、会社経営を委ねる一方、配当収入は引き続き自らとその配偶者が受け取ることとし、Xとその配偶者を収益受益者とした。またXの死亡後もXの配偶者を受益者とし、XとXの配偶者両方の死亡を信託終了事由とし、株式の帰属権利者を長男Yとする信託契約を結んだ。

＜これまでの学習からわかる事項＞

・信託目的は、主として円滑な事業承継、従としてXおよびその配偶者の生活の安定、があげられる。Yは受託者として、父親であるX存命のうちから、議決権行使など会社経営をすることができる。

・Xに認知症の心配がない場合には、自己信託として、受託者をXが引き受け、受益者をXの配偶者とする方法も考えられる。その場合には、Xが認知症になる前に（認知症の診断を踏まえて、信託契約上の受託者の交替を行う等の手続きに関する実務に注意する）、後継（第二次）受託者のYと交代する。また応用問題としては、Yを受託者とするが、株主総会での議決権行使については、Xが指図権を留保して、Yに任せない方法もある（指図権留保は次例で詳しく検討する）。

・信託財産については譲渡の要件（実体法上の要件と対抗要件）を満たし、信託財産としての要件を満たす必要がある。株式を信託財産とする場合、上場株であれば、実体法上の要件として移転の合意と株主名簿への移転の記載、対抗要件として保管振替機構における口座振替、信託財産としての要件として受託者が振替機関（証券会社等）に信託口口座を開設して、受託者がその口座の加入者として、保管振替機構の振替口座簿に受託者であることと当該株式が信託財産であることの記載または記録をする必要がある。未上場株の場合、まずは定款等により株式の扱いを確認する。その対抗要件は、株券発

行会社の場合は株券の交付（会社に対しては株主名簿への記載）、株券不発行会社の場合には株主名簿への記載が必要になる。譲渡制限があれば取締役会の承認を得て名簿に信託である旨を記録する。また信託財産であることの対抗要件は、株券発行会社の場合は計算を明らかにする方法によって受託者の分別管理状態を証明することであり、株券不発行会社の場合は株主名簿へ記載することである。

○事例4-4　（議決権行使を委託者が留保するスキーム）

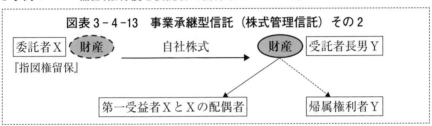

図表3-4-13　事業承継型信託（株式管理信託）その2

中小企業の100％株式保有オーナーの委託者Xは、次世代へのスムーズな事業承継のために、自社株式を後継者である長男Yを受託者として信託契約を結んだ。もっともYはまだ経営するだけの実力が認められないので、引き続き経営権を維持するため議決権の指図権は手許に保持して、受託者の議決権行使は委託者Xの指示の下に行うことを信託契約に書いた。会社経営を維持する一方、配当収入は引き続き自らとその配偶者が受け取ることとし、Xとその配偶者を収益受益者とした。またXの死亡後もXの配偶者を収益受益者とし、XとXの配偶者両方の死亡を信託終了事由とし、株式の帰属権利者を長男Yとする信託契約を結んだ。なお、指図権は、信託業法に規定はあるが、信託法には規定がなく信託契約で指図権および指図権者について定義しその権限の範囲などを明らかにしておく必要がある。

＜これまでの学習からわかる事項＞

・Yを受託者とするが、株主総会での議決権行使については、Xが指図権を留保して、Yに任せないことで経営支配を維持する。指図権を「○○株式会社の株式の議決権に関し、指図権者Xが受託者に対して指図する」、「指図権の行使は、定款変更または事業譲渡などの特別決議を要する議案の場合に限る」などのバリエーションが、Yの実力に応じて考えられる。

・指図権者Xには本例では指図権者と異なる受益者がいるので受託者Yと同じ忠実義務が課されると解されている（商事信託の場合は、信託業法に定めが

ある。本例の民事信託では信託契約にその旨を定めておくのがよい）。利益相反となる指図、信託目的に反する指図、信託財産に損害を与える指図には、受託者は変更を求めることができる。これらについて信託行為に定めるのが良い。もっとも受益者がX単独である場合には指図権は問題にならない。配偶者も受益者である本例の場合には、忠実義務が問題になる。

○事例4−5　（世代を越えて事業を承継させるスキーム）

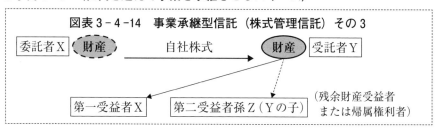

図表3−4−14　事業承継型信託（株式管理信託）その3

中小企業の100％株式保有オーナーの委託者Xは、次世代へのスムーズな事業承継のために、自社株式を後継者である長男Yを受託者として信託契約を結んだ。会社経営をYに委ねる一方、配当収入は引続き自らが受取ることとし、X自らを収益受益者とした（当初自益信託）。Xの死亡後は、Yの子のZを収益受益者として、Zの教育資金を株式配当で賄うこととした。引き続き経営はYが担う。Yの死亡を信託終了事由とし、株式の元本（残余財産）受益者または帰属権利者を孫Zとする信託契約を結んだ。

＜これまでの学習からわかる事項＞

・議決権による会社支配は、XからY、YからZに移る。信託の目的は、優先順に第一は、会社の経営の円滑な承継（X→Y→Z）、第二にXの引退後の生活の安定、第三にZの教育資金等の確保である。

・当初は自益信託で贈与税はかからないが、Zが第二受益者となったときに相続税がかかる（本章第2節1(5)「後継ぎ遺贈型受益者連続信託の扱い」を参照）。相続税額はそのときの株価の時価の影響を受ける。

○事例4－6　（留保する指図権を順次受益者に移転させるスキーム）

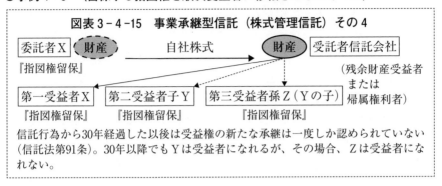

図表3－4－15　事業承継型信託（株式管理信託）その4

信託行為から30年経過した以後は受益権の新たな承継は一度しか認められていない（信託法第91条）。30年以降でもYは受益者になれるが、その場合、Zは受益者になれない。

　受託者を信託会社とし、受益者が指図権を持って、第一はX、第二はY、第三はZと指図権者兼受益者を世代承継していく信託契約も考えられる。

＜これまでの学習からわかる事項＞

・Zが受益者となれるためにはYが受益者に信託行為から30年経過以前になっている必要がある。

・なお、2018年度税制改正において、中小企業の事業承継をより一層後押しするために事業承継税制が大きく改正され、従来の事業承継税制とは別に、大幅に拡充された10年間限定（2027年12月31日まで）の特例措置が設けられているので、事業承継を考える場合には比較検討することが不可欠である。

○事例4－7　（受託者を一般社団法人とするスキーム）

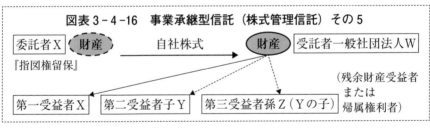

図表3－4－16　事業承継型信託（株式管理信託）その5

＜一般社団法人を受託者とすることの留意点＞

・受託者不在が1年続くと信託終了事由となる。後継ぎ遺贈型受益者連続信託の場合、後継（二次）受託者の定めは不可欠である。それでも自然人には寿命がある。また株式会社が受託者となる場合、営利目的であれば信託業免許が必要になる。このため、2008年の「一般社団法人および一般財団法人に関する法律」施行以降、準則設立（誰でも要件を満たせば設立できる）で可能

となった営利目的でない一般社団法人や一般財団法人（300万円以上の拠出が必要）を受託者とする例がみられる。

・家族財産を管理する目的で受託者となることを定款の目的として記載したうえで、一般社団法人（社員2人以上・社員総会・理事1名以上は必要、理事会・監事・会計監査人は任意、定款目的に株式の受託者となることの記載を要する）を受託者とする。社員に親族がなることが多い。

・一般社団法人[17]には、税法上の区分として非営利型法人[18]と非営利型法人以外の法人（普通法人）があり、いずれでも可能である。非営利型は、法人税法上収益事業以外の事業については法人税が非課税となる利点がある。法人運営のために信託報酬を得る場合、上記の課税扱いの違いに応じてどのような組織体制が適当かを検討して定款の規定を定めておく。

・事例のような信託的譲渡による一般社団法人の財産取得にはもとより贈与または相続税課税はなく、受益者が課税されるのは、受託者が法人でも個人の場合と変わりない。一般社団法人を受託者とする利点はもっぱら受託者が死亡により欠けることがないという点にある一方で、一般社団法人の組織を作り維持するコスト負担がある。すべてについて容易にできるということではないことに留意しておく必要がある。

---

[17] 一般財団法人も考えうるが、社団法人との相違は、社団は人の集まりで社員の意思を実現するために存在するため、社員総会で目的などを変更できるが、財団は財産であり、拠出者の意思が大事であり、設立後に定款の規定次第であるが評議員が目的を変更できない点が異なっている。いずれがよいかは目的次第と関係者が目的にどういう姿勢を持っているかで決まることになる。非営利徹底型の非営利型法人が解散した時の残余財産は、国や地方公共団体や公益法人等に帰属する。普通法人型法人または共益型の非営利型法人が解散するときは、社員総会または（財団法人の場合）評議員会の決議により残余財産の帰属を決めことができる。

[18] 非営利徹底型と共益型がある。収益事業以外は非課税。剰余金の分配を定款に定めていない、残余財産を特定個人に帰属させることを定めていない、特定の個人法人に利益を与えたことがない、特定理事とその親族である理事との合計人数が理事総数の3分の1以下、といった要件がある。

【4】　事務管理型信託契約

1　不動産管理信託

〇事例4-8

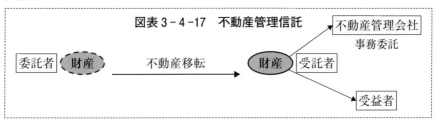

図表3-4-17　不動産管理信託

　委託者が、認知症などで不動産を管理できなくなる場合に備える信託は、福祉型信託でもあり、事務管理型でもある。認知症でなくても不動産管理をプロの管理会社に任せている大家は多い。アパート経営などの入退室の手続、敷金管理、メンテナンスなど管理業務を委任している。不動産の管理を管理会社へ委任するのではなく、受託者（家族でもよいし、信託会社でもよい）をたて、受託者がプロの管理会社に事務委託することで、監督が行き届く。

＜これまでの学習からわかる事項＞

・委託者の財産から不動産を分離することで、倒産隔離ができる。

・不動産管理信託と遺言代用信託とを組み合わせることで、委託者が生存中は自身を第一受益者（自益信託）に、死亡後の第二受益者を指定しておくことで、委託者死亡後に相続にならず、信託によって管理を継続することができる。第二受益者がそうした手続に慣れないケースでは、有用なスキームとなる。

2　事務管理型信託の発展の可能性

　信託は財産管理のための手法なので、事務管理の機能はあらゆる場面で利用される。事務管理型の信託は、事務委任契約と比べると、信託では財産権が移転する（委託者の倒産や相続による影響を受けない）、受益者が特定でき、受益権の複層化等受益権の内容が多様にできる（転換機能と呼ぶ）、信託監督人や受益者代理人による受託者監督の仕組みがある、等の特長がある。実現すべき目的が明確で、かつその実現には長期間を要する場合に、チェックの仕組みがあり（信託監督人、受益者代理人）、委託者の事情（死亡や倒産、特に委託者が複数人の場合）を影響させない仕組みができる点でメリットがあることか

ら、商事信託はもとより、管理のための民事信託でも、長期の不動産（大規模開発、複雑な地権関係、マンション）管理、派生する権利が複雑な知的財産権管理などにも応用される可能性がある。倒産隔離機能を重視して、証券化、流動化等のために委託者財産から分離することで、受益者に確実に利益を得させるように事務管理することも考えられる。

第5節　成年後見等

●顧客の状況変化を見通し、判断能力低下に備えた対策の重要性を理解する。

●成年後見制度の概要、法定後見と任意後見の違いを理解する。

●法定後見人の権限を理解する。

●任意後見制度の活用方法を理解する。

【1】　後見、家族信託契約、遺言、終末医療等宣言

後見、家族信託契約、遺言、終末医療等宣言は、相互に補完しあう。

後見は、判断能力に欠けることが通常の状態となった人の生活・療養保護（併せて**身上保護**[19]という）と財産管理の行為能力を補い、自己決定権を支援して、行為や取引を可能とする制度である。この点、家族信託契約や遺言、更に四点セットと言われる終末医療等宣言との機能の違いを後見制度理解の前提として説明する。

図表 3 - 4 -18　人の一生と四点セット

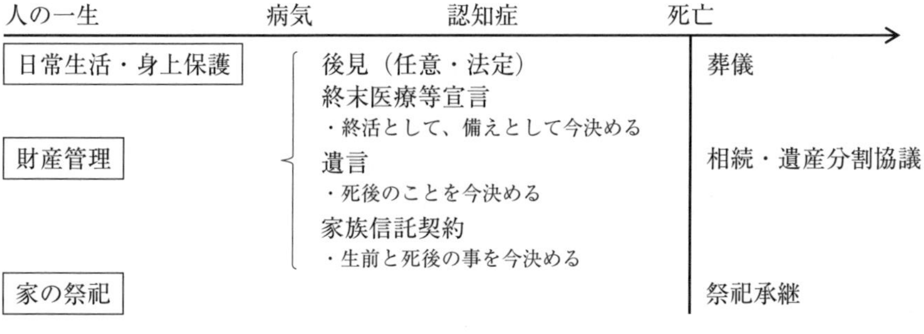

人の一生	病気	認知症	死亡
日常生活・身上保護	後見（任意・法定） 終末医療等宣言 ・終活として、備えとして今決める		葬儀
財産管理	遺言 ・死後のことを今決める 家族信託契約 ・生前と死後の事を今決める		相続・遺産分割協議
家の祭祀			祭祀承継

生前の病気や**認知症**になり事理弁識能力を欠き生活における身上保護のための意思表示、取引行為を本人の代わりに行う後見人を選ぶのが、後述の**後見制**

---

[19] 身上保護とは、成年後見人等が、住居・施設入所、介護、医療、リハビリ等の契約等、被後見人の身上面での法律行為を行い、もって被後見人の生活、療養を保護することを指す。これとは別に、介護行為などの事実行為を誰が担うかも実際においては問題になりうるが本テキストでは取り扱わない。

度である。また終末医療についての意思を予め表明しておくことが終末医療等宣言[20]である（公正証書でもできるし、何らかの書面で残すこともできる、この宣言のメリットは病院とのスムーズなコミュニケーションである）。事理弁識能力の不足に備えて生前の財産管理を第三者に委任するのが任意後見であり、家族信託契約（生前と死後のことを今決めることができ、いずれかだけでもよい）である。これに対して、死後の財産分配や管理について生前に決めておくことが遺言（死後のことを今決めて、その後書き直しもできる）であり、家族信託契約（生前と死後のことを今決めて、その後変更もできる）である。

　家族信託契約は、本人が認知症等で判断能力が欠けることが常態となる以前に生前死後の両方にまたがる、またはいずれか片方の財産管理と承継について定められる点に特色がある。遺言は生前に死後の承継について、法定相続と異なる分配をする場合に行うが、相続人全員の遺産分割協議で合意すれば、遺言と異なる配分をすることもできる。ただし、世代を越えた承継者を連続させる後継ぎ遺贈はできないのが通説であり、家族信託契約はこうした遺言ではできないことを生前に決めることができる。

　一方で家族信託契約だけでは、本人の財産管理などは受託者が担えるが、大きな買い物の契約、更に介護契約など身上保護はできないし、生前の取引などを本人に代わって常に行える仕組みではない。その意味で、家族信託契約と任意後見は相互補完的なものであり、いずれか一方で足りるというものではない。財産管理のコンサルティングにおいては後見制度の利用まで踏み込むことは必要ないとも思われるが、繰り返し述べてきたように家族信託契約だけが目的ではなく、顧客本人の日常生活、身上保護と財産管理は不可分一体であり、コンサルティングする場合に自ら対応しない場合でも、身上保護をどうするのか、認知症になったらどうするのか、など財産管理の前提（ライフプランを踏まえた財産管理等である）を本人との間で話すことが、プライベートバンカーに求められる。そのことで家族信託契約の目的・位置づけをはっきりとさせることができ、ひいては信託の枠組みの合理性を確保することにつながり、目的達成に役立つのである。

---

[20]　胃ろうはしないでほしい、延命治療は不要であるなど自らの意思表示が多い。この点、自ら決めるのではなく、こうした治療を行うか否かは配偶者が決めてほしい、長女が決めてほしい、と定めることができる。こうした点が終末医療等宣言の中身の骨子になる。

【2】　成年後見制度

1　認知症

　認知症は脳の病気であって、その病因は様々であり、その発現や進捗スピードも様々である。後見制度は、判断能力が欠けることが常態になった場合に取引などの行為能力を支援するための制度であって、判断能力が著しく不十分という程度では後見ではなく後述の保佐を利用する。一方で、認知症以外の病気や障害などで判断能力が欠けるのが常態になれば成年後見制度を利用できる。プライベートバンカーが後見制度利用についてアドバイスするためには認知症や他の病気も含めて本人の判断能力の状態についての本人や家族との認識共有が重要である。

2　成年後見制度

　成年後見制度とは、認知症、知的障害、精神障害などの理由で判断能力の不十分になった人が、不動産や預貯金などの財産を管理したり、身のまわりの世話のために介護などのサービスや施設への入所に関する契約を結んだり、遺産分割の協議をしたりする必要があっても、自分でこれらのことをするのが難しく、自分に不利益な契約であってもよく判断ができずに契約を結んでしまい、悪質商法の被害等にあうおそれがあることから、判断能力の不十分な人を保護、支援するためにその能力を補って行為する人を選ぶ制度である。事後に選ぶ人が家庭裁判所である場合を**法定後見**（「後見、保佐、補助」をいう）制度、事前に本人が判断能力のあるうちに自ら判断能力が十分でなくなった後の将来の後見人になる人を予め契約で任意後見受任者として選んでおく場合を任意後見制度という。

　法定後見制度では、判断能力の欠けた程度によって、支援する人（補助人、保佐人、後見人併せて「**成年後見人**等」という）が選任され、その補完する人の権限も本人の判断能力の欠けた程度によって異なっている。概略は次の図表の通りである。

図表 3 − 4 −19　民法の行為能力を補完する法定後見制度

	補助	保佐	後見
対象者	判断能力が不十分な方。	判断能力が著しく不十分な方。	判断能力が欠けているのが通常の状態の方。
成年後見人等が同意または取り消すことができる行為^(※1)。	申立てにより裁判所が定める行為^(※2)。	借金、相続の承認等、民法第13条第1項記載の行為の他、申立てにより裁判所が定める行為。	原則としてすべての法律行為。
成年後見人等が代理することができる行為。	申立てにより裁判所が定める行為。	申立てにより裁判所が定める行為。	原則としてすべての法律行為^(※3)。

（※1）　成年後見人等が取消すことができる行為には、日常生活に関する行為（日用品の購入など）は含まれない。

（※2）　民法第13条第1項記載の行為（借金、相続の承認や放棄、訴訟行為、新築や増改築など）の一部に限る。

（※3）　居住用不動産の処分には家庭裁判所の許可が必要。

⑴　法定後見制度

　法定後見制度では、家庭裁判所が個々の事案に応じて成年後見人等（成年後見人・保佐人・補助人）を選任し、その権限も基本的に法律で定められているのに対し、任意後見制度（任意後見契約に関する法律による）では、本人が任意後見人となる候補者（**任意後見受任者**）やその権限を自分で決めることができるなどの違いがある。そのほかの主な違いは、次の図表の通りである。

図表3-4-20　法定後見と任意後見

	法定後見制度	任意後見制度
概要	本人の判断能力が不十分になった後、家庭裁判所によって選任された成年後見人等が本人を法的支援する制度。	本人が十分な判断能力を有する時に、あらかじめ、任意後見受任者や将来の委任事務（本人の生活、身上保護および財産管理に関する事務）の内容を定めて、本人の判断能力が不十分になった後に、任意後見人に就任し本人に代わって行う制度。
申立手続	家庭裁判所に後見等の開始の申立てを行う。	本人と任意後見受任者（候補者）との間で、委任事務について代理権を与える内容の契約（任意後見契約）を公正証書で締結する。本人の判断能力が不十分になった後に家庭裁判所に対し任意後見監督人選任を申立てる。
申立人	本人、配偶者、四親等内の親族、検察官、市町村長など	本人、配偶者、四親等内の親族、任意後見受任者（候補者）
後見人権限	法定後見人は、民法に定める範囲内で本人を代理し、本人のした契約を取消せる。	任意後見契約で定めた範囲内で代理する。本人がした契約は取消せない。
監督者	後見監督人、保佐監督人、補助監督人を必要に応じて家庭裁判所の判断で選任。	任意後見開始には必ず任意後見監督人を選任（本人以外の申立てにより任意後見監督人の選任の審判をする場合には要本人同意。ただし、本人が意思表示できないときは不要）。

　任意後見契約では、認知症になる以前に任意後見受任者（**任意後見監督人**が選任されれば任意後見人となる）を決めておくことができるので、裁判所が選ぶ見ず知らずの他人（弁護士など専門職・士業が多い）ではなく、あらかじめ本人や家族の事情を知っている人になってもらうという利点がある。逆に言うと、認知症になってしまってからでは任意後見制度は利用できない。認知症で判断能力に疑義が生じる前の早めの対応が本人・家族のためのトラブル予防になる。

(2) **任意後見制度**

　認知症が進んで判断能力を欠くことが常態となった後の生前の財産管理に重要な権限を持つ後見人を家族または士業などが担うためには法定後見と異なり任意に人選できる**任意後見人**（認知症発症前に選任し、発症後就任）はもはや誰でも必要な時代となっている。任意後見は、本人の判断能力があるうちに、判断能力を失った後に行為能力を補完する代理人として任意後見人を契約（代理権の範囲は代理権目録で具体的に定める）で選んでおく制度である。法定後

見人と異なり、任意後見人は本人の行った契約を取消すことはできない。

　法定後見では、本人が認知症になった後で、家庭裁判所には家族だけでなく、四親等内の親族や市町村長も請求できる、また家庭裁判所が選任する法定後見人は家族の事情を知らずに選任される、また法定後見では、財産処分について、当初に比べて運用は緩まったものの、家庭裁判所は本人以外のために財産処分をすることについては厳しい態度をとると言われている。法定後見人は重要な財産処分について実務上家庭裁判所の許可を得る必要があり、手続に時間を要する一方で、任意後見でも、後見監督人の同意が必要であるが、家族との関係やその他の財産の状況などを踏まえた代理事項に従って迅速に対応できる。

⑶　後見の登記

　法定後見で後見開始の審判がされたときや、任意後見で任意後見契約の公正証書が作成されたときに、家庭裁判所または公証人からの嘱託によって登記される。登記されている本人・成年後見人は、登記後の住所変更などにより登記内容に変更が生じたときは変更登記を、本人の死亡などにより法定後見または任意後見が終了したときは終了の登記を申請する。変更登記や終了登記申請は、本人の親族などの利害関係人も行うことができる。任意後見に対する優先の原則から任意後見契約の登記をして就任すれば、法定後見開始の審判は原則行われない。

⑷　任意後見契約と家族信託契約等との組合せ

　以上述べてきたように、任意後見契約と家族信託契約や遺言とを組み合わせることで、生前からの財産管理、死後の財産承継まで本人の意思で差配できる。なお、任意後見人と家族信託契約の受託者が兼務できるかについては効力に疑義が生じる場合があり議論がある。後見人は受益者の代理人として受託者を監督すべき立場にあると考えられ、できれば別人が好ましい。しかし、家族に頼れる者が1人しかいない場合もありうる。このため、信託すべき事由を再確認して、商事信託を活用できるか、専門職に受益者代理人または信託監督人を別に選任するかなどの工夫が考えられる。

　なお、任意後見契約は、認知症等になり判断能力が欠けることが常態となる前に、常態となったときに備えて身上保護や財産管理にかかる行為をゆだねる代理人を予め契約で定めておくもので、認知症等が補助相当の軽度の場合には、監督人が必要ではないので制度の対象ではない。

　また、死後の遺産整理などを家族だけでなく、誰かに委任することは含まれていない。このため実務では、任意後見の適状となるまでの間の認知症前事務

委任（任意代理）契約、任意後見契約、死後事務委任契約を合わせて契約することが多い。この場合、任意後見契約は公正証書で作ることが必要なので、すべて公正証書とする。3つの契約の組合せによりスムーズな身上保護、財産管理ができる。

例題3-4-4

1　任意後見人がいる場合に、法定後見を申し立てることができるか。正しいものを選びなさい。
① 任意後見人と法定後見人が両方存在することはできない。
② 任意後見人が先に選任されている場合には、法定後見を申し立てることはできない。
③ 任意後見人が辞任した後に法定後見を申立てることができる。
④ 任意後見人がいても、法定後見を申し立てることができる。

2　次の文章の空欄A〜Dを補充しなさい。
　　成年後見制度とは、（A）の不十分な人を保護、支援するためにその能力を補って行為する人を選ぶ制度である。事後に選ぶ人が（B）である場合を（C）（「後見、保佐、補助」をいう）制度、事前に本人が判断能力のあるうちに自ら判断能力が十分でなくなった後、将来の後見人になる人を予め契約で（D）として選んでおく場合を任意後見制度という。

解答・解説

1　①と④が正しい。任意後見契約に関する法律第10条は以下のように定めている。『任意後見契約が登記されている場合には、家庭裁判所は、本人の利益のため特に必要があると認めるときに限り、後見開始の審判等をすることができる。』
　　②前項の場合における後見開始の審判等の請求は、任意後見受任者、任意後見人または任意後見監督人もすることができる。

③上記法律の第4条第1項の規定により任意後見監督人が選任された後において本人が後見開始の審判等を受けたときは、任意後見契約は終了する。

法定後見人は、任意後見人と異なり本人の契約を取り消すことができるなどより強力な権限を持っている。任意後見人の代理権限以外の行為が生じた場合、また不行跡の場合などにも法定後見人を選任する必要がある場合がありうる。

2　A判断能力　B家庭裁判所　C法定後見　D任意後見受任者
本章第5節【2】2　「成年後見制度」参照

本章のまとめ

●信託は、顧客の資産（財産）「管理」と「承継」に活用できる法制度である。制度の六つの基本要素（信託の目的、信託行為、信託財産、委託者、受託者、受益者）を理解することが重要。中でも、信託の目的は、信託の枠組み全体を規律する最重要要素である。

●信託財産は移転できる財産であればよく、その種類や内容に制約はない。ただし、契約などで譲渡が禁止されている財産は解約現金化などの工夫を要する。何を信託財産とすべきか、信託目的からの吟味が必要である。

●受託者には善管注意義務、忠実義務等の義務が課せられている。

●信託監督人、受益者代理人、信託管理人の相違点（行為者名、行為内容、受益者の行為制限）や、活用する場面を理解する。

●信託行為で遺留分を侵害した場合、遺留分侵害額請求の対象になる。

●後継ぎ遺贈型受益者連続信託は世代を越えた財産承継に大きな効果があり、法定相続や遺言ではできないことを実現できる制度である。

●残余財産受益者は受益者である。一方帰属権利者は受益者ではなく信託終了後に残余財産が帰属する者であって、信託終了までは受益者としての法律の保護はない。

●委託者から受託者への信託財産の移転は形式的なものであり、受益者に経済的価値が移ったとみなされ、所得課税や資産課税が課される。

●信託契約は、目的が具体的で、複数ある場合は優先順位が明確かを確認する。受託者が、そのような事務処理を行うことが法的に可能か、またその能力があるかも問題になる。

●後見、家族信託契約、遺言、終末医療等宣言の四点セットは、決められる内容の範囲、作成する時とそれが使われる局面（生前または死後）において特色があり、個々にリスクもある。また、終活において相互に関わり、影響を受けるが、組み合わせることで、生前からの財産管理、死後の財産承継まで本人の意思で差配できる。

●プライベートバンカーには、各専門家と協業して、法務、税務、財務の面から、仕組みが終了するまで、当事者、財産、経費支出をどのように行うかシミュレーションし、コーディネートすることが期待されている。

補論　信託契約書の事例と契約上の留意点

1　信託契約の事例

　以下では、事例に基づき、信託契約書の例を示す。なお、本書に掲載された
モデル例を具体事例に即さずに利用することは適切ではないので、留意する必
要がある。

○信託契約書例の前提

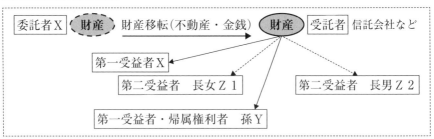

　アパートおよび預金（金銭）を信託財産として、委託者Ｘが、自らの生活の
安定と長女（Ｚ１）の子（Ｘの孫）であるＹの教育資金確保を目的として、第
一受益者をＸおよびＹとし、Ｘ死亡後の受益者を第一受益者のＹと第二受益者
長女Ｚ１および長男Ｚ２とする信託契約を信託会社など認可等された受託者と
結んだ。Ｘ、Ｘの妻、Ｚ１とＹはアパートの２室に住んでいる。また将来、Ｘ
はアパートを建て増しして、家賃収入をＺ１とＹの生活費などに充てることも
計画している。なお、実務ではＺ２の同意が重要になるが、Ｚ２から信託契約
に異論はない旨の同意を得ていると仮定する（委託者はＹの高等教育を重視し
ているが、疎遠である長男Ｚ２もＸ死亡後に第二受益者とするなど一定の配慮
をしているとの想定）。以下はその場合の信託契約例である。

＜信託契約書例＞

（信託目的）

第1条　本信託の目的は、委託者Xの第2条記載の財産を信託財産として管理運用および処分、その他本信託目的の達成のために必要な行為を行い、もって以下の①、および①の実現後、②を図ることを目的とする。

　　①　受益者Xの不動産収入による安定した生活と福祉を確保するとともに、受益者Yが高等な教育を受けることの支援を行うこと

　　②　資産の適正な管理運用を通じて次代、次々代Yへ円滑な資産承継を行うこと

（信託財産、信託財産責任負担債務）

第2条　本契約に定める信託財産は、後記「信託財産目録」第1記載の不動産（以下「信託不動産」という）および同目録・第2記載の金銭等金融資産（以下「信託金融資産」という）とし、次項のとおり管理運用しまたは処分するものとする。

2　信託財産の管理運用および処分は、次のとおりとする。

⑴　信託不動産については、受益者およびその親族の生活の本拠地等として、またはこれを賃貸するなど受託者が相当と認める方法等によりこれを管理運用する。

⑵　信託金融資産については、換価換金できる。また、公租公課および金融機関からの借入金債務の支払い、第9条に定める信託の給付に充てるほか、相続時（先の受益者死亡時）の相続税資金に充てるために、預貯金の管理運用を行うものとする。

⑶　委託者は、受託者と合意のうえ、本信託に信託財産を追加することができる。

3　受託者は、別紙債務目録記載の委託者の債務を引き受ける。委託者および受託者は、本契約締結後、直ちに免責的債務引受のために必要な手続を行う。別紙債務目録記載の債務は、信託財産責任負担債務とする。

（受託者）

第3条　本信託の当初受託者は、　氏名（住所、生年月日）とする。

2　信託法第56条第1項各号に掲げる事由により当初受託者の任務が終了したときは、当初受託者が事前に委託者に書面により指定した者を後継受託者とする。

（委託者）

第3条の2　本信託の委託者は、X（住所、生年月日）とする。

2　委託者の死亡により、信託法上の委託者の権利は消滅し、相続人に承継されない。

（受益者）

第4条　本信託の当初受益者は、次の者とする。ただし、受益者Yが有する受益権の割合は、第9条に定める賃貸用不動産にかかる収益の範囲内とし、それを超える部分はXが受益権を有する。

　①　住　所　氏　名　X　生年月日

　②　住　所　氏　名　Y（Z1の子、Xの孫）　生年月日

2　上記委託者兼当初受益者Xが死亡したときは、Xが有する当初受益権は消滅し、第一受益者Yと別に追加して第二受益者として下記Z1およびZ2が新たに下記の内容の受益権を取得する。なお、本項でいう収益受益権とは、本信託に関する権利のうち信託財産である信託不動産および信託金融資産の管理運用によって生ずる利益を受ける権利（第9条に定める信託不動産の一部を自らの住まいとして利用する権利も含む）をいい、元本受益権とは本信託に関する権利のうち信託財産である信託不動産自体を受ける権利をいう。

⑴　住所　続柄　委託者の長女　氏名　Z1　生年月日

　　受益権の内容　本受益権取得に伴い、受益者Z1が負担する相続税額に相当する金銭の給付を受けること、および各種の費用控除後の不動産収益の4分の1を限度として給付を受けることの収益受益権

⑵　住所　続柄　委託者の長男　氏名　Z2　生年月日

　　受益権の内容　元本受益権および本受益権取得に伴い、受益者Z2が負担する相続税額に相当する金銭の給付を受けること、ならびにYの受益権および上記⑴の残りの収益受益権

3　前項において、信託金融資産がそれぞれの受益者が給付を受ける相続税額に満たないときは、これを前記Z2が固有財産からいったん立て替え給付するものとする。なお、相続税額に相当する金銭の給付については、受託者において受益者に代わって税の納付方法をとるものとする。

4　委託者Xの死亡前にZ1が死亡したときは、Z1が取得する受益権はYが取得する。

5　委託者Xの死亡前にＺ２が死亡したときは、Ｚ２が取得する受益権は
Ｚ１が取得する。

6　第二受益者Ｚ１が死亡したときは、Ｚ１が有する受益権は消滅し、Ｙ
が新たに受益権を取得する。

7　第二受益者Ｚ２が死亡したときは、Ｚ２が有する受益権は消滅し、Ｙ
が新たに受益権を取得する。

8　第一受益者Ｙが死亡したときは、Ｙが有する受益権は消滅し、Ｚ１が
新たに受益権を取得する。

（受益権等）

第5条　本信託の受益権は、受託者との合意がない限り、第三者に譲渡し、
または質入れその他担保設定等することはできないものとする。ただし、
信託財産である不動産が金融機関に担保提供されているときは、受託者は、
上記合意のほか、あらかじめ当該金融機関の承認を受けなければならない
ものとする。

2　本信託の受益権については、受益者の死亡により消滅する。

3　本信託の委託者の地位については、委託者の死亡によりＺ１に移転す
る。Ｚ１が死亡している場合には、Ｙに移転する。Ｙが未成年の場合には、
Ｚ２に移転する。

（信託期間）

第6条　本信託は、本信託契約と同時に効力が生じ、次の事由によって終
了する。

⑴　委託者Ｘ、受益者Ｚ１およびＺ２のいずれもが死亡したとき

⑵　信託財産が消滅したとき

（不動産の引渡し等）

第7条　委託者は、受託者に対し、本信託の効力発生後すみやかに信託不
動産およびその管理運用に必要な金銭を引き渡す。

2　公租公課の起算日は本信託効力発生日とし、信託不動産に係る収益、
費用その他通常の不動産の譲渡等において精算すべきすべての項目に関し
ては、本信託効力発生日をもって区分して精算するものとする。

（受益者代理人および信託監督人）

第8条　本信託の受益者が判断能力を欠き意思表示できないときまたは受
託者が信託事務処理上必要と認めたときは、委託者と協議のうえ、次の者

を受益者代理人に選任する。辞任等した場合には、受益者は親族もしくは専門的知識を有する者から受益者代理人を選任する。

　　　　住　所　　　　　氏　名　　　　　生年月日

2　受託者は、信託事務処理上必要と認めたときまたは受益者もしくは受益者代理人から要請があったときには、委託者または受益者もしくは受益者代理人と協議のうえ、専門的知識を有する者から信託監督人を選任する。

3　受益者代理人および信託監督人の報酬は、信託財産にかかる費用とし、具体的な金額は前2項の協議により定める。

（信託給付の内容）

第9条　受託者は、本信託財産の適切な管理を行い、居住用不動産（信託不動産の居室のうち、委託者X、Xの妻、Z1、Yの居住部分を指す。以下同じ）については、これを受益者X、Xの妻、Z1、Yの生活の本拠地として使用させ、賃貸用不動産（信託不動産のうち居住用不動産を除く部分を指す。以下同じ）についてはこれを賃貸して同不動産から生ずる賃料その他の収益および金融資産をもって、公租公課、金融機関からの借入金債務の利息、保険料、修繕積立金その他の本信託に関して生じる一切の必要経費（以下、「信託費用」という）を支払いおよび積立て、借入金債務その他の信託財産にかかる債務（以下、「信託債務」という）の弁済を行う。その上で、信託財産である金銭をもって、受益者または受益者代理人もしくは信託監督人の意見を聞き、受託者が相当と認める額の生活費および教育に要する費用（大学院までの教育費および外国留学にかかる費用を含む）等を受益者に交付し、また受益者の医療費、施設利用費、学費、交通費等を銀行振込み等の方法で支払う（以下「信託事務」という）。

（善管注意義務等）

第10条　受託者は、信託事務を処理するにあたっては、本信託の目的に従い、善良な管理者の注意をもって、これをしなければならない。

2　受託者は、信託事務を処理するにあたっては、委託者または受益者の利益と相反する行為を行ってはならない。

3　受託者は、信託事務遂行上、必要と認めた場合、第三者にその任務を行わせることができるものとし、その選任については、受託者に一任する。

（管理に必要な事項）

第11条　本信託の管理に必要な事項は、次のとおりとする。

⑴　本信託財産のうち、不動産については受託者名義への所有権移転登記を行うほか、信託登記を行う。金銭等金融資産については、信託に必要な名義変更、登録または受託者名義の信託専用口座にて管理等を行う。

⑵　信託財産の保存あるいは管理運用に必要な処置、特に財産の維持・保全・修繕または改良は、受託者が適当と認める方法、時期および範囲において行うものとする。ただし、賃貸用不動産を増築する場合には委託者の、委託者が死亡している場合には受益者Ｚ１の同意を得て行うものとする。

⑶　受託者は、信託不動産につき、既に賃貸借契約が締結されているときは、当該賃貸借契約上の賃貸人の地位（一切の権利義務を含む）を当初委託者から承継する。なお、信託不動産に関して損害保険を付保するものとし、信託期間中これを維持する。

⑷　受託者は、信託の目的に照らして相当と認めるときは、受益者または受益者代理人の同意を得て、信託不動産を換価処分しまたは建替え等をすること、ならびに信託費用および信託債務等を支弁するために金融機関から借入れをすることおよび信託財産につき担保設定することができる。

⑸　本信託にかかる計算期間は、毎年１月１日から同年１２月３１日とし、計算期間の末日を計算期日とする。ただし、最初の計算期間は、本信託の効力発生日からその年の１２月３１日までとし、最終の計算期間は、直前の計算期間に係る計算期日の翌日から信託終了日までとする。

⑹　受託者は、本信託開始と同時に、①信託帳簿 ②財産状況開示資料 ③事務引継があった場合の関係書類を作成し、受益者および受益者代理人に対して以後年１回各計算期日から１か月以内に書面にて報告する。

⑺　受託者は、受益者もしくは受益者代理人から報告を求められたときは、すみやかに求められた事項をその者に報告する。

⑻　受託者は、信託事務に必要な諸費用を立て替え払いしたときは、これを本信託財産から償還を受けることができる。

⑼　本信託が終了したときは、受託者は、本条⑹記載の書面を作成して信託財産および関係書類等について後記清算受託者に引き渡し、事務引継ぎを行うものとする。

（信託の変更等）

第12条　受託者は、委託者との合意または委託者死亡時には受益者との合意により、または本信託の目的に反しない場合は、受益者および受益者代理人との合意により本信託の内容を変更し、または本信託の一部を解除し、または本信託を終了させることができる。ただし、信託財産である不動産が金融機関に担保提供されているときは、受託者は、上記合意のほか、あらかじめ当該金融機関の承認を受けなければならないものとする。

（信託の終了）

第13条　本信託は、前条の場合のほか、以下の各号のいずれかに該当したときに終了する。

(1)　信託期間が満了したとき

(2)　その他法定の終了事由に該当するとき

（清算事務）

第14条　清算受託者は、本信託終了時の受託者とする。

（残余財産の権利帰属者等）

第15条　本信託が終了した場合の残余の信託財産は次の者に現状有姿で引渡し給付する。

(1)　第6条第1号により信託が終了したときは、委託者の孫Yに給付する。

(2)　第6条第2号により信託が終了したときは、残存する限度で、委託者の長男Z2に給付する。

(3)　第12条および第13条第2号により信託が終了したとき、終了時の受益者に給付する。

2　前項の場合において、信託不動産を担保とする金融機関に対する借入金債務があるときは、残余財産受益者または帰属権利者は当該債務を引き受けるものとする。

（信託報酬）

第16条　受託者の信託報酬を年○○円とする。ただし、委託者およびその地位を引き継いだ受益者は、受託者と協議して、信託報酬を変更することができる。

（管轄裁判所）

第17条（略）

別紙

【信託財産目録】

第1　信託不動産
1．所　在　　　地　番　　地　目　　地　積　　．㎡
2．所　在　　　同　上
　　　　　　　　家屋番号　種　類　構　造　床面積　委託者○○○○の持
　　　　　　　　分全部
第2　　金銭○○○○円（または、⑴　金融機関　○○銀行○○支店　普通
　　　　　預金　口座番号○○○○の払戻時の預金残高相当額の金銭）
【債務目録】
1　　貸金債務
信託財産目録第1、2の不動産に設定された抵当権（令和○年○月○日受
付第○号）によって担保される貸金債務
2　　敷金返還債務
信託財産目録第1、2の不動産に関し、委託者を賃貸人、○○を賃借人と
する賃貸借契約に係る敷金返還債務

2　契約上の留意点

　全項目を解説することはできないが、実務では次に述べる点に留意すべきで
ある。

⑴　信託目的

　第1条に「以下の①、および①の実現後、②を図ることを目的とする。①受
益者Xの不動産収入による安定した生活と福祉を確保するとともに、受益者Y
の高等な教育を受けることの支援を行うこと、および②資産の適正な管理運用
を通じて次代、次々代Yへの円滑な資産承継」と書くことで、①が第一目的で、
その目的達成が優先され、その実現ができる限りで②を実現できれば良いこと
になる。具体的にはXの生活と福祉、またYの教育資金には十分な金銭が適用
される必要があり、その残りが資産承継されればよいことになる。これが②を
優先すると書くと、しかるべき財産額の資産承継が前提で、それに差支えない
範囲で、Xの生活と福祉、Yの教育資金が支払われることになるので、受託者
が信託財産を売却して、Xの生活費やYの教育・留学費用を捻出することはで
きない可能性が生じる。シミュレーションしたライフプラン、課税負担および
家族の遺留分等の権利ならびに実務手続きとの整合性を専門家と検証しながら
信託行為の条項を定める。

⑵　信託財産のうちの金銭

　信託財産目録に、○○銀行○○支店　普通預金口座番号○○○と書かないのは、金融機関預金は銀行取引約定書や預金規定で譲渡禁止とされていることから、委託者の預金をそのまま受託者に譲渡すると金融機関に対抗できない（金融機関が認めない）からである。そこで金銭○○○○円と書くか、預金から払い戻した金銭として、預金を信託財産目録で特定する方法が考えられる。例では、○○銀行○○支店　普通預金口座番号○○○○の払戻時の預金残高相当額の金銭、と書いている。

⑶　信託財産が負う債務

　受託者が信託契約上の義務を果たすために負う債務（例えば、信託財産が土地で、その土地を担保にして借入金でアパートを建てて、アパートを信託財産に加えたときのローンなど）を信託財産責任負担債務といい、そのことを信託契約に明記することで、債務を誰が負っているかを明確にする。信託契約で特に定めない場合には、信託財産だけでなく、受託者は固有財産でも弁済義務を負う[21]。固有財産では負わない場合にはその旨信託契約に定める必要があり、その場合には、信託財産限定責任負担債務となる（信託登記および債権者の承諾が必要）。賃貸借契約があるアパートが信託財産の場合には敷金返還債務も引き受ける旨を書いておく方がよい。

⑷　委託者等の記載

　公正証書による場合は、公正証書に書かれる。公正証書によらない場合には、第3条の2のように委託者を記載する（第5条第3項に地位移転を定めている）。委託者の地位の相続は相続法上否定できないが、定めがなくても相続と同時に移転することに受託者と受益者が合意することはでき、また信託行為に定める方法により移転させることができる。また委託者の権利を消滅させることで相続人が委託者の地位承継を主張して、信託法上の受益者との合意による信託監督人や受益者代理人の解任権、信託の変更、信託を終了させるなどの権利を行使することを封じることができる。しかし、委託者死亡時にその地位を誰に移転させることが良いか否か等については、委託者とともに、事案に即してケースを想定して慎重に検討する必要がある。

---

[21] ローンで建てたアパートを信託財産とし、当該ローンの残高がある場合には、受託者は委託者からローンを免責的債務引受する（受託者の担保能力等を踏まえた金融機関の慎重な審査がなされるので、同意を得るには事前の対応・交渉が必要になる）ことを信託契約で定めることができる。

索　引

新プライベートバンキング（第2分冊）

＜執筆者＞
◆第2編第3章
　児玉　智章（こだま　ともあき）
　みずほ信託銀行株式会社　不動産営業第二部　上席部長代理
　宅地建物取引士
　　2005年　みずほ信託銀行入社　現在に至るまで不動産業務に従事

◆第3編第1章〜第3章
　坂本　政史（さかもと　まさし）
　坂本政史公認会計士事務所代表
　公認会計士／税理士
　　2004年　早稲田大学社会科学部卒業
　　2007年　PwCあらた有限責任監査法人入社
　　2013年　太陽グラントソントン税理士法人入社
　　2017年　個人税理士事務所入所
　　2018年　千葉県産業振興センター事業承継プロジェクトマネージャー
　　　　　　明海大学経済学部非常勤講師
　　2021年　坂本政史公認会計士・税理士事務所を設立

　石塚　崇貴（いしづか　たかき）
　税理士法人チェスター　新宿事務所　部長
　公認会計士／税理士／宅地建物取引士
　　2010年　有限責任監査法人トーマツ入社
　　2013年　太陽グラントソントン税理士法人入社
　　2016年　税理士法人チェスター入社　現在に至る

◆第3編第4章

長野　聡（ながの　さとし）

弁護士法人　瓜生・糸賀法律事務所　カウンセル

弁護士／弁理士

　　1986年　日本銀行入行

　　2014年　日本銀行審議役（地域金融担当）

　　2017年　日本銀行金融研究所シニアリサーチフェロー

　　2018年　弁護士法人　瓜生・糸賀法律事務所　入所

新プライベートバンキング
—プライマリーPB資格試験対応—
第2分冊

2023年1月31日　初版第1刷発行

編　者 —— 公益社団法人 日本証券アナリスト協会

発行所 —— ときわ総合サービス 株式会社

〒103-0022　東京都中央区日本橋室町4-1-5
共同ビル（室町四丁目）
☎ 03-3270-5713　FAX 03-3270-5710
https://www.tokiwa-ss.co.jp/

印刷／製本 —— 株式会社サンエー印刷

落丁・乱丁本はお取り替えいたします。